Le « Populisme du FN »
un dangereux contresens

Collection savoir/agir
La Mule de Troie,
Blair, l'Europe et le nouvel ordre américain
Keith Dixon

Le Savant, le Politique et la Mondialisation
Frédéric Lebaron

Universitas calamitatum
le livre noir des réformes universitaires
Abélard (collectif)

Correction : Carole de Montal

Éditions du Croquant
Broissieux
73340 Bellecombe-en-Bauges
www.editionsducroquant.org
info@editionsducroquant.org

© Éditions du Croquant, septembre 2004
ISBN : 2-914968-06-X
Dépôt légal : septembre 2004

Annie Collovald

Le « Populisme du FN »
un dangereux contresens

Savoir/Agir
Collection de l'association Raisons d'agir

éditions du Croquant

« Je ne sais pas ce que vous entendez par *gloire* », dit Alice.
Humpty-Dumpty sourit d'un air méprisant.
« Bien sûr que vous le ne savez pas, puisque je ne vous l'ai pas encore expliqué. J'entends par là : *Voilà pour nous un bel argument sans réplique.* »
« Mais *gloire* ne signifie pas *bel argument sans réplique* », objecta Alice.
« Lorsque moi j'emploie un mot, répliqua Humpty-Dumpty d'un ton de voix quelque peu dédaigneux, il signifie exactement ce qu'il me plaît qu'il signifie… ni plus, ni moins. »
« La question, dit Alice, est de savoir si vous avez le pouvoir de faire que les mots signifient autre chose que ce qu'ils veulent dire. »
« La question, riposta Humpty-Dumpty, est de savoir qui sera le maître… un point c'est tout. »

                    Lewis Carroll, *De l'autre côté du miroir*

Introduction

Les élections présidentielles de 2002 en ont témoigné : le « populisme » occupe désormais une place prédominante dans les commentaires politiques, aussi bien journalistiques que savants, pour désigner le Front national et des phénomènes qui, à son instar, étaient jusqu'alors pensés comme relevant de l'extrême droite. Après le score inattendu de Jean-Marie Le Pen, les articles, les ouvrages et les prises de position se sont multipliés pour présenter des enquêtes et des analyses de journalistes mais aussi d'historiens, de politologues, de philosophes sur la progression inquiétante du « virus populiste » (selon les mots de *Libération,* 17 mai 2002) : « L'Europe tourne à droite et redécouvre le populisme » (*Le Monde,* 17 mai 2002), « Enquête sur l'Europe populiste » (*Le Monde,* 20 mai 2002). Les conclusions, toutes à l'identique, ne se font pas attendre.

C'est d'une « crise de la politique et d'une crise de la société » qu'il s'agit, selon Jérôme Jaffré dans un dossier qui accompagne une étude sur « la France de Jean-Marie Le Pen » avec pour commentaire : « Depuis 1789, l'extrême droite n'a cessé d'être la France du refus. La France de Le Pen, c'est aussi la France des exclus, celle de la crise » (*Le Monde,* 28-29 avril 2002) ; « Le vote protestataire rallie – fait sans précédent dans notre histoire électorale – la majorité des ouvriers et des chômeurs », écrit l'ancien directeur de la SOFRES. « C'est la peur de la modernité... Toutes les enquêtes le montrent, tous les sondages le confirment. Ce sont pour l'essentiel les milieux populaires, ouvriers, employés, petits commerçants et artisans, chômeurs qui manifestent ainsi leur sentiment d'exclusion, de mise à l'écart et d'abandon par le reste de la société », poursuit Thomas Ferenczi. Le politologue Pascal Perrineau affirme un peu plus loin : « Le Pen fait un tabac chez les couches populaires. Un quart des ouvriers qui sont allés voter ont voté pour Jean-Marie Le Pen. C'est le premier électorat ouvrier, mieux que Chirac et Jospin. En revanche c'est dans la catégorie des cadres supérieurs et des professions libérales que Le Pen fait ses plus mauvais scores... (Ceux qui votent FN) sont des gens qui sont en bas de l'échelle des revenus mais aussi de l'échelle des savoirs. Plus le niveau de culture est élevé, plus on est à l'abri d'un vote Le Pen ». Le 25 avril, une pleine page « Horizons » avait été consacrée aux « enfants perdus de la classe ouvrière », à partir d'une enquête menée à « Calais, municipalité communiste, où le chef du FN est arrivé en tête et Robert Hue, cinquième ».

Quand l'évidence ne fait pas preuve

La cause semble entendue : les groupes populaires se sont massivement ralliés au FN, le FN est bien un populisme. Elle fait même évidence auprès de la plupart des commentateurs politiques, journalistes et savants confondus, auprès des hommes politiques aussi. Certains, à gauche et à l'extrême gauche, s'inquiètent de voir leur base sociale se laisser séduire par le discours frontiste sur « l'insécurité sociale ». D'autres, chez les socialistes, préfèrent continuer à s'adresser désormais aux classes moyennes éduquées et faire du « social sans socialisme » et sans les ouvriers. D'autres encore, mais à droite, après avoir évoqué la fracture sociale, convoquent les « gens d'en bas » ou la « République de proximité » pour montrer leurs retrouvailles inespérées avec une base populaire qu'ils avaient oubliée depuis longtemps. D'autres enfin, au FN, invoquent avec une éloquence inattendue la classe ouvrière, cherchent à mobiliser les abstentionnistes, le parti refuge des plus défavorisés, et lancent des candidats à l'élection sur ces nouvelles terres de mission que constituent à leurs yeux les cités ouvrières. Cette cause entendue a même reçu sa consécration scientifique en entrant dans les dictionnaires de science politique : « Le populisme désigne d'abord un appel au peuple. Son discours repose sur la valorisation du peuple contre la politique institutionnalisée, dénoncée comme corrompue et avilie. Le mouvement populiste s'alimente essentiellement des vertus charismatiques de son chef et de l'exaltation des différentes caractéristiques qui fondent le peuple auquel il se réfère... La dénonciation de l'étranger, du cosmopolitisme et de l'immigration deviennent des thèmes communs aux discours qu'il inspire[1]. »

Les interprétations montrent le FN en « appel au peuple » rassemblant des « mécontents » séduits par le charisme de Jean-Marie Le Pen, la magie de son verbe et ses idées xénophobes, et dressés contre les élites établies, dominent désormais dans le monde intellectuel et politique et dans des disciplines scientifiques spécialisées dans l'analyse politique (science politique, philosophie politique, histoire du temps présent). Elles n'en soulèvent pas moins quelques paradoxes. Alors qu'il prétend être une catégorie d'analyse, le « populisme » est pourtant également une injure politique. Les multiples commentaires indignés et inquiets qu'il autorise en témoignent : « croisés de la société fermée[2] », « largués, paumés, incultes »,

« archaïques et rétrogrades » selon les jugements prononcés au lendemain du premier tour de l'élection présidentielle de 2002. Déjà étonnamment double dans son statut, à la fois notion savante et insulte politique, la dénomination de « populisme » surprend encore autrement. Alors même qu'elle propose une nouvelle classification du FN, bien plus floue et bien moins stigmatisante que les précédentes labellisations de fascisme ou d'extrême droite auxquelles elle se substitue, la désignation rend licites des verdicts d'une extrême violence contre les groupes populaires ayant apporté leur voix à ce parti. Le « populisme du FN » qui ouvre sur un blâme du « peuple », tout en retenant la charge du discrédit contre l'organisation frontiste, va précisément retenir notre attention. Elle amène, en effet, à formuler trois interrogations étroitement liées.

D'abord, si l'on se reporte au passé pas si lointain des années 1970, on s'aperçoit que la corrélation établie entre FN et monde populaire suppose une sorte de conversion politique des groupes populaires, hier décrits comme tout entiers fidélisés à la gauche, aujourd'hui montrés comme subjugués ou prêts à l'être par le parti frontiste. On pourrait objecter qu'il n'y a là aucun mystère. Le monde social aurait changé sous l'effet d'une crise sociale majeure et les nouvelles analyses ne feraient qu'enregistrer le nouvel état, dégradé socialement et moralement, des groupes défavorisés devenus anomiques en perdant leurs points de repère politiques. On proposera néanmoins une autre explication car, comme toujours, la réalité est bien plus complexe qu'elle ne le semble spontanément.

Nombre de travaux sur le parti communiste ont montré, par exemple, que le « parti de la classe ouvrière » comptait dans ses rangs des groupes importants de paysans et de petits et grands intellectuels (instituteurs, universitaires)[3]. Des analyses électorales des années 1970, un des âges d'or du communisme sur le plan électoral, ont mis en évidence l'existence d'un fort contingent d'ouvriers votant à droite (autour de 40%) : ce qui faisait d'ailleurs crier nombre de commentateurs à « l'ouvrier embourgeoisé et conservateur ». En fait, nous apprennent ces travaux, *la* classe ouvrière comme groupe socialement homogène, soudé par les mêmes valeurs et cohérent dans sa vision du monde et de l'avenir aussi bien que sa fidélisation à la gauche sont des mythes politiques qui ont réussi. Des mythes entretenus et exploités par un parti qui, en célébrant la classe ouvrière et les « fils du peuple », accréditait son rôle d'avant-garde politique luttant pour une société meilleure débarrassée enfin de toutes ses inégalités au prix d'un fort contrôle biographique sur le choix de ses cadres et de ses porte-parole[4]. Des mythes acceptés par les principaux concurrents ou détracteurs du communisme qui, pour ces mêmes raisons, critiquaient un parti enrégimenté, discipliné par une logique de fer et doté d'une langue de bois et d'une vision politique primaires à la hauteur du certificat d'études primaires de ses dirigeants[5]. Ainsi, les commentaires politiques de naguère n'enregistraient pas la réalité lorsqu'ils présentaient les ouvriers fidélisés à la gauche : ils ratifiaient une fiction et la transformaient en réalité. N'en serait-il pas de même aujourd'hui avec le « populisme du FN » ?

Pourquoi la nouvelle corrélation établie entre fractions populaires et FN ne serait-elle pas, elle aussi, une mythologie admise moins pour sa « vérité » que pour les différents intérêts politiques et intellectuels qui la constituent en évidence ? Une telle question déplace les regards pour les faire porter sur le travail collectif de représentation politique des groupes populaires accompli par les hommes politiques et les intellectuels, scientifiques et journalistes qui se chargent d'en interpréter le sens. Elle ouvre l'analyse à une autre enquête. La conversion politique supposée des groupes populaires est à comprendre d'abord comme le résultat de la conversion d'hommes et d'intellectuels politiques jadis acquis à la cause ouvrière et maintenant dépris de cet ancien messianisme au profit de nouveaux espoirs politiques dans lesquels les milieux les plus démunis occupent la place du pauvre. Un indice de ce revirement des préoccupations intellectuelles et politiques se trouve dans la seconde interrogation que l'on ne peut éviter.

Toujours au regard de l'histoire passée, les anathèmes lancés contre le « parti de la classe ouvrière » touchaient autrefois essentiellement les dirigeants communistes, jamais leurs soutiens électoraux. Pourquoi cette nouvelle attention aux électeurs et non plus aux porte-parole politiques ? Pourquoi, également cette obstination à focaliser les observations sur la « minorité du pire » venue des milieux populaires et non sur les autres catégories sociales qui, comme dans tout électorat, sont présentes dans l'électorat frontiste (on trouve, dans des proportions variables, outre des ouvriers et des employés, des commerçants, des artisans, des petits patrons, des cadres supérieurs du privé, des professions libérales etc.) ? Ces questions obligent à découvrir que le « populisme du FN » ne fait pas qu'assimiler les groupes populaires à l'extrême droite : il autorise un nouveau dicible sur le « peuple » qu'il était auparavant impensable d'exprimer publiquement (cela n'empêchait pas, bien sûr, la circulation de propos méprisants sur les ouvriers même parmi ceux qui s'en faisaient les porte-parole mais elle restait cantonnée dans l'entre soi). L'on peut se demander alors si le surgissement politique du FN n'a pas constitué une occasion propice à la levée d'un certain nombre de censures qui pesaient hier sur ce qu'il était possible et pensable de dire sur les groupes populaires aussi bien à gauche qu'à droite ; se demander également si, dans les commentaires politiques actuels sur le FN et grâce à eux, ne se met pas en place une représentation moins scientifique que directement politique des milieux sociaux les plus démunis et affranchie des contraintes anciennes. À cet égard, on ne peut manquer de relever l'étonnante adéquation de ce nouveau discours sur les groupes populaires (souvent empreint de racisme social) avec le nouveau vocabulaire adopté après le tournant néo-libéral des années 1980 qui n'évoque plus désormais que les « pauvres », les « exclus », les laissés pour compte de la modernisation économique en lieu et place des positions sociales et professionnelles occupées. Il y a là matière à réflexion notamment sur le matériau idéologique avec lequel le « populisme du FN » a été composé. Il paraît en effet traduire, sous une forme savante, la nouvelle idéologie libérale dominante. C'est précisément le point soulevé par une troisième interrogation.

Si l'on se reporte au moment où le parti frontiste s'implante dans le paysage politique dans le courant des années 1980, le « populisme du FN » et les constats sur le déboussolement politique des milieux populaires étaient rien moins qu'évidents chez les interprètes savants de la politique. L'équation posée entre FN et « populisme » n'avait pas le caractère indiscutable qui est désormais le sien tout comme d'ailleurs la formule magique qu'elle contient, expliquant d'un même geste les raisons du succès frontiste (la démagogie d'un leader, la captivité naïve de groupes populaires, la crise sociale et politique qui les feraient se rassembler dans un même engouement pour des thèses xénophobes) et celles de la menace politique qu'il représente : un autoritarisme politique nouveau forgé par et dans cette relation à double sens entre un chef charismatique et des troupes électorales subjuguées par sa personne et ses discours. C'est dire que cette évidence d'aujourd'hui est une représentation politique qui a été progressivement construite et acceptée. Un cadre cognitif a été élaboré avec ses concepts, ses définitions, son argumentation et ses preuves produisant un enchaînement de causalités venant certifier la nature populiste du FN et sa forte attractivité auprès des milieux sociaux les plus défavorisés.

Cette représentation politique résulte, ainsi, de la formation d'un nouvel argumentaire politique dans lequel les relations entre le « populisme », les groupes populaires, le FN, mais aussi la démocratie et les dangers qui la guettent, ont été mises dans l'ordre d'une explication. Les perceptions anciennes de ces réalités ont été réévaluées ; c'est de leur réagencement que naît une interprétation nouvelle de ce qu'est le FN et de ce que sont les fidélités politiques des groupes populaires. L'évidence du « populisme du FN » trouve, en même temps que sa caution scientifique, une large part de son impulsion dans la participation d'intellectuels, universitaires ou chercheurs à sa fabrication comme en témoignent leurs multiples écrits et interventions publiques. L'on peut même se demander si ce n'est pas précisément la construction scientifique du « populisme du FN » qui a été un des opérateurs pratiques de conversion des jugements précédemment portés sur les groupes populaires. La consécration scientifique du « populisme », par son explication savamment fondée, défaite de toute passion politique et idéologique, a encouragé, en effet, la diffusion de la représentation politique nouvelle des relations affines entre groupes populaires et FN. Réputée reposer sur un savoir empirique, s'appuyant sur des schèmes d'analyse qui entrent en résonance avec ceux d'interprètes situés dans d'autres secteurs du commentaire politique, elle offre, par les « preuves empiriques » qu'elle avance, un réalisme bien fait pour réunir par-delà les frontières idéologiques.

Comme toute production savante qui révise les conventions interprétatives antérieures, le « populisme du FN » est ainsi une innovation scientifique à portée politique. La sociologie des sciences est riche, néanmoins, d'erreurs destinées à la plus grande réussite sociale. C'est précisément ce que l'on voudrait montrer dans cet ouvrage.

Le « populisme du FN » : une mythologie politique à revisiter

Il en va sans doute ici comme pour toutes les évidences : la vision des rapports des groupes populaires au politique qui sous-tend la qualification populiste du FN risque de n'avoir pour seule plausibilité que la force sociale de l'accord qu'elle produit entre des acteurs aux positions sociales et politiques différentes. Elle risque, aussi, de n'avoir pour consistance que celle d'une idée reçue, composée à partir de raisons sociales et professionnelles dissemblables. Ce sont ainsi les usages savants du « populisme » qui sont à examiner dans leur rapport avec l'analyse du FN. Les obstacles à l'étude de ce parti sont nombreux et ils sont redoublés par l'acceptation banalisée de sa qualité de « populiste » et des verdicts prononcés sur les groupes populaires. Le principal est, sans doute, de lever toute une série de garde-fous qui retiennent habituellement l'imagination interprétative de déborder de son cadre scientifique et de projeter sur un parti, distant moralement et politiquement de ceux qui l'observent, des images fondées sur des croyances qui s'enchaînent plus que sur l'examen de sa réalité : croyance dans le caractère « exceptionnel » du FN qui défierait les classements politiques ordinaires ; croyance dans le postulat démocratique voulant que la légitimité vienne des élections et du « peuple[6] » et donc que la seule menace possible pesant sur l'ordre démocratique vienne « d'en bas » et des fractions populaires de la population lorsqu'elles votent.

Ces certitudes, diversement investies et travaillées selon les univers d'appartenance des commentateurs politiques, sont justement celles qui animent les savants faisant usage du « populisme ». Elles tendent à faire décrocher de toute réalité sociale et historique les comportements politiques étudiés et à faire dériver vers un moralisme anti-populaire des interprétations qui n'en ont pas le projet pour principe. Elles incitent à montrer dans le FN un acteur politique qui, après avoir défié les logiques routinières du jeu politique, viendrait défier toutes les lois de la sociologie. En ce sens, le « populisme » du FN est une erreur scientifique ; à la manière des prénotions du sens commun, elle fait écran non seulement à ce qui anime les mobilisations électorales et politiques des groupes populaires mais également à ce qui constitue l'énigme politique du FN. L'erreur n'en a pas moins une redoutable efficacité politique. Pour le comprendre, une double analyse est à mener. Analyser, d'une part, ce que les interprétations en termes de « populisme » doivent aux propriétés professionnelles (aux intérêts, croyances, schèmes intellectuels mobilisés) des savants qui les professent. Analyser, d'autre part, ce que ces interprétations font à la réalité frontiste qu'elles prétendent décrire et, plus généralement, à tous ceux qui se reconnaissent dans leur bien-fondé.

Le FN suscite des commentaires savants qui, pour des raisons tenant à la conception que les scientifiques mobilisés ont de la science politique et de leur métier, confèrent au FN une identité populiste relevant davantage du faux-semblant que du vraisemblable social et politique. Politologues ou historiens en même temps qu'intellectuels politiques intervenant dans les débats d'actualité, ils ont tendance à concevoir leur travail comme devant servir, à la fois, l'analyse et l'action politiques et à se considérer comme des professionnels de la vertu démocratique et de la science du politique : en quelque sorte comme des experts de la politique démocratique censés repérer la « bonne » prise en compte des électeurs et de leurs opinions et la « bonne performance » manifestée par les hommes politiques. Leurs commentaires reçoivent une approbation d'autant plus élargie qu'ils reprennent à leur compte, sans la questionner, la problématique politique qui organise aujourd'hui les échanges intellectuels et politiques.

Démocratie représentative, démocratie d'opinions, démocratie participative ou démocratie des compétences ; ancienne et nouvelle citoyenneté, démocratie ouverte ou démocratie forte, souverainisme ou réformisme éclairé, crise de la représentation politique et crise de la légitimité politique : tous ces thèmes qui hantent, aujourd'hui, le monde intellectuel et politique et qui inspirent bien des pratiques politiques traversent, sous une forme savante, la théorie actuelle du « populisme » qui, en retour, les confirme dans leur bien-fondé. Leurs enjeux se trouvent retraduits dans cette conception nouvelle du FN et les usages qu'elle permet : imposer un autre principe de légitimité politique, celui de l'expertise politique, contre celui de la représentation politique (l'autorité politique, la délégation, les mandats électifs).

Si le FN est bien une menace politique qui ne peut qu'animer tous ceux qui sont attachés à la continuité de la démocratie, il sert également d'instrument de lutte entre intellectuels politiques et hommes politiques pour la refondation de la démocratie représentative donnée pour plus légitime lorsqu'elle se fonde sur l'expertise. La dévaluation des groupes populaires qu'autorise le « populisme du FN » s'inscrit, ainsi, dans le cadre plus vaste d'une révision des anciens clivages politiques et idéologiques et constitue l'occasion, chez les intellectuels politiques, savants ou non, d'une redéfinition particulière de l'acceptable et l'inacceptable en démocratie. En faisant de l'expertise une vertu scientifique et démocratique, les intellectuels politiques auxquels appartiennent les savants mobilisés dans l'interprétation du FN délégitiment tous ceux pour qui le « peuple » est une cause à défendre au profit de la légitimation de ceux pour qui le « peuple » est un problème à résoudre. En ce sens, le terme de « populisme », du moins tel qu'il est employé par ceux qui en font usage à propos du FN, n'est pas innocent. Il rend licite le retour d'une vision réactionnaire des plus démunis et de ceux qui s'en font les porte-parole mais déniée par son habillage de vertu démocratique et de science empirique. La conception du FN en termes de « populisme » est également très lourde de conséquences sur la compréhension des rapports des groupes populaires au politique, sur la perception exacte de ce que représente le parti frontiste et sur les causes de la vulnérabilité de la démocratie.

Double dans sa prétention à être à la fois scientifique et démocratique, l'expertise faisant du FN un « populisme » est double également, on va le voir, dans son argumentation au point de faire passer les certitudes scientifiques et politiques avant toute investigation et mise en œuvre de procédures de vérification. C'est ce qui la fait perdre sur les deux tableaux. Celui de la science du politique pour laquelle elle ne produit que des connaissances déconnectées de la réalité sociale et politique. Celui de la vertu civique si l'on entend par ces termes, à la manière de Marc Bloch dans *L'étrange défaite*, ce qui est attendu du travail d'un historien ou d'un sociologue de la politique : non pas qu'il déteste ou critique le phénomène qu'il observe (ici le FN) mais qu'il mette en évidence les bonnes raisons scientifiquement fondées qu'il y a de le détester et de le critiquer.

Pour une déconstruction des certitudes

En revenant sur les divers commentaires savants traitant du FN sous l'angle du « populisme », il s'agit de restituer les conditions qui ont permis à cette représentation réactionnaire de prendre forme et de s'établir dans des activités scientifiques : quel est le cadre cognitif qui oriente les regards et les enquêtes, quelles hypothèses sont formulées, quelles preuves sont avancées, quels arguments sont mobilisés ? Cette déconstruction du travail d'élaboration du « populisme » rendra perceptibles les coûts en termes de connaissance de la réalité politique observée et les enjeux intellectuels et politiques qu'une telle analyse recouvre. Ce sera également l'occasion de donner une visibilité à des travaux sociologiques et historiens qui, bien que peu connus des tenants du « populisme », ont renouvelé les approches des phénomènes politiques, réouvert des questions sur des problèmes qui semblaient résolus et qui ont ébranlé bien des certitudes par leurs inquiétudes cognitives. Précisément ce que ne font pas les spécialistes du « populisme » ; précisément ce qu'il s'agit d'effectuer pour remettre un peu de complexité là où tout semble simple, un peu d'incertitude là où tout paraît aller de soi et être automatiquement réglé. Grâce à ces travaux, on montrera combien les évidences énoncées sur le mode des vérités naturelles sur ce que sont le populisme, le FN, l'autoritarisme politique, la démocratie, les rapports des groupes populaires au politique n'ont pour elles que l'apparence de la plausibilité scientifique et la force des intérêts et des croyances placés en elles : combien elles n'ont d'autre fondement sociologique que les usages qui les autorisent.

Comment ce contresens savant que constitue le « populisme du FN » a-t-il pu naître, se cristalliser et être accepté au point d'imposer un faux problème (l'engouement populaire pour le FN) comme un fait incontestable ? Deux parties, composées chacune de trois chapitres, vont organiser la démonstration. La première revient sur les conditions de la genèse et de la réalisation de cet « incroyable politique ». La seconde s'arrête sur les preuves avancées pour le valider. Les trois premiers chapitres retracent, ainsi, l'histoire de la construction et de l'imposition du « populisme » dans les commentaires scientifiques sur le FN. Ils restituent les transactions, à la fois scientifiques et politiques, qui ont permis au « populisme » de conquérir son évidence savante. On montrera qu'elle n'a été possible qu'au prix d'une double dénégation. Dénégation d'une entente plus ou moins concertée avec les préoccupations d'intellectuels engagés dans des entreprises de modernisation politique et qui pourtant assurent un véritable succès social à l'identité nouvelle prêtée au FN. Dénégation des enjeux politiques et intellectuels que recouvre la réalité politique de « l'appel au peuple ». La définition même du « populisme » telle qu'elle est employée par les spécialistes du FN opère, en effet, une sorte de révolution idéologique à la fois de ce qu'a été la cause politique des groupes populaires dans la construction sociale de la démocratie et de ce qu'ont été les usages anciens du « populisme », bien faite pour faire perdre tout sens politique aux mobilisations populaires.

Les chapitres 4 et 5 s'attardent sur les études électorales du vote FN. Là, ce sont les preuves empiriques apportées pour valider le « populisme » du FN et la mobilisation populaire en sa faveur qui sont examinées. On verra que ces preuves sont plus que discutables aussi bien dans leur principe d'élaboration que dans ce qu'elles sont censées révéler sur l'affinité des groupes populaires avec le FN. Produisant une réalité politique imaginaire des mondes populaires plus adaptée à la définition du « populisme » qu'aux rapports concrets unissant ces milieux sociaux au politique, elles autorisent le retour de thèses explicatives contestées et contestables dont celle, hautement conservatrice, de la nécessaire limitation des « excès de démocratie ». Enfin, le dernier chapitre cherche à montrer comment cet « incroyable politique » qu'est le « populisme du FN » a été rendu acceptable aux yeux mêmes de ceux qui l'imposent. Il est préparé par le travail d'identification opéré pour repérer dans le parti frontiste les éléments d'une menace politique. Pris par les termes mêmes de leur vocabulaire scientifique, pris également par leur propre univers mental d'experts, ces savants du « populisme » sont conduits, dans leur description du FN, à prendre une réalité pour une autre, à vider les mots de leur sens en les subvertissant et, au bout du compte, à conférer à la fois au parti frontiste et à la démocratie une tout autre existence que celle qui est la leur. Ils manquent ainsi ce qui fait à la fois la nouveauté du FN dans le champ politique d'aujourd'hui et la fragilité actuelle de la démocratie.

I
Genèse et réalisation d'un « incroyable politique »

La meilleure façon d'ôter aux évidences leur caractère naturel est de restituer leur trame historique : de quelles histoires sont-elles faites, quels sont les critères qui les ont rendues plausibles et admises par ceux-là mêmes qui maintenant les posent en diagnostics scientifiquement fondés ? On verra que le « populisme du FN » est bien une construction et une construction qui s'élabore sur de tout autres fondements que des exigences de connaissance. Elle est d'abord une réponse aux enjeux disciplinaires successivement affrontés par les interprètes savants du parti frontiste, qui leur offre l'occasion d'affirmer publiquement une posture intellectuelle singulière : celle d'experts en menaces démocratiques. Si cette forme d'expertise invite au surplomb moral plus qu'à la description concrète du monde social et politique, elle ne reçoit pas moins son crédit social de l'humeur du temps avec laquelle elle s'accorde. La représentation populiste du FN s'inscrit, en effet, dans un moment particulier du débat intellectuel et politique où se trouve en cours de redéfinition la bonne forme à donner à la démocratie. Les concurrences sont multiples et vivaces. Elles opposent intellectuels et hommes politiques réunis cependant par une même vision néolibérale, à la fois misérabiliste et réactionnaire, des groupes populaires. La modernisation ou le réenchantement de la démocratie proposés ont, ainsi, pour pendant obligé la révision à la baisse de la place à concéder, en régime démocratique, aux milieux populaires, à leurs griefs, à leurs intérêts sociaux et à leurs modes de participation politique. Le « populisme du FN » emprunte cette vision disqualifiante des milieux les plus défavorisés et la conforte en la métamorphosant en constats scientifiques.

La stigmatisation du populaire au cœur de la nouvelle qualification du parti frontiste est d'autant mieux méconnue (et donc acceptée) qu'elle se donne à voir comme une œuvre savante, préoccupée, en outre, par la bonne marche de la démocratie et non comme une prise de position idéologique. Faux problème imposé par et pour les besoins de la cause néolibérale, le « populisme du FN » trouve son réalisme et son efficacité politiques dans les dénis de réalité sur lesquels il repose et dans la réactivation de préjugés sociaux, transfigurés en diagnostics historiquement fondés que seul un romantisme de mauvais aloi peut contester. C'est en large part, en effet, sur une relecture de l'histoire politique, prenant à contresens les processus de démocratisation au point de faire perdre au « peuple » jusqu'à la signification des mobilisations qu'il a initiées, que la représentation populiste du FN se construit et se réalise.

La construction d'une évidence apparemment scientifique

Lancée en 1984 par le philosophe politique Pierre-André Taguieff qui la réimportait des débats américains sur la « nouvelle droite »[7], la notion de « national-populisme » était alors un simple label du FN parmi d'autres (« national-capitalisme », « national-libéralisme »[8]). Elle insistait sur un aspect des idées et des valeurs nationalistes du parti frontiste destiné à distinguer la nouveauté de cette « droite radicale » du fascisme et des extrêmes droites passées. Successivement différents scientifiques de l'analyse politique, pour des raisons tenant à leurs enjeux disciplinaires respectifs, vont s'emparer du terme et créer entre eux une situation d'échanges intellectuels et de reconnaissance croisée. La circulation de « savoirs » et de manières de penser la politique qui s'opère alors tend à valider à la fois l'existence du populisme du FN et le cadrage interprétatif qu'il convient d'adopter à son égard. Tous partagent, en effet, la même position intellectuelle cherchant dans les « idées politiques » ou les « valeurs » proclamées et non dans les pratiques sociales et politiques, l'explication des comportements ou des phénomènes politiques. Tous s'accordent, également, sur l'existence d'une démocratie stable même si elle est soumise à des protestations extrémistes.

Tous acceptent, enfin, comme grille de compréhension des luttes et des contestations politiques, le même présupposé du postulat démocratique voulant que la légitimité en démocratie vienne « d'en bas », du « peuple », des élections. C'est pour cet ensemble de raisons que leurs analyses s'entremêlent et se confortent mutuellement.

Les historiens du contemporain : le fascisme français n'existe pas

Les historiens de l'époque contemporaine sont les premiers, sous la plume de Michel Winock à la « une » du *Monde* en 1987 puis dans leurs travaux ultérieurs, à s'être emparés du label « national-populiste » pour qualifier un FN dénoncé alors presqu'unanimement au milieu des années 1980 comme fasciste[9]. Spécialistes de l'histoire politique du XXe siècle, notamment des années 1930 et du régime de Vichy et pour la plupart enseignants à l'IEP (Institut d'études politiques) de Paris, ils trouvent dans cette nouvelle appellation le « concept » scientifique leur permettant de démontrer ce qui constitue leur marque et leur credo professionnels : l'absence de fascisme en France. « Populisme ou fascisme ? » (Pierre Milza), « National-populisme, résurgence d'une vieille droite » (Michel Winock) : le mot « populisme » s'introduit peu à peu dans leur vocabulaire. Et pourtant son adoption n'avait rien d'évident.

Lorsque le FN apparaît sur la scène électorale en 1983 lors de l'élection municipale de Dreux et surtout lors des Européennes de 1984, d'autres classifications possibles auxquelles rattacher le parti de Jean-Marie Le Pen étaient envisagées : « Extrême droite » pour certains (Stanley Hoffmann, *La Croix*, 19 juin 1984), « poujadisme aux accents d'antiparlementarisme » (Jean-Pierre Rioux[10]) ou « fascisme » pour d'autres, notamment des journalistes et des hommes politiques, « populisme » selon d'autres encore qui l'entendent comme un équivalent du « poujadisme » (Annie Kriegel, *Le Figaro*, 5 juillet 1984). Pour ces historiens, la labellisation du FN est plus qu'une simple affaire de qualification symbolique. Elle constitue un véritable enjeu professionnel renvoyant à une controverse historiographique qui a ébranlé la profession et qui a porté sur l'existence ou non d'une idéologie fasciste en France. On ne reviendra pas sur le débat de fond[11] qui les a opposés à Zeev Sternhell lors de la parution en 1983 de son ouvrage, *Ni droite ni gauche, l'idéologie fasciste en France,* et qui a été l'occasion, pour réfuter son analyse, de réaffirmer l'idée d'une société française « allergique » au fascisme[12] qui faisait l'unanimité entre les historiens alors dominants[13]. Disons simplement que c'est à travers le prisme de cette controverse qu'ils vont s'inscrire dans la compétition à la fois politique et intellectuelle pour l'identification du FN. Le « national-populisme » semble être la « solution trouvée » pour résoudre les contradictions auxquelles ils se heurtent. Ils se trouvent non seulement confrontés à une réalité politique qui dément leurs prévisions, mais ils doivent faire face aux multiples critiques externes et internes à leur propre groupe qui se sont élevées avec plus ou moins de vigueur contre leur représentation d'une République totalement protégée de tout déloyalisme radical. Suggérant que le FN incarne un nouveau type de droite radicale sans précédent parmi les extrêmes droites existant depuis la Libération, le label les oblige, certes, à changer leurs classifications antérieures, mais dans le sens d'une rénovation plus adaptée à la réalité politique présente et qui préserve l'essentiel : leur conception du métier d'historiens et de l'histoire politique qu'ils ont reconstruite, une façon en quelque sorte de répondre à Z. Sternhell sans le dire et sans plus débattre de sa thèse.

La percée spectaculaire d'un parti issu d'une extrême droite jusqu'alors perçue comme vouée à rester embryonnaire et aux marges de la démocratie et la conjoncture interprétative où foisonnent les dénonciations de fascisme et les exégèses idéologiques n'ont pu, en effet, que les préoccuper et ce, d'autant plus qu'elles surviennent au moment même où ils sont mobilisés pour la construction d'une identité professionnelle collective qui les distingue des autres spécialistes de la vie politique. Les historiens travaillant sur le XXe siècle sont engagés, en effet, depuis le milieu des années 1980 (l'IHTP – Institut d'histoire du temps présent – est créé en 1978) dans une entreprise de réhabilitation de l'histoire politique par laquelle ils tentent de constituer celle-ci en « école » ou discipline à part entière avec ses objets emblématiques, ses pères fondateurs, ses méthodes particulières[14]. Entendant redonner aux « grandes constructions idéologiques » une autonomie et un rôle majeur dans l'explication des phénomènes politiques (dans leur origine et dans leur évolution) contre les analyses d'histoire sociale ou de sociologie historique jugées trop « déterministes », ils vont alors élaborer leur projet phare en se focalisant justement sur les « droites ». L'ouvrage de R. Rémond, *Les droites en France,* est revendiqué comme le « grand classique » fondateur de leur identité professionnelle et, avec cet ouvrage, la démarche qui le sous-tend : souci de classification par la mise au jour de traditions politiques nées au XIXe siècle et réactivées jusqu'à aujourd'hui ; analyses par le jeu de filiations fondées sur le discours affiché ou l'idéologie défendue par les représentants de la droite ; volonté de « redonner l'épaisseur du temps » aux phénomènes les plus actuels. L'« intrusion de l'histoire réelle » que constituent l'introduction et le maintien du FN dans le jeu politique les incite alors à s'intéresser à lui. Doté d'un passé politique (il existe depuis 1972), ayant à sa tête un vétéran de la politique (J.-M. Le Pen est élu en 1956 à l'Assemblée nationale sous les couleurs du « poujadisme ») et composé d'hommes au passé vichyssois et collaborationniste et depuis lors engagés dans l'activisme politique, le FN possède une idéologie marquée qu'il est important maintenant pour eux de situer dans l'univers des droites.

Or, si tous se retrouvent pour classer celui-ci à droite et hors du fascisme, ils diffèrent à la fois sur le type de droite que le FN incarne (Contre Révolution ou bonapartisme ou tradition étrangère à la République) et sur le degré de dangerosité à lui conférer. On en voudrait pour preuve la critique de P. Milza adressée à une prise de position de R. Rémond[15]. Appelés à intervenir mais en désaccord sur les jugements « historiques » et politiques à porter sur le FN, ces historiens voient leurs divergences redoublées par de nouvelles tensions nées des débats publics, jusque-là réservés à leur seule compétence, sur le régime le plus proche en France du fascisme et sur la généalogie à lui attribuer.

Faire taire des critiques multiples

La fin des années 1980 et les années 1990 connaissent, en effet, une forte politisation des enjeux historiographiques propres à la période des « années noires » qui constituent leur spécialité. Des événements sont venus conférer une actualité brûlante à l'époque jugée la plus honteuse et la plus discutée de l'histoire politique française : Vichy, la collaboration et leurs origines. Le procès Klaus Barbie en 1987, l'inculpation de René Bousquet en 1991 qui meurt assassiné en juin 1993, l'adoption critiquée de la loi Gayssot en 1990 (faisant du négationnisme un délit), le scandale du « fichier des Juifs » en novembre 1991, les polémiques sur la commémoration de la rafle du Vel' d'Hiv en juillet 1992, le procès Paul Touvier au printemps 1994 et, enfin, le procès Maurice Papon en octobre 1997, ont été fortement publicisés. Ils ont ouvert également des compétitions imprévues.

Les historiens « porfessionnels » se trouvent confrontés à d'autres qu'eux (notamment journalistes, hommes politiques, intellectuels essayistes et surtout avocats et juges) qui prétendent à « faire de l'histoire ». Non seulement leur monopole du travail historique est entamé, mais aussi celui à « dire l'histoire » et c'est jusqu'à la définition de ce que doit être le rôle social de l'historien[16] qui est objet de discussions. Ils sont presque sommés d'adopter un rôle « civique » (de témoin et juge de l'histoire politique passée au nom de leurs connaissances) comme l'a illustré le procès Papon où nombre d'entre eux sont venus « témoigner » à la barre. Ils sont également placés dans la situation de devoir défendre collectivement leur interprétation historique du régime de Vichy et leur version de cette histoire passée qui revient hanter le présent. Sur ces deux points, les désaccords internes à leur groupe passent sur la scène publique et mobilisent d'autres qu'eux. L'expertise historique[17] n'est pas étrangère à la conception que certains se font de leur métier pour lesquels, comme le dit René Rémond, « c'est le rôle de l'historien, lorsque l'opinion est troublée, que de faire la vérité sans interférer avec l'œuvre de la justice[18] ». Liée certes pour une part à l'histoire de leur profession[19], la multiplication de leur présence dans des commissions chargées de statuer sur des « faits historiques », dans les lieux où se décident les politiques scolaires, dans les commémorations qui se diversifient et se routinisent, lors desquelles le passé est présenté comme délivrant des leçons au présent et où ils insistent sur le « devoir de mémoire » a contribué à banaliser une posture d'expertise qui tend à confondre histoire et mémoire, travail d'analyse historique et travail de commémoration d'un passé amplement censuré de ses événements dérangeants. Que ce soit un auteur de romans policiers (Didier Daeninckx) et un historien marginal dans le champ académique (Benjamin Stora) qui redécouvrent cet « indicible » de l'histoire officielle que constituent la manifestation des Algériens du 17 octobre 1961 et sa répression dans le sang par le pouvoir gaulliste en témoigne[20]. La posture d'expertise qui charge les historiens, à l'image des journalistes, de donner le sens du cours de l'histoire politique ne fait cependant l'unanimité ni entre eux[21], ni entre eux et d'autres analystes de la vie politique (historiens ou non)[22].

De même, leur analyse de Vichy, longtemps tenu pour un régime entièrement soumis à l'occupation allemande et, à ce titre, peu exemplaire d'une tradition politique française, a été fortement ébranlée par des travaux d'historiens étrangers, notamment ceux de Robert Paxton et Michael R. Marrus montrant que loin d'avoir été totalement dominé, Vichy avait parfois anticipé sur les désirs de l'occupant[23], notamment sur les sujets les plus cruciaux pour apprécier son degré d'autonomie (les déportations de populations juives). Devenu un régime « autoritaire » en rien comparable au « totalitarisme » du nazisme ou du fascisme mussolinien (voire à l'autoritarisme du franquisme)[24] pour cause d'absence de parti unique, le régime de Vichy serait entièrement redevable à un conservatisme contre-révolutionnaire, élitiste et maurrassien, dévoyé par Laval contre les intentions de Pétain. La définition cadrait cependant fort mal à la fois avec ce qui se disait et se jugeait dans les prétoires et dans la presse (où des hommes de Vichy étaient mis sur le banc des accusés pour apprécier leur participation à la « solution finale ») et avec ce que d'autres travaux, étrangers ou français, commençaient à exposer : ranger Vichy dans la contre-révolution maurrassienne ne pouvait se faire qu'au prix d'une considérable réduction des concurrences internes à ce régime, de l'influence de la domination allemande et de la figure de Maurras[25]. Il y avait bien eu un projet de « révolution nationale » visant à la création d'hommes nouveaux contre les élites républicaines, mais aussi contre tous ceux, « racifiés », qui n'entraient pas (et plus) dans une nation « faite de terre et de sang » (les opposants, les juifs, les femmes)[26] ; ou plus simplement, pour comprendre Vichy, mieux valait abandonner les questions de sa filiation pour examiner les pratiques et les anticipations sur la fin de la guerre qui déterminaient les lignes d'action politique suivies[27]. Même si ces analyses n'étaient que partiellement reconnues par ces historiens et par les médias où ils occupent des positions éditoriales, elles ouvraient, par leur existence même, la concurrence pour la définition de Vichy et offraient des ressources intellectuelles à d'autres qu'eux pour critiquer la version établie.

Le « national-populisme » : les ressources d'une nouvelle classification

L'usage de la catégorie de « national-populisme » permet, sinon de faire taire tous ces désaccords, du moins de les neutraliser en les déplaçant et de rassembler collectivement les historiens du « contemporain » autour d'un « mot totem » permettant de changer la labellisation d'une des droites sans pour autant bouleverser l'ensemble de leur ordonnancement ni renoncer à l'activité de classification. Nouvelle à ce moment-là dans le vocabulaire historien, et à ce titre peu discutée et peu vieillie par les différends intellectuels, elle apparaît plus neutre et offre à ces historiens la possibilité de se réaccorder avec l'actualité en donnant une interprétation qui convienne à la fois à l'histoire présente et à l'histoire passée telle qu'ils l'ont reconstituée. Grâce à cette catégorie qui fonctionne comme une injure polie, ils sont en prise avec l'humeur de la conjoncture qui impose de tenir, face au FN et plus généralement face aux hommes politiques, une posture démocratique, et de rechercher dans les discours de J.-M. Le Pen les « idées et les valeurs » censées déterminer la conduite politique du parti frontiste. Sans doute convient-il de voir dans la similitude de la posture de « bienséance démocratique » adoptée par une partie de l'univers intellectuel et journalistique et par ces historiens une sorte d'affinité tenant à la proximité de ces derniers avec l'espace public en termes de positions éditoriales, de collaboration avec la presse, et de souci de vulgarisation des travaux historiques (participation à des magazines de vulgarisation comme *L'Histoire*, rédactions de manuels scolaires ou estudiantins).

L'indignation et la stigmatisation sont bien sûr de mise mais contenues et relativisées. « Dans cette période difficile de transition, aucune de nos familles politiques anciennes n'a su traiter de front et à fond le problème de l'immigration, qui fait toute l'audience de Le Pen[28] ». Si les dangers existent, ils peuvent être circonscrits : « Les réponses du nationalisme sont caricaturales et dangereuses ; elles risquent d'être encore plus dangereuses que caricaturales si les autres familles, libérales ou démocrates, restent sourdes aux désarrois qu'elles manifestent ou impuissantes à y répondre »[29].

Couplé au travail de restitution d'une filiation qui autorise de partir de l'actualité politique pour remonter jusqu'à ses origines supposées débuter au XIXe siècle, l'usage du « national-populisme » offre la possibilité d'intégrer certains aspects des travaux de Z. Sternhell corroborés par des travaux d'histoire ou de sociologie politiques des dernières années. Ces aspects renvoient à l'apparition de nouvelles organisations politiques au tournant du XXe siècle liée à la démocratisation de la politique ou à « l'entrée des masses dans la vie politique » auxquelles participaient, entre autres, des entreprises nationalistes. Il y a là un prix à payer : il consiste à réaménager à la marge la typologie des droites de R. Rémond en reconsidérant la nature du « bonapartisme » (ce que les historiens du XIXe siècle appellent « césarisme »). En effet, à l'inverse de la droite orléaniste « prémunie contre les séductions de type autoritaire et immunisée contre les risques de contamination par le fascisme » au nom de ses valeurs libérales, à l'inverse encore de la droite « contre-révolutionnaire », elle aussi à l'abri du fascisme grâce à ses valeurs élitistes, le bonapartisme ne devait jusqu'alors son « salut démocratique » qu'à l'inexistence d'un parti unique (symbole du fascisme) et qu'à sa « pesanteur sociologique qui l'enracine du côté des notables et le fait pencher vers la conservation de l'ordre établi ». Ce qui impliquait de recourir à d'autres critères de distinction, plus empiriques qu'idéologiques, plus accidentels qu'essentiels que ceux prévalant pour les deux autres droites, qui ne tiennent plus dès lors qu'est reconnue l'émergence, à la fin du XIXe siècle, de partis populaires conservateurs et nationalistes. Le bonapartisme inclut désormais le « nationalisme de masse » qui n'est pas une autre tradition de droite mais « une métamorphose d'une unique tradition de pensée », qui le rapproche du fascisme par son inclination populaire, mais le voue à n'être qu'un des avatars de cette droite populaire autoritaire, destiné à rester rare et insignifiant[30]. Changement incrémental qui va dans le sens d'une plus grande idéologisation des critères retenus, la réorganisation de la classification en conserve ainsi le principal : la conclusion et son principe d'élaboration. Ni fasciste, ni d'extrême droite : le FN est une « droite populaire », « sociale et nationale » selon les mots mêmes de J.-M. Le Pen, comme l'écrit M. Winock : « Pour une fois sa définition est peut-être la plus exacte. Disons pour faire plus court : un « national-populisme »[31].

Le terme est double et autorise l'oscillation entre nationalisme et populisme, entre idées ou valeurs politiques et mode de mobilisation politique du populaire. Pris littéralement, il permet la reconstruction d'une filiation politique qui, nationaliste et populaire, exclut d'emblée le fascisme et se distingue du nationalisme élitiste de l'Action française (et donc de Maurras et de Vichy) dont l'évocation, à ce titre, n'est plus pertinente dans la généalogie du FN. Plus encore, l'emploi du terme que ces historiens travaillent à introduire dans leurs analyses postérieures concourt à faire du présent la catégorie dominante de l'histoire politique et, par là même, grâce au monopole qu'ils ont de son usage dans la profession historienne, à supplanter les historiens d'autres époques (notamment du XIXe siècle) lisant le présent à travers leurs savoirs de spécialistes du passé[32]. L'opportunité est alors ouverte de débattre à compétences égales avec des représentants d'autres disciplines s'intéressant à l'actualité politique, notamment avec une fraction de la science politique plutôt portée à voir dans les discours tenus et les idées défendues le principe des actions accomplies et qui se retrouve dans l'emploi du terme de « populisme » mais avec des conceptions différentes.

L'expression de divergences interprétatives sur les conditions d'émergence de phénomènes politiques menaçant la démocratie, qui accompagne cette reconfiguration de la communauté des pairs et favorise les échanges intellectuels, se trouve dès lors admise. Si certains, les plus attachés à l'histoire intellectuelle des idées, restent fidèles à la version d'un fascisme ultra minoritaire pour cause d'incompatibilité avec la culture politique française, d'autres, souvent les plus ouverts à l'histoire sociale, ne réfutent pas l'existence d'un fascisme français mais l'estiment inabouti et lié à des dérives personnelles ou à un emportement dans une nébuleuse fascistoïde[33] et engendré par une crise de « l'écosystème » républicain[34]. Les écarts explicatifs sont d'autant plus autorisés qu'ils ne remettent en cause ni l'accord sur la faiblesse du phénomène fasciste en France ni le schème comparatif utilisé pour l'établir : c'est toujours par comparaison avec la forme historiquement constituée, « achevée » et incarnée par Mussolini ou Hitler une fois arrivés au pouvoir que les « fascismes » français sont mesurés[35]. C'est cette comparaison avec le totalitarisme du fascisme au pouvoir qui certifie que, même si des crises viennent à atteindre la démocratie, aucun danger fasciste ne pourra l'ébranler et la renverser puisqu'il est tout entier localisé dans le passé des années 1930 et dans un passé dépassé. Totalement discrédité et l'époque s'étant complètement renouvelée, il serait devenu aujourd'hui une solution politique irrémédiablement datée[36]. C'est cette comparaison encore qui permet d'affirmer que le FN n'est pas fasciste et qu'à ce titre le « national-populisme » est l'identité historique et politique qui lui convient le mieux. La preuve en est apportée par la filiation elle-même puisque la tradition politique qu'il est censé représenter s'est incarnée successivement dans le boulangisme et le poujadisme qui, même donnés comme proches du fascisme en raison de leurs caractéristiques populaires, sont tous les deux des mouvements politiques ayant échoué soit à prendre le pouvoir, soit à se maintenir dans le jeu politique.

Le FN devient alors l'illustration contemporaine d'une lignée populiste, faite de mouvements s'affirmant à la fois

« sociaux » et « nationaux », invoquant la *vox populi* en défi aux partis établis, jouant des « petits » contre les « gros » et « rassemblant principalement les mécontents, les menacés et les inquiets devant les transformations socio-économiques ». Commencée avec le général Boulanger et poursuivie avec Pierre Poujade, la filiation témoigne, grâce à ces chefs charismatiques calamiteux, que s'il y a bien un danger pour la démocratie, c'est d'un danger peu sérieux qu'il s'agit. Si des parallèles peuvent être malgré tout dressés entre les porte-drapeaux du « populisme » et ceux du fascisme « authentique » c'est en raison de leur extraction sociale faisant d'eux des marginaux d'origine plébéienne (des déclassés, des parvenus, des aventuriers). C'est en raison également de leur discours social attestant de leur provenance de gauche, tout le reste n'étant que mimétisme du style charismatique mussolinien ou hitlérien.

L'on comprend ainsi qu'aux yeux de ces historiens seul le PPF (Parti populaire français) de Jacques Doriot, ouvier « plébéien » transfuge du communisme, constitue un fascisme plus « authentique » que le RNP (Rassemblement national populaire) de Marcel Déat, enseignant sorti de l'ENS et de la SFIO ou le Parti frontiste du technocrate et ancien radical Gaston Bergery[37]. L'on comprend aussi que, pour eux, le fascisme et le « national-populisme » conjuguent, en les rendant indissociables, les traditions de gauche et de droite (sur ce point d'ailleurs ils rejoignent les analyses de Z. Sternhell voyant aux sources du fascisme d'abord une entreprise de révision du marxisme et non une radicalisation de la droite classique). La construction de la représentation d'une démocratie prémunie des dangers du fascisme même rénové tout comme le cadrage de l'interprétation du FN sur son idéologie et sur sa base populaire sont d'autant plus faciles à maintenir qu'ils s'effectuent, dans l'univers des historiens, dans des conditions de relative liberté interprétative : les travaux d'historiens étrangers portant sur l'histoire politique française (celle des années 1930-1940 ou sur le FN) dont beaucoup critiquent l'historiographie française sont peu traduits ou le sont avec beaucoup de retard[38], ce qui offre la possibilité de présenter Z. Sternhell comme le seul historien « contestataire » des thèses françaises et d'en discuter les seules recherches avec d'autant plus d'aisance que cet auteur privilégie, lui aussi, l'analyse des idées politiques[39] dans sa conception de l'histoire politique. En outre, les historiens du contemporain ont certifié le caractère populaire du FN plus par induction des discours « sociaux » de J.-M. Le Pen que par vérification empirique, puisque les études portant sur les militants ou les électeurs du parti frontiste sont quasiment inexistantes au moment où ils s'emparent du « national-populisme » au milieu des années 1980.

La circulation des savoirs infondés

Le « populisme » va poursuivre sa carrière en enrôlant sous sa bannière, peu de temps après, de nouveaux scientifiques dont les intérêts ne recoupent pas exactement ceux des historiens. C'est le cas notamment d'une fraction de la science politique, proche de ces historiens et de P.-A. Taguieff par leur appartenance ou leur proximité à la Fondation nationale des sciences politiques (à laquelle est rattaché l'IEP de Paris) et par leur inclination à faire des idées politiques l'explication des phénomènes politiques. Parmi eux, essentiellement des électoralistes, c'est-à-dire des politologues spécialisés dans l'analyse des comportements électoraux, qui a fait la notoriété de leur centre de recherche, le CEVIPOF (Centre d'études de la vie politique française) et des institutionnalistes s'intéressant aux régimes politiques sous l'angle de leur constitution juridique, de leur stabilité et de leurs politiques comparées[40] : ces deux groupes dont les membres interviennent fréquemment lors de soirées électorales ou sur des grands sujets d'actualité touchant aux dérives de la démocratie (corruption, affaires ou lois électorales) voisinent avec le monde journalistique et politique (qu'ils conseillent souvent). Ils ont pour concurrents, au sein de leur discipline, des politistes qui, s'appuyant sur les méthodes des sciences sociales, proposent des analyses de la vie politique fondées sur l'étude des pratiques sociales et politiques et non sur les idées ou idéologies professées. Ces politologues s'intéressant à la « bonne gouvernance » démocratique, nationale, européenne ou internationale regardent l'élection comme une institution démocratique parmi d'autres (Parlement, Gouvernement). Ils vont réorganiser quelque peu les perspectives tenues sur le FN en fonction de leurs propres préoccupations professionnelles essentiellement juridiques et normatives.

Le score obtenu par le FN aux élections européennes de 1984 a créé une véritable stupeur chez tous ceux qui font profession de commenter la vie politique. Absent des grandes consultations électorales[41], groupusculaire et marginalisé jusque l'élection de Dreux en 1983[42] et l'alliance, entre les deux tours, avec la droite classique : c'est peu de dire qu'il était admis que le FN était incapable de s'imposer au plan national et de s'inscrire dans le jeu démocratique. Le démenti de ce diagnostic, réactivé à chaque scrutin par les scores inattendus du parti frontiste, incite ces spécialistes de la démocratie électorale à voir dans le FN un des principaux perturbateurs des partages électoraux anciens.

La question des élections prend, de surcroît, une importance cruciale et inattendue à partir du moment où les référendums se multiplient pour faire approuver une construction européenne fermement engagée sous la houlette de la « technocratie bruxelloise » et qu'apparaissent des oppositions tout aussi fermes et souvent dérangeantes pour le jeu politique tel qu'il était en train de s'établir. Surtout, l'émergence et la généralisation dans une « Europe en mutation rapide » de mouvements extrémistes partageant, semble-t-il, les mêmes valeurs nationalistes et la même fidélité envers des personnalités hautes en couleur témoignent de la réalité d'une menace (et de sa rapide propagation) qui n'épargne pas des démocraties semblables à celle de la France bousculée par un Front national conquérant : Ligue du Nord en Italie, Vlaams Blok flamand, FPÖ de Jorg Haider en Autriche, etc. Leurs succès électoraux déconcertent : non seulement, ils rompent avec une apathie électorale, certes déplorée à chaque scrutin depuis le milieu des années 1980, qui avait néanmoins pour vertu de déconflictualiser le jeu politique en le rendant prévisible, mais ils émanent de mouvements apparemment inédits, échappant aux classifications ordinaires.

Le « populisme » semble alors pouvoir à leurs yeux les décrire et les qualifier. Déjà ressuscitée précédemment par les historiens et propagée dans le vocabulaire politique et journalistique, où elle sert à stigmatiser mouvements et responsables de gauche (Edith Cresson, Bernard Tapie) ou de droite (Jacques Chirac), la notion existe en science politique : quelque peu désuète et réservée aux problèmes de modernisation des pays en voie de développement, elle n'en a pas moins une grande faveur dans le monde anglo-saxon où la littérature scientifique sur le « populisme » est en inflation constante[43]. La reprendre permet ainsi de se placer à la pointe de la recherche savante française et internationale, tout en s'inscrivant dans le commentaire politique critique. Il n'est pas étonnant alors de retrouver parmi les principaux utilisateurs savants du « populisme » des auteurs qui ont, dans leurs travaux précédents ou connexes, critiqué les mauvaises mœurs politiques et les dérives de la démocratie ou encore des auteurs qui ont combiné leur activité d'analyste avec celle de conseiller des « princes ».

Des experts critiques de la démocratie

Y. Mény a déploré la corruption des élites politiques (*La corruption de la République*, Paris, Fayard, 1992 ; *Démocratie et corruption en Europe*, en collab. avec D. della Porta, Paris, La Découverte, 1995). G. Hermet a mis en avant à plusieurs reprises la dégradation de la démocratie (*Le Peuple contre la démocratie*, Paris, Fayard, 1989 ; *La Trahison démocratique*, Paris, Flammarion, 1998). P.-A. Taguieff a écrit sur les différentes menaces exercées sur la République et ses idéaux (*La République menacée*, Paris, Ed. Textuel, 1996 ; *Face au racisme*, Paris, La Découverte, 1991, 2 vol. ; avec M. Tribalat, *Face au Front national. Arguments pour une contre-offensive*, Paris, La Découverte, 1998). Les institutionnalistes doublent souvent leur activité professionnelle d'une activité de conseil, que ce soit, par exemple, en proposant des lois institutionnelles ou des Constitutions « clefs en mains » aux pays en voie de développement, ou en réfléchissant à des projets de réforme institutionnelle pour la France. D'autres utilisateurs du « populisme » appartiennent à l'entourage d'un homme politique (par exemple, P.-A. Taguieff est un conseiller de J.-P. Chevènement).

L'expertise en menaces démocratiques

Les politologues vont, eux aussi, à l'instar des historiens (et en s'appuyant sur leurs travaux), considérer le « populisme » comme une menace liée à sa capacité à mobiliser les ressentiments populaires, mais en en modifiant la signification. Le « populisme » devient un phénomène de crise : crise politique, crise de légitimité ou crise de confiance envers les hommes politiques établis, elles-mêmes entretenues par une crise sociale et économique attestée par la montée irrésistible du chômage. En ce sens, il est bien une pathologie, mais une pathologie de la démocratie elle-même. Il est certes une épidémie à l'image des « fièvres hexagonales » évoquées par M. Winock pour décrire les poussées de la maladie extrémiste en France. Il est surtout un « symptôme » ou un « syndrome » des dysfonctionnements politiques qui rassemble (et fait se ressembler) des individus et des partis qui, pourtant placés dans des contextes sociaux et politiques différents, sont réunis par des motivations « réactionnaires » identiques les constituant en ennemis de la modernité et du progrès.

Cependant, pris par leur conviction d'une norme démocratique désormais acceptée par tous les régimes politiques existants, ils métamorphosent le « populisme » tel que l'avaient adopté les historiens. Ils le font passer du statut d'outsider marginal et raté à celui d'insider critique et conquérant. Tout comme les historiens, ils ne voient plus dans le FN le « révolutionnaire violent » ou le « fasciste déloyal » des premiers temps. Mais contrairement à eux, ils le regardent comme un parti en appelant « au peuple », voulant véritablement lui redonner une place de choix : en quelque sorte, un parti « trop démocratique » ou « antidémocratique » pour cause de surenchère démocratique. C'est pourquoi de leur point de vue aussi, le FN est un lepénisme (certains évoquant même « la France lepéniste »), c'est-à-dire une organisation tout entière redevable de ses succès au pouvoir de séduction charismatique de J.-M. Le Pen sur ses « troupes » électorales. C'est ce charisme qui ferait échapper le FN au clivage droite/gauche en captivant les anciennes clientèles des partis de gauche et de droite. C'est lui aussi qui attesterait que l'on est bien en période de crise puisque le charisme est supposé surgir dans les moments de grande déstabilisation et n'être qu'un phénomène transitoire voué à la routinisation.

Une carence démocratique

Cette conception d'un FN « trop démocratique », représentant un « intégrisme démocratique », conduit certains analystes à considérer le système démocratique comme d'emblée miné par une carence de démocratie. « Le populisme est-il *la* pathologie ou ne serait-il pas la manifestation d'une pathologie installée au cœur du système démocratique ? Ou, pour le dire autrement, en poursuivant le recours à la métaphore médicale : le populisme ne serait-il pas la manifestation - la « fièvre » - de la maladie qui affecte la démocratie, c'est-à-dire la carence de la présence populaire dans ce qui devrait ou est censé être son habitat naturel ? », in Y. Mény, Y. Surel, *Par le peuple, pour le peuple. Le populisme et les démocraties*, Paris, Fayard, 2000, p. 21. D'une certaine façon, cette idée rejoint celle développée par Pierre Rosanvallon (une démocratie naturellement toujours tendue vers une réalisation impossible), *La démocratie inachevée. Histoire de la souveraineté du peuple*, Paris, Gallimard, 2000. Ou encore celle d'autres politologues, J.-M. Donégani, M. Sadoun, *La démocratie imparfaite*, Paris, Gallimard, 1994. Ou également, celle de sociologues comme Michel Wieviorka (*La démocratie à l'épreuve. Nationalisme, populisme, ethnicité*, Paris, La Découverte, 1993) ou de journalistes, comme Alain Duhamel (« Peurs françaises », *Le Monde*, 12 octobre 1991 ; en sous-titre on pouvait lire : « Chômage, immigration, Europe, politique : sur tous les fronts le populisme menace ») voyant dans la montée des « populismes » le résultat d'une crise de la démocratie représentative.

Le succès d'un tel retournement dans l'identification politique du FN qui le montre « extrême et démocrate » à la fois[44] ou plutôt « extrême car trop démocrate », se vérifie à ses multiples déclinaisons dans tous les univers s'attachant à observer, analyser, conseiller et critiquer l'univers politique. Il est lié au souci, clairement affiché chez tous ces interprètes, de faire preuve d'actualité en inscrivant les populismes dans la modernité du temps présent et des questions les plus sérieuses à leurs yeux – construction européenne, mondialisation, immigration incontrôlée – supposées, là encore, jouer pareillement quels que soient les contextes sociaux et politiques nationaux. Mobilisant des travaux de seconde main, issus de traditions d'analyse différentes, jamais évalués dans la diversité de leurs approches et de leurs enjeux mais toujours ramenés à leurs seules (et strictes) conclusions, sans appui sur de véritables enquêtes de terrain, ces nouveaux tenants du populisme construisent une vision européenne, voire internationale des périls démocratiques à la mesure de « l'opinion européenne » qu'ils aspirent à voir apparaître et à la hauteur de la posture éclairée qu'ils souhaitent incarner grâce aux références étrangères donnant du sérieux à leur propos.

Malgré les malentendus croisés existant entre tous les spécialistes du « populisme du FN », un accord s'établit sur le fait qu'à travers le parti frontiste c'est bien du « peuple » (ou du « populaire ») qu'il s'agit et d'un peuple naturellement perturbateur de l'ordre démocratique. La mobilisation populaire en politique est alors dotée d'un signe négatif qui la constitue en problème important, le seul problème véritable auquel est affrontée la stabilité de la démocratie (de son ordre politique et de ses idéaux), mais un problème aisé à circonscrire pour peu que les gouvernants le veuillent et le décident. Se construit en miroir une posture savante particulière sur la politique, celle d'experts en « menaces démocratiques » qui n'est qu'une autre figure de l'expert en ingénierie démocratique ayant cours aujourd'hui dans le monde des conseillers politiques. Elle s'impose avec une force d'autant plus grande que les définitions du « populisme » ont toutes les apparences de la validité scientifique et du souci « citoyen » : elles mobilisent des auteurs reconnus et des tableaux statistiques, recourent à l'histoire pour souligner la persistance du phénomène dans le temps, réunissent toutes les autorités intellectuelles et politiques de l'heure et sollicitent les comparaisons européennes et internationales à un moment où ces connaissances sont constituées en critères de scientificité et où se discute au niveau européen la question du « bon gouvernement européen des peuples ».

L'internationalisation des points de vue sur le populisme

« La « révolte populiste » actuelle a partout les mêmes thèmes – les angoisses des citoyens à propos de l'immigration, du multiculturalisme et de la criminalité. Anti-establishment, elle reflète une certaine inquiétude quant aux mécanismes démocratiques orthodoxes. Elle exploite la peur de la perte d'identité nationale à l'intérieur de l'Union européenne et plus généralement de l'impact de la mondialisation… Ces inquiétudes et ces craintes sont partagées par des tranches de population beaucoup plus larges que celles qui votent effectivement pour la droite populiste », cf. Anthony Giddens (sociologue, il est aussi conseiller politique de T. Blair), « Is Three Still the Magic Number ? », *The Gardian*, April 25, 2003, cité *in* H.-G. Betz, *La droite populiste en Europe, op. cit.*, p. 16.

La posture d'experts tend à refermer les concurrences à propos de la définition du populisme et du FN sur cette seule « coalition des compétences » et à ne laisser à ses adeptes pour seul principe de distinction possible, que le jeu sur la définition exacte du « populisme » (démagogie ?

droite autoritaire ? extrême droite ? droite radicale ?) et sur son degré comparé de dangerosité (Berlusconi plutôt que Haider ? Le Pen moins que Fortuyn ?). Elle tend aussi à faire penser la mobilisation populaire en général et la mobilisation en faveur du FN en particulier comme un problème, à poser celui-ci comme le seul problème démocratique qui se pose aux hommes politiques et qu'ils se doivent de prendre en compte pour entraver l'évolution du « dysfonctionnement » politique : un problème, donc, de technique politique et de « bonne gouvernance » et non plus un problème social et politique lié aux effets de leurs propres actions et inactions.

Le « populisme » : juste un mot et non un mot juste

D'enrôlements en enrôlements, le « populisme » conquiert ainsi son évidence auprès de différents savants, évidence renforcée par leurs usages collectifs de la notion et par son succès élargi auprès des autres commentateurs politiques. La notion s'impose : le « populisme » est une « solution autoritaire » *via* le pouvoir charismatique d'un leader et son « appel au peuple », le tout s'accomplissant par delà toutes les médiations établies et contre les élites en place. Le phénomène empirique « populiste » est lui aussi, grâce à la conjugaison de leurs approches, saisi sous toutes les facettes constitutives, à leurs yeux, de ce qu'est un mouvement politique : idées professées, inscription dans l'histoire, participation à la compétition électorale, spécificité saisie par comparaison avec d'autres mouvements internationaux. Il n'en est pas moins qu'un mot sans substance véritable autre que les usages qu'ils en font.

Ainsi entendu, en effet, le « populisme » n'existe pas. Il n'existe ni comme phénomène empirique ni comme catégorie d'analyse. C'est une notion qui n'a aucun sens sociologique dans les deux dimensions du terme. Elle échappe à tous les acquis de la sociologie politique (en les ignorant le plus souvent) et elle ne renvoie à aucune pratique ou réalité politique concrète. Le « populisme » est une pure abstraction pour intellectuels politiques affectionnant les « universaux » dépouillés de tout référent concret. En témoigne cette représentation des mouvements jugés populistes extraits de tout contexte social et politique qui, pourtant, confère sens et signification, histoire et orientation à n'importe quelle entreprise politique. En témoigne encore l'histoire même de la construction de l'évidence du « populisme du FN » qui ne se réalise qu'au prix du renversement de la signification initiale donnée par les historiens et pour se restreindre définitivement à ce qui intéresse d'abord les hommes et les interprètes politiques : les effets des discours de J.-M. Le Pen sur ses électeurs ou, dit autrement, ce qui va faire gagner ou perdre le FN aux élections. Preuve encore de cette déconnexion du « populisme » de tout enracinement social et politique : le FN est compris comme un isolat politique uniquement régi par la relation entre le chef et ses troupes électorales. En sont absents ici toutes les institutions et les hommes qui font vivre le FN : dirigeants politiques autres que J.-M. Le Pen, cadres, militants, élus frontistes.

Cette absence est d'autant plus remarquable que ce sont précisément ces hommes, avec leurs positions, leurs ressources et leurs savoirs et savoir-faire qui constituent le capital politique collectif du FN. Ce sont eux qui, sur le terrain et grâce à leur implantation locale, travaillent à mobiliser politiquement les sympathisants et les électeurs (rappelons que le FN compte près de 40 000 adhérents, 44 membres au Bureau politique, 120 membres au Comité central, 97 secrétaires départementaux).

Ce sont eux, encore, qui font exister le FN dans différentes arènes politiques (après l'Assemblée nationale de 1986 à 1988, dans les conseils municipaux, départementaux, régionaux, au Parlement européen[45]) et dans différents lieux reliés à l'univers politique (dans la presse, dans des syndicats, dans des clubs de pensée). Les multiples inscriptions politiques qui sont les leurs confèrent au FN d'autres modalités d'existence politique que la seule existence électorale. La diversité des conditions de vie du FN n'est en rien exceptionnelle : elle est le propre de toute organisation politique. Elle révèle que la lutte électorale n'est ni la seule manière d'exister politiquement ni la seule voie pour exister en politique. Si les élections constituent bien un des enjeux centraux de la compétition politique, elles n'en sont pas le seul. L'acquisition d'une autorité politique ou l'obtention d'une considération de la part des autres acteurs du jeu politique (hommes politiques mais aussi journalistes, intellectuels, savants), que ce soit pour valoriser ou stigmatiser, peu importe, forme également un enjeu important de la lutte politique puisque ces mécanismes contribuent à faire connaître et reconnaître comme compétiteurs sérieux ceux qui prétendent au droit à l'action politique. Dès lors, le succès électoral n'est pas un préalable au succès politique. Bien au contraire, il est une des conséquences des autres formes d'existence politique. La réussite électorale suppose non seulement un travail électoral diversifié de mobilisation politique visant à intéresser des électeurs à la politique et à les inciter à venir aux urnes[46]. Mais elle suppose également un travail tout aussi diversifié de légitimation du droit à participer à la lutte électorale. En ce sens, le FN n'est jamais seul maître de ses capacités politiques. Sa force politique dépend des actions et réactions des concurrents auxquels il est confronté et il est tout aussi important d'analyser l'activité des autres acteurs politiques et des interprètes habituels du jeu politique pour comprendre les marges de manœuvre et les lignes de conduite qui lui sont possibles. En ce sens, encore, il n'existe pas « un » FN mais « des » FN dont l'identité et les pratiques de représentation varient en fonction des particularités des lieux où il est impliqué. En ce sens enfin, son succès politique et son succès électoral n'ont pas les mêmes raisons dans la mesure où ils ne reposent pas sur la mobilisation des mêmes acteurs. Son succès électoral n'a pas non plus de cause unique et générale (la crise sociale ou la crise politique) puisque, pour être compris, il doit être rapporté aux configurations locales et localisées des relations de coopération qui unissent le FN aux autres. Il appelle une analyse elle-même locale et localisée du contexte politique et écologique dans lequel les candidats frontistes s'inscrivent (offre politique locale, candidats, enjeux, mais aussi structuration sociale de la population locale, type de résidences). Ainsi la réalité du FN a toutes les chances de ne pas être la même dans le Sud Est (où le vote d'extrême droite est une tradition ancienne, où prédominent les milieux sociaux très aisés avec une forte composante de riches retraités, où les villas et les quartiers résidentiels sont nombreux[47]) et dans le Nord-Pas de Calais (où la population est à forte densité ouvrière et où les partis de gauche ont été longtemps dominants).

L'erreur méthodologique apparaît flagrante dès lors que l'on isole un acteur collectif de l'epace de compétition dans lequel il est pris. Certaines de ses caractéristiques relèvent davantage des propriétés de cette situation que de sa « nature » propre. Il y a erreur d'interprétation quand les idées, les valeurs ou les idéologies affichées par les porte-parole politiques sont prises pour les seules motivations de leur action politique : elles constituent plutôt des marques politiques qui font la différence dans la concurrence politique et sont à comprendre comme des tactiques de distinction des autres compétiteurs politiques. Non seulement ces savants du « populisme » reprennent à leur compte, sans jamais la questionner, la problématique défendue par les protagonistes mêmes du jeu politique qui présentent leur rivalité comme si elle était toujours animée par des idées, des valeurs et des professions de foi et jamais par des intérêts, des positions et des stratégies de concurrence. Mais ils participent eux-mêmes à unifier symboliquement le parti frontiste en faisant du « populisme » l'assise de son identité et épargnent aux dirigeants frontistes le long et coûteux travail d'homogénéisation et d'harmonisation des différences internes qui incombent à tout représentant politique.

Le « populisme » n'est ainsi qu'un mot dont la définition est dépourvue de toute signification sociologique. Il a tout d'une réalité « de papier » faite par et pour des intellectuels politiques et pour la lutte politique, et non celle d'un objet construit par et pour l'analyse d'un phénomène concret pensé contre ses « façades » les plus officielles. Par contre les usages notamment savants du « populisme » ont, on le voit, des effets à la fois cognitifs et politiques tout à fait réels. Ils imposent une conception des raisons du succès frontiste fondées uniquement sur ses propres performances électorales. Ils s'enferment alors dans un raisonnement circulaire expliquant le FN par le FN lui-même et imputent à sa propre « force intérieure » sa force politique : ce qui est, il faut le souligner, la définition même du charisme, puissance autonome qui s'impose d'elle-même aux autres. En quelque sorte, les spécialistes du « populisme du FN » s'enferment dans leur propre définition du « populisme » puisque celle-ci devient la seule explication de ce qu'ils se proposent justement d'expliquer. Tout en appauvrissant considérablement la compréhension de ce qu'est concrètement le FN en occultant sa diversité et la spécificité de ses pratiques, leurs interprétations se cristallisent sur une vision normative de la démocratie empêchant d'entrevoir les sources empiriques de sa vulnérabilité ailleurs que dans Jean-Marie Le Pen et le peuple lui-même : et par exemple dans les élites sociales et politiques, dans la configuration des relations qui les unissent aux porte-parole frontistes, dans le jeu de leurs rapports de forces et de concurrences, dans les luttes de représentation dont sont l'objet le FN et la démocratie, dans les anticipations, les calculs, les intérêts, les croyances qui animent l'ensemble des compétiteurs politiques et des observateurs (journalistes, intellectuels, savants) qui donnent sens et signification à leur action, bref dans tout ce qui fait la dynamique politique en lui conférant des impulsions et des orientations parfois inattendues au regard de ce qui précédait.

L'évacuation de toutes les pratiques politiques et de leurs motivations concrètes qui rendent la lutte politique intelligible, jusque dans son imprévisibilité, est significative de ce qui se joue dans la construction savante du « populisme ». En les ignorant, la détermination « populiste » du FN devient sans énigmes et paraît résulter de la simple histoire naturelle d'un parti, inhérente à sa nature idéologique et surtout au charisme de J.-M. Le Pen. Le « populisme du FN » dissimule, ce faisant, les enjeux politiques qui structurent la compétition des hommes politiques. Son acceptation savante masque, dans le même temps, la participation des spécialistes du « populisme » à la lutte très politique de représentation du FN. Le changement de dénomination du FN est pourtant un premier indice de leur contribution involontaire à des transactions qui échappent à l'ordre scientifique. Substituer un mot à un autre revient toujours à modifier le regard et les interprétations anciennement portées sur le phénomène observé et, en transformant son identification, à faire fluctuer le crédit politique qui lui était attaché. Rien n'illustre mieux cette variation de la légitimation politique dans ce que « fait » la nouvelle appellation de « populisme » au FN. Si elle range toujours le parti frontiste au plus bas de la dignité politique des « ismes » (libéralisme, socialisme, gaullisme, communisme), elle n'en atténue pas moins la dénonciation radicale que ses précédentes étiquettes de « fascisme » ou de « poujadisme » comportaient. Le « populisme » tempère l'intolérable et modifie les critères rendant inacceptable en démocratie un mouvement politique.

Il ne s'agit pas ici de dire que, contrairement à ce qu'affirment les tenants du « populisme », le FN c'est du fascisme ou du poujadisme. Ce serait commettre la même erreur que ces savants qui croient que nommer c'est expliquer. Si l'on suit toute la tradition sociologique, le plus important dans une interprétation scientifique n'est pas de baptiser ou débaptiser les phénomènes observés : c'est de rendre intelligibles les processus qui ont créé et font exister les diverses institutions sociales (les partis, l'État, les groupes sociaux, les individus, etc.) sous la forme sous laquelle elles existent. Ces savants du monde politique oublient ainsi que l'activité de labellisation des phénomènes sociaux est partie prenante des processus de construction sociale de la réalité[48] ; elle l'est même doublement dans le cas de l'univers politique puisque l'une des dimensions du métier politique consiste justement à nommer, classer et identifier les autres pour mieux se repérer et anticiper les actions et réactions des adversaires et des alliés.

Si l'on veut alors souffler le froid sur cet « enjeu chaud » de la lutte politique que constituent les luttes de représentations, mieux vaut examiner les identités prêtées à un acteur politique individuel ou collectif, leur évolution dans le cours du temps et les effets de ces identités changeantes sur les positions politiques imputées aux acteurs qu'elles qualifient. Le « populisme » tend, à l'inverse de l'ancienne labellisation de fasciste, à réinsérer le FN dans le jeu politique, même si c'est pour le mettre à ses marges, et à faire voir en lui une simple droite radicale ou une droite populaire et autoritaire sans affinité ou sans filiation avec une extrême droite déloyale à l'égard de la démocratie. Toutes les discussions actuelles qui agitent les spécialistes de FN sur la bonne étiquette à accoler à ce parti (faut-il utiliser le terme d'extrême droite, de droite radicale, de droite extrême, etc.) témoignent de cette évolution des représentations attachées à sa place dans la démocratie. Le « populisme » conduit ainsi les savants qui en font usage à participer, qu'ils le veuillent ou non, qu'ils le sachent ou non, à la production de la légitimité politique du FN en reconstruisant son illégitimité : à la différence du « fascisme » et du « poujadisme » auxquels il succède, le « populisme » est une injure polie qui continue à discréditer, mais dans les formes de la convenance savante. Le « national-populisme » qui évoquait le « national-socialisme » mais sans le dire explicitement était une parfaite illustration de cette contention dans l'insulte. Le « populisme » prend sa suite sans en perdre la dénégation disqualifiante. Il continue à situer le danger que représente le FN non pas dans ses dérogations aux idéaux et aux pratiques démocratiques mais dans cette radicalité supposée qui consiste à en appeler au peuple contre les élites établies, suggérant sans doute incidemment que pour perdre toute dangerosité politique, il faut en appeler aux élites contre le peuple…

Une rhétorique réactionnaire méconnue

Les spécialistes du « populisme du FN » ont réussi, grâce à leur interprétation du FN, on vient de le voir, à affirmer une posture d'experts en menaces démocratiques. Si l'on suit le sociologue Albert Hirschman, l'invocation d'une « mise en péril » de l'ordre existant est une des trois topiques propres à la rhétorique réactionnaire, à côté de la thèse de l'inanité et de celle des effets pervers. L'argumentation par le péril, la menace ou le danger pesant sur « les avantages et les droits précédemment acquis », est, selon cet auteur, une « caractéristique des campagnes conservatrices dirigées contre les projets et les réalisations d'inspiration progressiste (...) qui a été illustrée en premier lieu par des penseurs conservateurs[49]. » Elle crée un processus de séparation faisant des gens de l'autre bord un sujet de perplexité et de désapprobation : « Comment diable font-ils pour être comme ça ? » L'idée du sociologue est éclairante pour notre propos même s'il convient de la déplacer quelque peu. La menace frontiste, pour réelle soit-elle, est ici une occasion. Elle constitue une opportunité pour développer une rhétorique réactionnaire aussi ancienne que le sont les défenseurs de l'ordre établi mais qui, grâce au FN et grâce à la conjoncture intellectuelle et politique, retrouve une actualité politique imprévue. Elle rend ainsi possible l'expression de jugements sociaux extrêmement brutaux et disqualifiants sur les groupes populaires qu'il était auparavant inconcevable d'afficher publiquement avec cependant une particularité importante. Toute réactionnaire soit-elle, cette rhétorique est déniée par le langage de la vertu scientifique et démocratique qu'elle emprunte et par l'approbation élargie qu'elle obtient de multiples acteurs du jeu politique.

La conjoncture intellectuelle et politique dans laquelle cette rhétorique s'inscrit est doublement importante à pendre en compte. Si elle permet de comprendre comment ce qui a tout d'une contribution à une forme de restauration conservatrice passe pour une réflexion informée sur les conditions d'une meilleure démocratie, elle révèle également combien le « populisme du FN » rencontre les intérêts d'intellectuels politiques engagés au même moment dans des entreprises de « modernisation » de la démocratie. La représentation populiste du parti frontiste s'avère être une réponse aux attendus des débats politiques, dont la particularité est d'offrir une solution aux conflits, violents, qui les traversent et qui, par leurs dérapages incontrôlés, sont en train de miner la base morale des intellectuels posant en professionnels de la vertu démocratique. Si la disqualification à la fois politique et morale des groupes populaires, au cœur de la conception populiste du FN, est ainsi acceptée aussi largement dans le monde journalistique et intellectuel, c'est parce qu'elle redonne à ces intellectuels politiques l'assurance de la légitimité de leurs nouvelles prétentions à dire ce que doit être la bonne démocratie face à des hommes politiques désorientés par la persistance politique du FN et taxés d'impuissance politique chronique.

Certitudes démocratiques et mépris social

La spécificité de la contribution des interprètes savants du « populisme » à l'entreprise plus vaste de redéfinition de l'inacceptable et de l'acceptable en démocratie ne tient pas seulement à ce qu'ils perçoivent et montrent le FN comme un danger pour la démocratie. Ils ont toutes raisons de penser ainsi. Toutes les raisons d'affirmer aussi que l'étude du FN invite à réfléchir au problème du déloyalisme politique, cette forme d'opposition politique qui, à la différence d'une opposition « loyale », ne reconnaît ni les règles et les principes, ni les idéaux et les pratiques du jeu démocratique et cherche à les contrer et les briser[50]. Mais ils ont tort quand ils se dispensent d'examiner les variations que son analyse subit (et donc quand ils se dispensent d'examiner les conséquences de leur propre interprétation « populiste » du FN). Ils ont tort aussi dans les raisons qu'ils avancent ; elles font passer leurs certitudes avant toute argumentation. En qualifiant le FN de « populisme », ils le montrent, en effet, comme une menace à la fois moins sérieuse que ce qu'a pu être le fascisme en son temps et tout entière localisée dans le « peuple ». L'appellation n'est donc pas innocente : elle infléchit la gravité du danger et la circonscrit tout entière dans la mobilisation des groupes populaires ou dans la seule relation entre le leader frontiste et ses soutiens populaires.

Si, avec le « national-populisme » ou le « populisme », c'est bien de la démocratie et du peuple qu'il s'agit, ce n'est pas pour des raisons sémantiques comme le soutiennent tous les adeptes du « populisme » à la suite de P.-A. Taguieff mais parce que les différents usages dont cette identification est l'objet les placent au cœur de leurs attentions. Le peuple qu'ils observent n'est ni le démos, ni l'ethnos[51]. Le péril politique est incarné socialement et ce sont les groupes populaires, supposés séduits par la magie du verbe et de la personne de J.-M. Le Pen, qui lui donnent corps.

D'emblée, ainsi, la définition même qu'ils donnent au « populisme » désigne socialement les « responsables » ; elle condamne avant d'avoir enquêté tout comme elle clôt les investigations possibles pour comprendre le FN. La localisation du danger pour la démocratie dans les groupes les plus fragiles socialement est un impératif du raisonnement en termes de populisme et non le résultat d'une enquête. Il n'est pas étonnant alors que ces scientifiques ne découvrent à l'issue de leur recherche, de façon unanime, que ce que leurs préjugés partagés ont mis en postulats de départ. Cette circularité du raisonnement tend à montrer la participation politique des milieux sociaux défavorisés comme une anomalie politique et une anomalie dangereuse même si, somme toute, elle est moins à craindre que la mobilisation dont le fascisme avait obtenu les faveurs. L'argumentation est en boucle elle aussi. Si la menace populaire est moins à redouter, c'est parce que la démocratie se serait stabilisée depuis l'après Seconde Guerre mondiale et continuerait imperturbablement son chemin malgré les coups d'assaut lancés contre elle : son immunité à tous périls graves rendrait impossible la résurgence d'une déloyauté radicale à l'image du fascisme et ce d'autant plus que celui-ci est une expérience historique tout entière localisée dans un passé aujourd'hui dépassé. C'est aussi parce que les groupes populaires ne seraient pas à la hauteur des élites sociales et politiques ; contrairement à eux, celles-ci tiendraient à la démocratie en n'étant jamais assujetties à leurs inquiétudes ou à leurs passions mais toujours actrices de leur raison. C'est de cette tension entre l'affirmation d'une conviction dans les fondements inaltérables de la démocratie et une relégation des milieux sociaux défavorisés dans un statut politique inférieur à celui des élites sociales que naît la dénégation de la rhétorique réactionnaire permettant de faire passer la disqualification des groupes populaires pour un constat à la fois scientifiquement et démocratiquement fondé.

La fortune actuelle du « populisme » (et de la représentation politique qu'il cristallise) chez les commentateurs politiques est ainsi à comprendre comme le signe d'une humeur réactionnaire nouvellement dominante qui conjugue mépris social et certitudes démocratiques et qui, à ce titre, ne s'avoue pas comme telle. Ces savants la reprennent d'ailleurs d'autant mieux à leur compte qu'ils contribuent à la produire. S'ils sont en effet instruits de la vie politique par leur profession, ils le sont aussi par les multiples positions qu'ils occupent et qui font d'eux des « hommes doubles » et d'excellents médiateurs en les situant au carrefour de différents univers : journalisme, édition, instituts de sondages, commissions d'experts, conseil aux princes, associations militantes. On aurait tort cependant de penser que c'est parce qu'ils sont politiquement réactionnaires qu'ils participent à l'élaboration et la légitimation scientifique d'une forme de restauration conservatrice[52]. Cette inclination n'est pas indispensable, elle serait même contre productive puisqu'un des impératifs du raisonnement en termes de « populisme » lui assurant son succès (au moins auprès d'eux) réside dans la croyance dans le bon gouvernement démocratique[53]. La plupart de ces savants sont d'ailleurs des démocrates dans l'âme, veulent lutter contre le fascisme et le FN et beaucoup d'entre eux sont engagés ou se situeraient à gauche. Ce sont leurs propres conceptions de leur activité professionnelle, leurs propres manières d'approcher le monde politique, d'argumenter et de prouver leurs analyses qui les conduisent, quoi qu'ils en veuillent et malgré ce qu'ils pensent être ou ce qu'ils sont, à produire des résultats et des commentaires scientifiques qui sont autant de contributions à l'instauration et la diffusion d'une *doxa* réactionnaire.

Une réaction à double détente

Leur réaction ne renvoie pas uniquement voire pas principalement à leur attitude personnelle à l'égard des groupes populaires ou à leur seul ethnocentrisme social. Elle est médiatisée par leur ethos disciplinaire qui unit deux aspects habituellement séparés dans le travail scientifique et qui ne font pas bon ménage entre eux : la vertu démocratique et la science empirique. C'est cette union qui fait la force de persuasion sociale de la rhétorique déployée. Tout en associant les profits de hauteur de vue et de surplomb moral à ceux de fins connaisseurs de la réalité du monde politique, elle produit une sorte d'ethnocentrisme disciplinaire spécifique : l'attitude intellectuelle de ces spécialistes les pousse à ne s'intéresser qu'aux productions scientifiques écrites dans leur style et avec les mêmes présupposés, à exclure toutes celles qui ne cadrent pas avec la philosophie implicite de leur activité (ou à en lire certaines sous l'angle qui leur convient) et à privilégier les analyses politiques qui font l'actualité. Cette attitude, qui ferme l'univers du pensable sur ce qu'ils pensent eux-mêmes et ce que pensent les dominants du moment, est au principe de la posture d'experts en menaces démocratiques qu'ils adoptent ; nouvelle aussi bien dans l'univers savant que dans l'univers politique, elle en cumule les attendus respectifs de clairvoyance dans l'analyse et dans l'action bien orientée.

La posture leur apparaît sans doute d'autant mieux recevable intellectuellement qu'ils l'ont, on l'a vu, expérimentée dans leur propre activité professionnelle. Elle est validée socialement par son ajustement tout à la fois à la posture en vogue à l'heure actuelle parmi les intellectuels politiques de conseillers en ingénierie politique auprès des responsables politiques de tous ordres et à la conception tout aussi en vogue aujourd'hui d'une « société du risque[54] » marquée par une inflation des insécurités collectives (risques écologiques, alimentaires, sanitaires, sociaux, etc.). Elle n'en fait pas moins jouer un principe de légitimité politique, celui de l'expertise (de la compétence et des savoirs techniques, de la cooptation) qui, même réactualisé, n'est pas nouveau. L'histoire montre qu'il a le plus souvent servi à contrer l'autre principe de légitimité politique, le principe de la représentation qui fonde la démocratie représentative (l'autorité politique, les mandats électifs, la délégation). C'est d'ailleurs l'étrange destinée de telles controverses qui paraissent devoir se rejouer à intervalles réguliers. C'étaient déjà des objections relativement semblables qui étaient adressées au tout début du siècle aux organisations ouvrières par leurs adversaires libéraux qui se mobilisaient contre la professionnalisation qu'elles impulsaient et contre l'irruption en politique d'un personnel jugé « incompétent » et dépourvu de toutes convenances sociales[55]. En ce sens, la rhétorique réactionnaire qu'expriment les usages du « populisme » est une rhétorique à « double détente ». Tout autant qu'un mépris social à l'égard de groupes défavorisés, elle est aussi une offensive contre les hommes et les partis politiques (du moins ceux par trop attachés au principe de la démocratie représentative et s'inspirant moins des « données » des experts que des expériences sociales vécues).

L'engouement de ces savants pour le « populisme » est ainsi l'indice d'une animation de la compétition qui oppose les intellectuels politiques auxquels ils appartiennent aux représentants politiques pour la définition de la « bonne » autorité politique ; le mot fonctionne au rappel à l'ordre à la fois à ce qu'il serait désormais interdit de faire en politique – prendre en considération le « peuple » et les problèmes sociaux – et à ce qu'il serait préférable d'accomplir : s'adresser aux « compétents » c'est-à-dire à eux-mêmes (le « parti de l'intelligence » selon les mots de P.-A. Taguieff ou le « parti de la raison » selon Alain Minc). Les usages actuellement insistants du « populisme » indiquent bien, dès lors, un phénomène récent (alarmant ?) mais pas celui qu'ils prétendent désigner. Ils révèlent une contestation, au sein même des élites intellectuelles et politiques, des modes de domination politique légitimes, de qui a droit à la parole et à l'action politiques, mais d'une manière qui l'occulte, sous la forme dépolitisée et euphémisée de l'expertise à posséder, ou de qui a capacité à dire le monde social et à agir sur lui. Ils participent ainsi, au nom même de cette expertise revendiquée, à une entreprise plus large de délégitimation de tous ceux pour qui le peuple est une cause à défendre au profit de la légitimation de ceux pour qui le peuple est devenu un problème à résoudre. Les savants du « populisme » y contribuent à leur manière. À l'occasion d'interprétations du FN et de la menace qu'il représente, ils font ressurgir une vision autoritaire et censitaire de la démocratie mais adaptée au goût de la conjoncture actuelle en s'abritant derrière l'image publique de professionnels de la vertu et de la science démocratiques. Ils donnent à cette nouvelle idéologie militant pour une démocratie sans représentation une garantie de sérieux scientifique. C'est ce qui distingue la rhétorique réactionnaire nouvelle de ses expressions passées.

Là encore, en effet, la représentation censitaire de la démocratie qui exclut les plus démunis de la citoyenneté pour la réserver aux seuls capacitaires n'est pas nouvelle. C'est la forme sous laquelle elle se fait entendre ici qui est inédite. D'une part, elle s'avance dans l'habillage nouveau de la vertu civique et de la science empirique. D'autre part, l'exclusion se fait dans la morale et les convenances démocratiques actuelles : elle renvoie les membres des groupes populaires non pas au rang de « non citoyens » mais à celui de « mauvais citoyens » (des gens qui, sans éducation venant éclairer leur ignorance, ne savent pas ce qu'ils font en votant FN). En quelque sorte, et c'est le plus étonnant, la rhétorique réactionnaire d'aujourd'hui réactive et associe en elle deux théories réactionnaires anciennes et d'inégale reconnaissance.

L'une de ces théories est celle des « effets pervers », désormais discréditée si elle s'exprime par trop ouvertement et élaborée au XIXᵉ siècle dès qu'un processus de démocratisation s'effectuait : abaissement du cens électoral, ouverture du suffrage universel, premières grèves et manifestations ouvrières faisant crier une élite sociale paniquée moralement au surgissement des « foules[56] » (« menaçantes », « ivres », peuplées d'automates soumis à toutes les suggestions parce qu'hypnotisés par des leaders « criminels ») et qui a suscité, comme le remarque A. Hirschman, « dans les domaines les plus variés – philosophie, psychologie, politique et belles lettres – une énorme littérature qui usait de tous les arguments concevables pour décrier les « masses », les « majorités », le gouvernement parlementaire et le gouvernement démocratique[57]. » La thèse des « effets pervers » se conjugue à celle de l'inanité des réformes envisagées mais retraduite ici en critique de l'impuissance politique à résoudre les problèmes essentiels surtout lorsque les hommes politiques appelés à intervenir sont insuffisamment armés de compétences techniques et prisonniers du jeu de la représentation politique. La théorie de l'inanité, qui a trouvé son arsenal argumentatif dans la Contre Révolution (où se mêlaient opposition à l'égalité civile et opposition à la Révolution et ses œuvres), n'en a pas moins donné des ressources d'adversité à des démocrates pour contester le mode de gouvernement établi par des hommes politiques qu'ils combattaient.

On peut songer à l'exemple, devenu aujourd'hui admirable, de la « nébuleuse » mendésiste des années 1950 (faite de journalistes, de technocrates, d'experts et de représentants syndicaux ouvriers et patronaux). Au nom de la modernité et d'une politique « plus belle », elle dénonçait l'impuissance des hommes et des partis de la IVe République, tentait de promouvoir une autre hiérarchie des valeurs et des postes de pouvoir et posait à l'avant-garde dans de multiples domaines ; elle avait trouvé dans le rassemblement des petits artisans et commerçants emmené par Pierre Poujade pour lutter contre le fisc, après l'avoir construit en « poujadisme » symbole de l'archaïsme, de la réaction à courte vue et d'un « fascisme du pauvre », la preuve de la déréliction d'un régime qu'elle abhorrait[58]. La critique contestataire de l'impuissance politique renoue également, sur un autre mode, avec le rôle historiquement constitué des intellectuels voués principalement à contrôler le politique en invoquant l'intérêt supérieur de la morale[59]. Cet héritage politique et intellectuel passé dont les savants du « populisme » adoptent les poses éprouvées vient vérifier, à leurs yeux, qu'ils sont bien des professionnels de la vertu démocratique. Il leur offre ainsi toutes les ressources de dénégation possibles. D'abord parce que cet héritage moral est justifié dans sa hauteur critique et rendu insoupçonnable de dérives réactionnaires par son application au FN c'est-à-dire à un mouvement anti-démocratique. Ensuite parce que la logique même de leur argumentation, qui place la thèse des effets pervers (la condamnation des groupes populaires) en conclusion de l'impuissance politique, renforce encore, en la rationalisant, la dissimulation d'une participation à une entreprise idéologique de restauration conservatrice.

On comprend alors la force sociale de séduction propre à cette rhétorique à double face. Réactionnaire et vertueuse à la fois, elle crée les conditions favorables à toutes les confusions et les malentendus politiques et idéologiques. Elle peut rallier au nom de l'attachement à la continuité de la démocratie, outre nombre d'intellectuels politiques voyant dans la posture d'expert la seule qui vaille politiquement aujourd'hui, des acteurs diversement situés dans l'espace social et politique : des acteurs étrangers socialement aux milieux populaires et détournés d'eux idéologiquement ; des acteurs inquiets pour les groupes populaires et cherchant à les sauver d'un ralliement massif au FN. C'est dire que cette rhétorique de la vertu réactionnaire dynamite les clivages politiques anciens (notamment le clivage droite/gauche) et en propose un autre, plus efficace dans une conjoncture intellectuelle et politique marquée par des diagnostics sur la fin du monde politique passé avec ses idéologies obsolètes et ses querelles de chapelles : le clivage qui, après avoir réduit les groupes populaires au rang de problème pour la démocratie, hiérarchise les bons et les mauvais citoyens selon leur niveau social et intellectuel et départage les représentants politiques selon leur degré d'attention et de consentement à ce nouveau réalisme politique.

Si le « populisme » réussit si bien à se diffuser au-delà du cercle restreint de ses spécialistes scientifiques, c'est bien sûr parce que ses interprètes savants, en appartenant aussi au monde des intellectuels politiques, contribuent à sa circulation hors de leur milieu de spécialistes. Mais c'est aussi et surtout parce que le « populisme du FN » offre un fond commun d'entente entre des intellectuels politiques divisés dans leur conception de la bonne démocratie en leur offrant des ressources interprétatives, un cadre explicatif savant et un prisme à la neutralité apparente à travers lequel comprendre et traiter les problèmes qu'ils affrontent. La notion de « populisme » est d'autant mieux en situation de le faire qu'elle n'est que la traduction, sous une forme savante, des attendus des débats politiques.

Le déplacement des détestations croisées

La représentation politique du FN dans les travaux savants a conféré, en effet, une forme scientifique à des transactions proprement politiques. Elle s'est adaptée aux conjonctures successives des humeurs intellectuelles et politiques pour finir par s'aligner sur les conceptions des intellectuels politiques contre celles des hommes politiques.

Le contexte dans lequel interviennent les premiers scientifiques à s'intéresser au FN sous l'angle du « populisme » (les historiens du contemporain) est tout à fait particulier. Les démentis à répétition des pronostics d'échec du FN, relancés par l'entrée au Parlement d'une trentaine de députés en 1986, déclenchent une vive controverse politique dans laquelle les interprétations se cherchent. Tous les intervenants sont alors en désaccord sauf pour considérer la percée frontiste comme un événement majeur et le parti de Jean-Marie Le Pen comme une entreprise qui, illégitime politiquement et indigne moralement, représente une extrême droite anti-Républicaine ou un fascisme rénové : dans tous les cas un danger pour la démocratie tant son radicalisme passé est jugé incompatible avec les règles d'un jeu politique pacifié[60]. Au cœur des préoccupations d'alors, rendues d'autant plus centrales que se discute au Parlement la réforme du code de la nationalité : la nature idéologique du FN qu'expriment ses dirigeants et qu'incarnent ses militants. Elle divise les commentateurs, certains retenant sa xénophobie, d'autres son racisme, d'autres encore son nationalisme. Les conclusions alimentent directement le débat politique et journalistique où règnent également des divergences sur la « bonne » attitude à avoir face à ce parti (doit-on inviter J.-M. Le Pen sur les plateaux télévisés et lui donner ainsi une tribune, doit-on l'ignorer, peut-on faire alliances avec lui, etc.). La conjoncture interprétative est alors marquée par des alarmes sur la « crise de représentation » que connaîtrait la politique et dont seraient responsables des hommes politiques soit dévoyés par des comportements irréguliers (fraudes, corruption, enrichissement personnel) soit coupables de se soumettre à une « américanisation de la vie politique » (jeu sur le privé, l'intimité, dépenses folles en moyens de communication) censée dénaturer le jeu politique. Le FN en devient un symptôme en même temps qu'une menace pour l'ordre politique établi.

C'est dans cette configuration de désaccords croisés mais de posture commune aux différents intervenants politiques que commencent à devenir récurrents les usages du « national-populisme ». Ils visent, ainsi que le font les hommes politiques, à situer et à classer clairement le FN non pas sur l'échiquier politique (tous sont d'accord pour le mettre à l'extrême droite) mais par rapport au jeu démocratique existant. En effet, quel que soit le secteur d'appartenance, un seul point de vue s'impose sur ce parti et son leader : le point de vue « démocratique » qui autorise indignation, injures, dénonciations. Une seule explication de leur succès aussi : la démagogie d'un leader manipulant les « peurs » et les « ressentiments » de groupes sociaux déjà préparés par leur déclassement (réel ou craint) à un réflexe de « beauf » et de « petits blancs » les faisant se retrouver dans la xénophobie et l'autoritarisme, ces deux faces d'une même formule politique antidémocratique. Ici, ce ne sont pas les électeurs qui sont ainsi jugés mais les militants et les dirigeants. Ils ne sont pas réputés venir des groupes populaires mais appartenir aux fractions basses des classes moyennes du pôle économique auxquelles les petits commerçants prêtent leur visage. Avec eux, c'est soit de poujadisme qu'il s'agit, figure dominante de l'anti-intellectualisme, soit, plus inquiétant, de la base sociale possible pour un mouvement fascisant (ainsi que le veut la vulgate historique sur les principaux soutiens du nazisme). Le « national-populisme » auquel les historiens du contemporain s'attachent pour qualifier le FN reprend, dans sa définition même, on le voit, tous les attendus de la conjoncture d'alors (pose démocratique, attention à l'idéologie, filiation poujadiste, explication par le mécontentement et le déclassement, etc.) tout en apaisant les inquiétudes politiques en penant le parti du poujadisme et en ramenant le FN à une tradition politique connue : le FN n'est pas du fascisme, figure réputée inconnue en France et radicalement anti-démocratique, mais l'incarnation d'une vieille droite sociale et nationale, autoritaire et populaire. De celle-ci, leurs travaux ont montré qu'elle avait toujours échoué à prendre le pouvoir. Les précédents « ratés » donnés au FN (boulangisme et poujadisme) sont les meilleures preuves que l'on a bien affaire à une histoire de perdants ou de vaincus avant même qu'ils n'aient commencé.

La conjoncture intellectuelle et politique va vite, malgré tout, se déplacer : la représentation politique du FN aussi, qui passe du « national-populisme » au simple « populisme ». Les inquiétudes se tournent, en effet, à partir des années 1990 vers la question de l'électorat du FN au fur et à mesure que les succès renouvelés de ce parti s'inscrivent dans un contexte où les incertitudes électorales se multiplient. Les élections paraissent de plus en plus perturber la tranquillité de partis habitués à se répartir les postes politiques et des observateurs tout aussi habitués à pronostiquer la fluctuation du cours électoral. Elles viennent prouver aux hommes politiques et aux commentateurs que s'est bien opéré un effritement de la légitimité politique avec la multiplication des « affaires », la hausse de l'abstention et la persistance de nouvelles organisations (FN mais aussi Écologie) ; les élites en place semblent fragilisées par des résultats électoraux de plus en plus aléatoires et serrés, provoquant non seulement des rotations rapides des équipes au pouvoir mais des phénomènes de cohabitation forcée au niveau gouvernemental et entre les différents exécutifs locaux et nationaux. L'idée d'un bouleversement du jeu politique ancien et le bien-fondé de l'existence d'une crise politique sont démontrés encore, aux yeux de tous les observateurs, par le surgissement partout en Europe de mouvements jugés nationalistes et populistes qui accomplissent des percées électorales spectaculaires en prônant, contre les « étrangers », la « préférence nationale » et en dénonçant au nom du peuple les élites au pouvoir.

Les analyses électorales et les analyses institutionnelles (voyant dans les élections l'institution essentielle du régime démocratique) commencent alors à dominer la question du FN et à se substituer aux discussions sur les origines historiques et politiques du parti frontiste. Elles vont vite s'imposer comme la seule question légitime à se poser à son sujet. Non seulement parce qu'elles répondent le mieux aux préoccupations politiques du moment. Mais aussi et surtout parce qu'elles offrent des preuves apparemment incontestables du populisme du FN (elles avancent des résultats statistiques sur la progression du FN dans les milieux populaires) tout en formulant une solution explicative à son succès qui neutralise les polémiques vivaces et brutales divisant alors les interprètes et les acteurs du jeu politique.

Journalistes, intellectuels et hommes politiques s'accusent au même moment, en effet, d'être responsables du maintien d'un FN et d'un « populisme » qui auraient dû disparaître et qui ne cessent, de façon surprenante pour eux, de venir créer l'inattendu dans les partages électoraux. À partir des années 1990, les retours successifs de l'imprévu frontiste suscitent des dénonciations croisées, chacun des commentateurs ou hommes politiques incriminant les autres de faire le jeu du populisme du FN par leur imprévoyance, leur négligence, leur démagogie ou leur malhonnêteté. Si l'heure est à la « crise politique », elle est ainsi également à la « crise intellectuelle » : celle-ci est renforcée par l'évocation, qui surgit à ce moment-là, de l'existence de liaisons « brun-rouge » par lesquelles les extrêmes conjugueraient leur force. La critique est virulente et vise certains intellectuels de gauche, éreintés pour leur participation, réelle ou supposée, au cercle des intellectuels de l'extrême droite et pour leur contribution à la légitimation du statut et des idées de ces derniers[61].

De telles polémiques, auxquelles contribuent peu ou prou les spécialistes du « populisme », concourent à refermer les échanges sur les seuls intervenants de ces confrontations (journalistes, intellectuels, hommes politiques, savants). Tout en intensifiant leur rivalité, cette clôture des interactions élève les problèmes dont ils débattent en seuls problèmes d'importance. Notamment, elle place en haut des agendas respectifs d'une fraction du monde politique et du monde intellectuel et scientifique la question de la réforme de l'univers politique et de sa conquête d'une légitimité perdue par le retour à une « véritable » démocratie. Des tentatives sont d'ailleurs explorées. Elles se font sur le registre de l'expertise. Des hommes politiques et des syndicalistes sont conduits à exprimer leur concurrence interne et externe dans un langage qui dévalue les procédures représentatives et les formes de militantisme ancien (délibération interne contre procédure électorale, démocratie directe contre mandat octroyé, démocratie locale ou de proximité contre démocratie représentative) et à le concrétiser dans les procédures de décision en recourant à des experts « externes » de toutes sortes et à des techniques de « gestion de l'opinion » – sondages et référendum internes, sollicitation accrue des adhérents et plus simplement des militants, « tourniquet » ou rotation des places, valorisation du rôle des associations censées incarner la « société civile » et intégration de celles-ci (quitte parfois à susciter la création de certaines).

Reste que les polémiques font prendre aux concurrences des intellectuels politiques des formes qui, en transgressant les règles des échanges habituels, sont coûteuses. Elles ruinent toute base d'entente possible entre eux. La dénonciation de liens plus ou moins occultes avec les équipes du FN non seulement attaque directement la hauteur morale d'intellectuels posant en professionnels de la vertu démocratique mais elle instille le soupçon et sape la confiance en les montrant sous un visage contraire à celui qu'ils affichent.

Le « populisme » : un lieu commun repoussoir

Les questions électorales, en devenant les seules questions scientifiques légitimes à poser à propos du FN, déplacent l'âpreté des accusations vers les électeurs et J.-M. Le Pen. Elles rationalisent la violence des attaques en proposant une nouvelle cause morale commune et fondamentale sur laquelle il est indispensable de se prononcer : le « populisme du FN » et les poussées « d'anti-démocratie ». Cette nouvelle cause morale en autorise d'autres qui lui sont associées : lutte contre le racisme, le communautarisme, la violence urbaine et les « délinquants immigrés », lutte pour la laïcité, la bonne citoyenneté. La « République menacée » exige la refonte de la démocratie. Tous ces préceptes s'emboîtent ainsi parfaitement avec l'interrogation qui fonde les analyses électorales : y-a-t-il ou non instabilité du régime démocratique ? C'est sur l'importance de ce problème que se conclut l'accord des différents intellectuels politiques, les divergences ne se jouant plus qu'à la marge sur la plus ou moins forte légitimité reconnue aux responsables politiques.

Les analyses électorales, si elles disculpent individuellement les hommes politiques de la crise politique affrontée, les responsabilisent collectivement : l'abstention et les critiques politiques récurrentes deviennent la même expression d'un « rejet des élites », d'un malaise démocratique devenu chronique et d'un désenchantement démocratique lié aux méfaits sclérosants des querelles idéologiques passées. Comme l'écrit Marcel Gauchet qui inspire nombre de spécialistes du « populisme du FN » : « Une démocratie qui a désacralisé la politique peut devenir au contraire plus éclairée et plus satisfaisante pour ses citoyens qu'une démocratie travaillée par des pulsions révolutionnaires ou ultraréactionnaires... L'enchantement de la politique a été le cauchemar du XXe siècle »[62]. Une frontière sépare hommes politiques et intellectuels politiques ; les premiers se retrouvent implicitement coupables de faire le malheur de la démocratie en continuant à ne pas être assez experts dans les solutions qu'ils apportent aux malaises sociaux ; les seconds sont montrés tout aussi implicitement comme les mieux armés intellectuellement et scientifiquement pour dépister les causes du malaise démocratique et deviner les solutions à lui apporter. Le « vote FN » se métamorphose en un problème qui ne concerne que les intellectuels et les experts politiques tant son incessante réactualisation fait de lui une énigme intellectuelle extraordinaire échappant à tout ce qu'un passé auparavant réglé par des querelles droite/gauche avait pu enseigner.

Les analyses en termes de « populisme » offrent ainsi le moyen de réconcilier tous les intellectuels politiques inconciliables. Elles créent une figure repoussoir qui réunit, dans une même détestation, les désaccords. En présentant le FN comme un lepénisme voué et dévoué au charisme de J.-M. Le Pen, elles déportent les regards vers les électeurs et le leader frontiste et les détournent des intellectuels, journalistes et hommes politiques. Elles offrent, de surcroît, une explication à l'inexplicable succès frontiste. Ce sont les comportements des électeurs qui sont institués en principale raison de la durabilité politique d'un parti qui, dénoncé de toutes parts, n'en persiste pas moins à déranger la lutte électorale et la répartition habituelle des postes de pouvoir entre les deux grandes formations gouvernementales (PS/RPR). Non seulement l'explication situe la cause du phénomène abhorré hors du cercle des initiés à la politique mais elle a, en outre, la vertu de la clarté et du bon sens démocratique. Ce sont les électeurs qui perturbent l'ordre démocratique (et évidemment pas les élites politiques et intellectuelles). Et c'est d'autant plus vrai que, jugés désormais venir des fractions populaires, ceux qui votent FN sont jugés également soumis au ressentiment irrationnel né de leurs différents « manques » : manque d'emploi, manque de revenus, manque d'éducation, manque de points de repère politiques.

Au fur et à mesure que les attentions intellectuelles se cristallisent sur les élections, elles font de cet enjeu central de la lutte politique la principale sanction du travail politique (ce qui permet de désavouer les perdants et de voler au secours de la victoire en félicitant les gagnants en quelque sorte d'avoir toujours raison même si c'est avec un temps de retard). Elle déplacent, dans le même geste, la cause de la perturbation politique impulsée par le FN sur les milieux les plus vulnérables socialement, n'appartenant ni au monde des élites sociales ni même à celui des groupes sociaux établis. S'impose une représentation misérabiliste des groupes populaires. Le dérèglement politique serait tout entier lié à leurs situations sociales d'existence défaillantes où l'offre politique elle-même et, *a fortiori*, les débats politiques et intellectuels qui structurent le pensable politique n'auraient aucune implication. On a là, dans une version sociologique, une forme de technicisation de la compréhension de la vie politique qui résulte d'une dépolitisation de l'analyse des mobilisations électorales. Cette technicisation est d'autant plus acceptable pour des experts en démocratie qu'elle s'accomplit selon une logique du procès en responsabilité démocratique voyant dans les groupes populaires des « groupes à risques », à l'instar de la logique judiciaire dominante : des citoyens délinquants qui ignorent les lois de la démocratie plus qu'ils ne les violent délibérément. C'est d'ailleurs moins eux qui sont à blâmer que leur ignorance qui les rend rétifs à tout sens civique.

Le réconfort du surplomb moral

Le « populisme du FN », on le voit, n'est pas une qualification scientifiquement fondée. Il est une réponse apaisante et moralement sécurisante aux inquiétudes des élites dirigeantes. Si le peuple quitte ses fidélités politiques passées, s'il quitte les rivages de la démocratie en se laissant séduire par les sirènes frontistes, ce n'est pas parce que ses anciens représentants et les intellectuels qui plaidaient sa cause l'ont d'abord quitté au nom d'un nouveau réalisme (politique et économique). C'est parce qu'il est devenu, en raison de son ignorance et de sa naïveté, autoritaire et réactionnaire. Le « populisme du FN » autorise ainsi toutes les défausses politiques et morales sur les plus faibles qui deviennent responsables du destin que leurs représentants leur ont fabriqué. Il est aussi une solution pour restaurer la coopération nécessaire au bon déroulement des échanges intellectuels et politiques là où régnaient, il y a peu, les divisions virulentes, et pour rétablir le sens du jeu chez des intellectuels, des journalistes et des hommes politiques auparavant désarçonnés par la réussite d'un nouveau compétiteur qu'ils n'attendaient pas. Rien ne témoigne mieux de cette confiance retrouvée parmi les intellectuels politiques que la reconfiguration de l'espace politique des positions intellectuelles à la fin des années 2000.

Sont créés des clubs de pensée mus par une même volonté de faire se rencontrer des univers différents de l'élite sociale et intellectuelle, de « désenclaver les idéologies » et de promouvoir des modèles d'action publique adaptés aux nouvelles nécessités du libéralisme politique et économique. La Fondation Saint Simon, créée en 1982 sous l'impulsion de l'historien des idées François Furet, en a lancé le prototype qui envisageait de réunir des individus allant de « la gauche libérale à la droite éclairée ou de la gauche éclairée à la droite libérale » selon les mots de Pierre Rosanvallon (historien des idées lui aussi et secrétaire de la Fondation). Dissoute en 1999, elle est reconstituée en 2001 par celui-ci sous la nouvelle appellation de « République des idées ». Entre temps est apparue en 1998 la Fondation Marc Bloch (devenue Fondation du 2 Mars) cherchant, elle aussi, à associer intellectuels, syndicalistes, hommes politiques et membres du patronat. Le modèle se diffuse et fait recette. Tout récemment, le 27 avril 2004, la droite avec l'UMP a lancé sa propre « Fondation pour l'innovation politique » sous la présidence de Jérôme Monod (ancien président de la société Lyonnaise des eaux, ancien responsable du RPR et proche de Jacques Chirac).

Rassemblant des individus aux positions sociales et politiques relativement différentes, ces clubs de pensée s'opposent sur la conception de la bonne forme de la démocratie. Leur affrontement sur cette question renforce leur nouveau consensus sur l'essentiel : il faut changer celle qui existe en la modernisant, la débarrasser de ses vieilles œillères idéologiques et de ses combats d'arrière-garde qui proposaient une politique du peuple au lieu d'une politique de l'économie, rejeter les options idéologiques les plus radicales (FN bien sûr mais aussi communisme, extrême gauche) et la faire mieux s'accorder aux exigences d'une nouvelle citoyenneté éclairée et à l'horizon indépassable des nécessités économiques. Si les querelles existent et peuvent prendre une forme exacerbée, elles sont circonscrites désormais dans le cadre fixé des critiques convenues et ne dérapent plus vers une dénonciation d'accointance personnelle avec l'extrême droite[63]. Les différends se focalisent surtout sur des tests « savants » d'autres définitions de la démocratie (« démocratie délibérative », « démocratie des compétences », « démocratie moyenne » ou « démocratie de proximité » contre « démocratie représentative »[64]), moins ainsi dans la critique immédiate de la professionnalisation politique ou de la représentativité sociale que, à travers la question « neutre » des compétences techniques à mobiliser pour être habilité à intervenir dans le jeu politique, dans celle de sa réorganisation et refondation. On comprend combien, dans une telle réorganisation fermée des « compétences » et des transactions intellectuelles et politiques, le « populisme » ou « l'appel au peuple » a tout d'un argument incongru, peu crédible voire passéiste et rétrograde.

La cause perdue du peuple

Le « populisme » est devenu ainsi progressivement un mot pour intellectuels politiques. Posant à l'avant-garde réformatrice de la démocratie et pour lesquels il sert, le plus souvent, de contre-exemple. « L'appel au peuple » suffit maintenant pour disqualifier d'emblée toute entreprise politique en dispensant d'aller regarder son orientation, ses projets et ses réalisations politiques comme en témoignent les véhémentes dénonciations que s'attire le président Chavez au Venezuela au nom de son « populisme ». « Quand la nation et les classes sociales s'estompent dans le rapport sensible que les citoyens composaient avec elles, les désenchantements et les désillusions ouvrent la voie à toutes les aventures. L'ombre menaçante d'un peuple du ressentiment s'étend sur le forum », avertit ainsi Pierre Rosanvallon (*Le Monde*, 7-8 mars 2004). « L'aggiornamento de la gauche ne se fera pas à partir des attentes légitimes, mais désormais sans portée universelle, qui proviennent du monde ouvrier… Contre le gauchisme ouvriériste, il faut affirmer que le souffle du renouveau à gauche ne proviendra guère des usines et des ateliers », assure Michel Wievorka (sociologue ayant écrit sur le populisme, le communautarisme, le racisme et conseiller de Martine Aubry au PS) (*Libération*, 21 juin 2002). Bref, comme prévient un des responsables du PS, « il ne faut pas être l'otage de notre sociologie d'hier ». Comment dire autrement que l'histoire passée est bien révolue, que les groupes populaires n'ont pas d'avenir politique autre que celui qui se profile sans eux ? « L'appel au peuple » joue désormais, dans les discours sur le populisme, comme procédure de justification de l'abandon politique des groupes les plus modestes et de conjuration du spectre d'un retour à un langage et à des rapports de force « classistes » (c'est-à-dire prenant en compte les inégalités et les formes de domination sociales). Invoquer ou mettre en œuvre une « politique du sujet » comme l'écrit encore M. Wievorka n'est rien d'autre, ici, qu'une déclaration de lutte symbolique contre ceux qui militent pour défendre les groupes sociaux situés du mauvais côté des rapports de force.

Contre ces constats d'experts qui sont autant de prophéties attendant d'être réalisées, on pourrait, bien sûr, multiplier les objections politiques, notamment demander ce que peut bien être une démocratie sans le peuple et sans la partie la plus nombreuse de la population (on compte 6,5 millions d'ouvriers formant 28% de la population active). On préférera montrer combien ces considérations ne doivent leurs conditions de possibilité qu'à une lecture qui prend en marche arrière le sens de l'histoire de la démocratie. Si « l'appel au peuple » est à ce point, aujourd'hui, devenu un argument politique dévalué, c'est qu'il a été rendu méconnaissable par des interprétations qui, après l'avoir emprisonné dans un schème moral opposant les « modernes » aux « archaïques », l'ont voué à servir toutes les causes indéfendables. Pour le comprendre, c'est sur la notion de « populisme » elle-même qu'il convient de s'attarder, sur la façon dont elle est systématisée et comprise en France. Loin, en effet, d'être universelle et seule en cours dans les différents univers savants et politiques du monde, sa formulation est localement et politiquement située et tout entière traversée par les intérêts propres aux intellectuels politiques français. Son acception, dans le contexte français, n'est pas sans conséquence sur la représentation donnée des groupes populaires. La notion de « populisme » telle qu'elle est admise aujourd'hui, on va le voir, occulte les enjeux politiques qu'a recouverts « l'appel au peuple » et opère une formidable « révolution interprétative » des enjeux intellectuels qui lui conféraient sa signification et des usages initiaux dont elle était l'objet. Le « populisme » n'accède ainsi à son évidence actuelle qu'après avoir non seulement fait table rase du passé mais aussi transformé le passé pour le faire coïncider avec les attentes intellectuelles et politiques du présent. Les groupes populaires se voient alors dépossédés du rôle actif qu'ils ont pu jouer dans l'histoire de la démocratie, jusqu'à perdre le sens des causes qu'ils ont plaidées et réussi à faire entendre.

Généralement, et c'est presque une topique obligée du discours savant à propos du « populisme », les scientifiques déplorent le flou de la notion, son caractère vague et incertain, pour tout de suite en proposer une définition, plus claire et plus logique à leurs yeux. C'est oublier, comme le rappelait Max Weber, qu'il existe des « concepts obscurs » dont l'opacité résulte de leur double statut d'instrument d'analyse et d'arme pour la lutte politique. En proposer une clarification logique n'est pas de bonne méthode, avertit le sociologue allemand[65]. D'une part, cela prive de comprendre les raisons de leur réussite sociale qui résident justement dans ce « flou conceptuel » et les multiples appropriations qu'il rend possibles. D'autre part, cela revient à débarrasser ces concepts obscurs des enjeux cognitifs et politiques sur lesquels ils se sont édifiés et, partant, à faire oublier que la nouvelle définition avancée, aussi cohérente soit-elle, est tout aussi prisonnière de préoccupations politiques et intellectuelles que le flou conceptuel précédent. Le « populisme » entre précisément dans cette classe de concepts obscurs, comme tous les mots en « ismes » d'ailleurs (marxisme, communisme, socialisme, libéralisme). Il en a même l'histoire paradoxale : tous les « ismes » ont été d'abord des injures politiques lancées par des adversaires avant d'être endossées et retournées en marque de noblesse idéologique[66]. Mais, le « populisme » a une particularité. Il a été et est encore une pratique politique.

« L'appel au peuple » n'est pas seulement une rhétorique démagogique, comme le veut l'insulte politique contenue dans la définition actuelle du « populisme ». Historiquement et sociologiquement, c'est une stratégie de mobilisation politique des groupes populaires. C'était d'ailleurs ainsi que le « populisme » était défini sociologiquement avant l'apparition du FN et avant ces usages actuels[67]. C'est dire que les interprètes savants du FN opèrent une double conversion du « populisme » lorsqu'ils l'emploient maintenant pour qualifier le parti frontiste en disqualifiant les groupes populaires. Ils convertissent une pratique politique d'abord populaire en une injure politique et ils métamorphosent une notion d'abord sociologique en instrument de lutte politique. On peut, pour s'en convaincre, se reporter à la définition logique du « populisme » proposée par P.-A. Taguieff et qui circule dans les travaux scientifiques sur le « populisme », du moins en France.

Le « populisme » : une notion à écran total

La conception du « populisme » que développe P.-A. Taguieff est intéressante à plusieurs titres. Premier à lancer le terme en France en le réimportant des débats politiques américains sur la « nouvelle droite », il s'est posé, par ses écrits successifs sur ce thème, en principal propriétaire du mot. Sous sa plume, la notion a d'ailleurs suivi toutes les évolutions de la conjoncture intellectuelle retracée dans le chapitre précédent. En ce sens, ces travaux sont exemplaires de cette course à la définition « exacte » du « populisme » pour conserver la position de « premier interprète autorisé » du phénomène, définition sans cesse remise en cause par les usages inflationnistes du terme, à tel point que l'auteur est amené à prêter à d'autres, pour mieux s'en distinguer, les théories qu'il a lui-même élaborées (par exemple, on va y revenir, la notion de « télépopulisme »). Par ailleurs, P.-. Taguieff est aussi un intellectuel politique directement partie prenante dans les controverses actuelles sur la démocratie. Adepte d'une démarche « souverainiste » et d'une « démocratie forte », il a été président de la Fondation du 2 Mars et conseiller de Jean-Pierre Chevènement. Il a écrit plusieurs ouvrages sur la « République menacée ». Il a initié une réflexion sur le racisme et la lutte contre le racisme, sur les méfaits des conceptions anti-racistes militantes (en la diffusant, notamment, au sein de Ras l'Front). Il appartient, en outre, au cercle des experts convoqués par des instances ministérielles ou la Commission consultative des droits de l'homme sur cette question ou encore sur celle de la montée de l'antisémitisme. Accusé au début des années 1990 de participer aux liaisons « brun-rouge » pour sa proximité avec Alain de Benoist[68], principale figure intellectuelle du GRECE (Groupe de recherche et d'études sur la civilisation européenne, créé en 1968-1969) fournisseur d'idées du FN (notamment de la mouvance de Bruno Mégret), il a été, en 2002, également accusé d'appartenir au cercle des « nouveaux réactionnaires » par Daniel Lindenberg (appartenant, lui, à la République des idées et publiant son ouvrage dans la collection au même intitulé dirigée par P. Rosanvallon). C'est dire combien il est tenu d'être attentif à la définition qu'il donne du « populisme » et à en livrer une version susceptible de rencontrer l'accord de tous les intellectuels politiques, tout en ménageant des voies de divergence intellectuelle pour autoriser des stratégies de distinction politique. Il est en quelque sorte contraint à condenser dans sa définition leurs différents attendus.

L'on peut prendre pour référence l'article qu'il publie en 1997 dans un numéro de *Vingtième siècle* consacré aux populismes : « Le populisme et la science politique. Du mirage conceptuel aux vrais problèmes ». Il assure la direction de la livraison de cette revue des historiens du contemporain, dirigée par Jean-Pierre Rioux et éditée par les presses de Science Po. Après avoir souligné l'incertitude, l'ambivalence et l'ambiguïté du terme, critiqué les utilisations non réflexives du mot (notamment chez les journalistes et les intellectuels situés dans le club de pensée opposé au sien ; il épingle ainsi Alain Minc, Jean-Marie Colombani, Bernard-Henry Lévi, etc.), il propose sa propre définition du populisme.

Pureté conceptuelle, pureté d'une abstraction

« Il nous semble que son usage rigoureux ne peut être aujourd'hui qu'un usage restreint, fondé sur un minimum définitionnel : le « populisme » ne peut conceptualiser qu'un type de mobilisation sociale et politique et, partant, le terme ne peut désigner qu'une dimension de l'action ou du discours politiques. Le « populisme » ne s'incarne ni dans un type défini de régime (une démocratie ou une dictature peuvent présenter une dimension ou une orientation populiste, avoir un style populiste), ni dans des contenus idéologiques déterminés (le « populisme » ne saurait être une grande idéologie parmi d'autres). Nous l'aborderons comme un style politique susceptible de mettre en forme divers matériaux symboliques et de se fixer en de multiples lieux idéologiques, prenant la coloration politique du lieu d'accueil. Il se présente aussi, et inséparablement, comme un ensemble d'opérations rhétoriques mises en œuvre par l'exploitation symbolique de certaines représentations sociales : le geste d'appel au peuple présuppose un consensus de base sur ce qu'est et ce que vaut le « peuple » (demos ou ethnos), sur ce qu'il veut. » (p. 8)

Sur la base de cette définition, (le populisme est un style politique), il synthétise divers travaux scientifiques, souligne que ce qui caractérise le populisme c'est le discours (qui « est déterminant ») ou un « style rhétorique qui dépend étroitement des appels au peuple » selon la conclusion qu'il reprend de Margaret Canovan, spécialiste américaine actuelle du populisme. Il apporte une précision : « appel au peuple structuré de façon polémique », c'est-à-dire « fondé sur l'antagonisme du peuple et du pouvoir », en clair appel au peuple contre les élites au pouvoir. La formulation permet de donner une dimension transhistorique et internationale au phénomène « populiste ». Des leaders aussi différents que Mussolini, Hitler, De Gaulle, Péron, le sénateur McCarthy, Khadafi, Castro ou Le Pen sont des « populistes » : « Tous ont cherché à organiser le peuple comme force opposée à une puissance supposée établie » (p. 9). Prenant pour seul critère autorisant tous les regroupements effectués, le style politique de communication politique du leader populiste – s'adresser au peuple directement – il ajoute (sous forme de critique) une autre caractéristique à la typologie dressée par Margaret Canovan, constituant un « type populiste » en lui-même (et qui peut, dit-il, devenir tradition) : le « télépopulisme », recours à un moyen de communication de masse qui devient parfois, à le lire, le seul critère véritablement distinctif du « populisme ». Il met ainsi en évidence les traits politiques propres au « populisme », en tant qu'appel au peuple contre les élites au pouvoir : rejet de toute médiation politique ; crise de légitimité politique préalable ; phénomène transitoire et instable et surtout sans aucune idéologie revendiquée. « Le populisme-*idéologie* désigne une tradition politico-culturelle plutôt que telle ou telle doctrine cohérente, rattachée ou non à un nom d'auteur » (p. 14). « Le complot, clé de l'explication mythologique moderne, s'inscrit dans la vision populiste comme une schématisation spontanée. Le populisme peut donc entrer en syncrétisme avec de nombreux autres « ismes » : le socialisme ou le ruralisme (en Russie), le nationalisme (d'où le national-populisme à la Péron ou à la Le Pen), le fascisme (comme l'illustre le comportement mussolinien), le libéralisme (d'où le libéral-populisme de Berlusconi, de Perot, de Color, de Fujimori), l'ethnonationalisme (celui, par exemple, de Milosevic), le fédéralisme lié aux pratiques de démocratie directe (le populisme suisse, les orientations de la Ligue de Nord), l'anarchisme, etc. » (p. 15).

Cependant, si le « populisme » est ainsi disponible pour une telle multiplicité d'applications diversement situées dans l'histoire et dans l'espace, c'est que toutes les libertés sont prises à l'égard des contextes historiques, politiques et mentaux, dans lesquels interviennent les mouvements politiques observés et les qualifications ou les analyses savantes dont ils sont l'objet. Les référents historiques concrets et les représentations qu'ils ont acquises après coup sont confondus au point souvent de présenter les images forgées par d'autres pour la réalité même du phénomène décrit puis le « concept » lui-même pour la réalité reconstituée. Par exemple, le poujadisme n'a pas toujours été considéré comme un « populisme » ainsi que P.-A. Taguieff le soutient. Il n'a acquis que très récemment cette qualification à la faveur des travaux des historiens du « temps présent » avec lesquels l'auteur est en situation d'échanges intellectuels. Auparavant, le mot de « poujadisme » se suffisait à lui-même pour servir d'injure et, dans les conceptions des acteurs politiques ou intellectuels qui lui étaient contemporains dans les années 1950, c'était plutôt de « fascisme du pauvre » qu'il s'agissait. Ce qui retenait l'attention des interprètes d'alors dans l'UDCA (l'Union de défense des commerçants et des artisans) de Pierre Poujade, ce n'était pas, comme l'affirme l'auteur, « l'appel au peuple accompli par un homme du peuple » mais son programme politique (afin d'en montrer l'inanité intellectuelle) et ses députés, issus du monde de la boutique et supposés venir jouer les trublions anti-parlementaires. Le « populisme », ainsi qu'il l'emploie, brouille les pratiques politiques du passé : il brouille également les enjeux cognitifs de la notion. Sont assimilées des analyses du « populisme » relevant de paradigmes différents, sans que soient relevés les changements de perspectives qui les ont motivées. On peut alors trouver rassemblés, en notes de bas de pages, des auteurs aussi divers que Gino Germani, M. Canovan, Ernesto Laclau, etc. Le procédé fait scientifique, sérieux et informé ; il n'en aboutit pas moins à affranchir le concept de « populisme » de ses enjeux à la fois politiques et savants.

Par exemple, les travaux de Gino Germani des années 1950-1960, un des premiers sociologues à formaliser le concept de populisme (et qui est un des auteurs fortement sollicité par P.-A. Taguieff), ne répondent absolument pas aux mêmes enjeux cognitifs et politiques que ceux de M. Canovan prévalant à partir des années 1980 et moins encore à ceux de l'auteur.

G. Germani s'intéresse au régime dictatorial péroniste, instauré après un coup d'État militaire en 1943 et dont Péron réussit à prendre la tête en 1946 en se faisant élire Président de la République grâce au soutien des « sans chemises » et des syndicats. Le soutien populaire se démentira peu, à côté de l'appui de l'armée, du clergé, de certains partis de gauche et des nationalistes d'extrême droite. C'est ce phénomène *a priori* incompréhensible que cherche à expliquer le sociologue, tenant d'un marxisme rénové et qui a fui le fascisme mussolinien pour l'Argentine. S'il se voit obligé de concéder que Péron avait du charisme auprès des groupes populaires (et même longtemps après son exil dans l'Espagne franquiste), c'est qu'à ses yeux (et ses travaux entendaient le montrer) il était empiriquement fondé. Il reposait non pas sur les qualités personnelles de Péron, mais sur les diverses mesures concrètes que le dictateur argentin avait institutionnellement mises en œuvre et dans lesquelles s'étaient suffisamment reconnues les classes populaires à qui elles étaient destinées pour qu'elles se mobilisent en sa faveur : on est loin du charisme fondé « sur un lien direct et personnel d'ordre affectivo-imaginaire entre le leader charismatique et les masses mobilisées » tel que P.-A. Taguieff le commente.

G. Germani voyait surtout dans le populisme de Péron un régime sans rapport, sinon d'apparence, avec le fascisme ; pour lui, il s'agissait d'un régime « national-populaire » (et non un « national-populisme » comme l'écrira l'auteur français), c'est-à-dire un régime entendant redonner une identité au peuple argentin contre les puissances colonialistes américaine et européenne, et appuyé par des groupes populaires mobilisés par leur disponibilité sociale et par différents canaux institués, notamment syndicaux[69]. Toutes les discussions savantes et politiques à propos des régimes dictatoriaux (militaires ou non) latino-américains ont tourné autour de cette question du soutien du peuple institutionnellement mobilisé malgré une restriction des libertés politiques (ce qui a longtemps permis de les considérer comme des régimes « bonapartistes » dans le sens marxiste du terme[70] ou des régimes « autoritaires »).

Les analyses de M. Canovan s'inscrivent dans un tout autre contexte, qui donne au terme de « populisme » qu'elle emploie une tout autre signification. Ce qui anime la politiste américaine (à la suite d'ailleurs de E. Gellner et G. Ionescu[71]), ce n'est pas la typologie qu'elle propose (retenue par P.-A. Taguieff) et qui est, de son propre aveu, le résultat de son échec à donner une définition précise du « populisme » : c'est la tentative de mettre au jour les tensions sur lesquelles reposent la démocratie et la dynamique historique de cette forme particulière de régime politique (entre un fonctionnement routinier et institutionnalisé et une visée messianique et rédemptrice[72]). Cette réflexion sur le « populisme » naît vers la fin des années 1960 dans une période marquée par les décolonisations, une forte personnalisation du pouvoir politique et surtout par la résurgence aux États-Unis de mouvements étudiants alliés à l'action collective de groupes populaires jusque-là restés tranquilles et invisibles – les Noirs, les travailleurs agricoles hispaniques, les mineurs des Appalaches. Ces nouveaux acteurs mobilisés, tout en se réclamant de la gauche, exposaient leurs griefs ou leurs espérances contre les démocrates que leur longévité au pouvoir avait rendu sourds aux préoccupations des plus démunis. Ici c'est la mobilisation populaire qui pose problème (et non le charisme des chefs).

Si le « peuple » posait question, en effet, aussi bien aux intellectuels qu'aux hommes politiques américains, c'est qu'il devenait possible d'en faire usage non seulement contre la droite (les républicains), comme cela avait été toujours le cas, mais aussi maintenant contre la gauche (les démocrates) et cela au nom d'une idéologie « progressiste ».

Dans le populisme, c'est d'abord cette constestation inattendue que voient les interprètes savants qui en réinventent le terme dans le champ académique. Et s'ils cherchent à le penser en dehors des canons marxistes qui l'ont initialement constitué[73] ou des premières interprétations américaines portant sur le « populisme libéral » des classes moyennes[74], ils s'efforcent aussi de sortir des débats en cours qui, d'une certaine façon, insistent sur la nature profondément réactionnaire du populaire[75]. Le « populisme » comme catégorie savante a constitué ici une double réponse intellectuelle de « la gauche non marxiste » : réponse contre les usages politiques injurieux du terme que se lançaient réciproquement au visage les démocrates et les républicains ; réponse contre le « totalitarisme » réinventé et brandi par les conservateurs et les néolibéraux anticommunistes, et qui dominait alors dans les controverses intellectuelles et politiques nord-américaines marquées par la guerre froide. Le « totalitarisme » visait de plus en plus, après avoir amalgamé nazisme et stalinisme[76], à dénoncer le communisme (et ses recours dangereux au populaire). Le « populisme » était ainsi un moyen de préserver une certaine noblesse politique aux causes populaires face aux instrumentations dont elles étaient l'objet.

En mobilisant ensemble ces deux auteurs (et de nombreux autres encore) pour en proposer une synthèse, P.-A. Taguieff fait perdre de vue les enjeux cognitifs auxquels répondaient les différents « populismes », tout autant que les contextes intellectuels, politiques et mentaux dans lesquels ils s'inscrivaient. Non seulement il transforme un mot qui a visé d'abord à désigner des problèmes locaux successifs (en Amérique latine puis aux États-Unis) en un concept « autosuffisant », doté d'une vie et d'une filiation propres, et à lui seul explicatif de phénomènes politiques disparates regroupés dans une même « essence populiste ».

Mais il confère une vérité purement théorique à sa définition du « populisme » comme mouvement guidé par un chef charismatique en appelant au peuple : « charisme » et « mobilisation populaire » étaient dissociés dans les travaux précédents et surtout, le « populisme » était alors un terme employé pour préserver la dignité politique des groupes populaires. Il fait perdre d'autant plus de vue ces différents enjeux que lui-même, dans son analyse, en restreint considérablement la portée ; il réduit d'une part les enjeux cognitifs à une question purement sémantique (le peuple appelé est-il le démos ou l'ethnos ?) et les enjeux intellectuels et politiques à une affaire de « diabolisation » ou « dédiabolisation » intéressée[77]. La formule autoritaire que le « populisme » est censé, selon lui, représenter s'autonomise alors de toute provenance et de tout projet politiques pour devenir à la fois une « demande populaire » et une solution politique parmi d'autres, ni plus ni moins menaçante que d'autres.

Une solution rédemptrice pour une démocratie forte

« Ne faut-il pas... supposer que le fonctionnement ordinaire des démocraties apaisées, strictement procédural, provoque mécaniquement des révoltes ou des rébellions au nom d'aspirations plus hautes, d'exigences plus nobles ou de quêtes plus héroïques que la recherche du compromis en toutes choses à travers le simple respect de la règle ? Ne faut-il pas corrélativement faire l'hypothèse que si le populisme incarne une corruption idéologique de la démocratie, il exprime en même temps une exigence de démocratie participative ou de citoyenneté active que le système fonctionnel bien tempéré de la démocratie représentative est incapable de satisfaire ? » *in* Populisme, nationalisme, national-populisme », art. cité, p. 305. On remarquera que ces hypothèses empruntent à M. Canovan la tension qu'elle repère à l'intérieur de tout régime démocratique entre fonctionnement procédural et visée rédemptrice mais alors que chez elle le populisme naît de cette tension, chez P.-A. Taguieff, le populisme incarne la visée rédemptrice, petite différence dans l'analyse qui produit une grande différence dans la définition du mot et de la réalité à laquelle il est censé renvoyer. Il a raison de dire alors en note 3 qu'il s'oppose à Jacques Julliard voyant dans le populisme « le peuple sans la démocratie » (*in La faute aux élites*, Paris, Gallimard, 1997) puisque, pour lui, le populisme peut être aussi le réenchantement de la démocratie active. Autre façon de valider par la science une prise de position politique sur ce que doit être la démocratie, en l'occurrence, un « démocratie forte ». Voir *Résister au « bougisme ». Démocratie forte contre mondialisation techno-marchande*, Paris, Mille et une nuits, 2001.

L'affaire serait de peu d'importance si le « populisme » n'en venait pas alors à emporter avec lui une philosophie politique implicite d'autant plus inaperçue que les différents usages scientifiques l'admettent sans l'interroger. La notion, en effet, crée un brouillage idéologique qui fait perdre au peuple, en même temps que les raisons politiques de son action, sa dignité et la dignité des causes qu'il défendait.

« L'appel au peuple » : une pratique d'abord de gauche

Il faut d'abord réfuter l'idée couramment admise et savamment formulée par P.-A. Taguieff que le populisme s'applique aussi bien à gauche qu'à droite de l'espace politique (accréditant l'idée que le clivage droite/gauche est obsolète pour comprendre les phénomènes politiques nouveaux). Les seules expériences historiques ayant ouvertement revendiqué le label populiste et ouvertement combattu en son nom sont apparues au XIXᵉ siècle et ont été promues, soit par des intellectuels russes soit par les petits fermiers et ouvriers agricoles américains du *People's Party*. Tous les autres exemples mobilisés par l'auteur (Péron, le Ku Klux Klan, le maccarthysme, Haider, Berlusconi, etc.) ne doivent leur « populisme » qu'aux labellisations qu'ils ont reçues d'autres qu'eux-mêmes. Or ces premières incarnations du populisme possédaient une idéologie et une idéologie se voulant progressiste, cherchant à modifier des situations jugées profondément inégalitaires et injustes, et à promouvoir la « cause du peuple » dans un système politique qui l'opprimait. De plus, elles ne jouaient pas sur le charisme d'un leader[78] mais pratiquaient la mobilisation collective des groupes situés du mauvais côté des rapports de force sociaux et politiques. En clair, « l'appel au peuple » était à la fois une pratique de mobilisation des groupes défavorisés par le système de domination sociale et politique existant et une entreprise (qu'on la juge rétrospectivement erronée, faillie ou illusoire, peu importe ici) visant à donner une voix politique à ceux qui n'en avaient pas.

« L'appel au peuple » était alors une stratégie ambitionnant de donner position, autorité et dignité à des groupes sociaux exclus de toute représentation politique et à faire entendre les causes sociales et politiques qu'ils défendaient et dont se désintéressaient ceux qui monopolisaient les postes de pouvoir. Sous cet angle, les « populistes » d'alors, ceux qui en « appellent au peuple », ont des positions de gauche remettant en cause le conservatisme dominant. Il en est de même en France, où les premiers à tenter de mobiliser les groupes relégués aux marges de l'espace social et politique sont les organisations ouvrières socialisantes. Ce n'est qu'ensuite, par un jeu de compétition croisée, que ces pratiques de mobilisation populaire vont être invoquées sinon tentées par des organisations de droite et surtout d'extrême droite (nationalismes, Ligues , PSF – parti social français du colonel de la Rocque). Celles-ci cherchaient tout autant à concurrencer sur leur propre terrain des partis ouvriers qui commençaient à se structurer et à réussir à prendre place dans un jeu politique auparavant fermé, qu'à se démarquer des partis de droite classique fonctionnant davantage sur l'entre soi social propre à l'élite sociale. Ici, la mobilisation du plus grand nombre était instrumentalisée pour des stratégies de distinction politique ; elle ne visait pas d'abord à faire entendre les « causes du peuple ». Les organisations de droite ou d'extrême droite rassemblaient plutôt des petites classes moyennes et développaient, comme le rappelle l'historien américain Robert Soucy, un libéralisme sauvage bien peu compatible avec la défense des intérêts sociaux des plus humbles[79].

Mobiliser le plus grand nombre a toujours été la force des faibles et d'abord celle des entreprises se situant à gauche et à l'extrême gauche de l'échiquier politique. Supprimer cette localisation politique initiale de « l'appel au peuple », en le faisant voyager de gauche à droite et de droite à gauche, occulte du même coup l'enjeu politique crucial que ces mobilisations politiques des groupes populaires recouvraient : faire une place dans la démocratie telle qu'elle fonctionnait concrètement à ceux qui n'en avaient pas. En oubliant cet enjeu politique, se trouvent également oubliées les réactions politiques qu'il a suscitées. Rien dans la formalisation logique du « populisme » sur les contre-offensives des conservateurs et de leurs auxiliaires intellectuels et savants. Pourtant, si l'on se reporte aux multiples controverses impulsées par les tentatives de démocratisation du jeu politique, ce sont eux qui transforment en pathologie et en menace des entreprises dont le seul tort est de vouloir rendre la démocratie du moment plus démocratique qu'elle ne l'est : vouloir la « peupler » alors qu'elle était réservée à une étroite élite sociale et, ce faisant, la rendre conforme aux idéaux qu'elle professe. En clair, c'est une transformation du mode de domination politique qui était en jeu : précisément, on l'a vu, ce qui est la prétention revendiquée de l'expertise politique. L'on comprend qu'il y ait une nécessité presque « logique » de masquer qu'il a pu exister une prétention à la compétence politique semblable à celle prônée par les intellectuels politiques d'aujourd'hui, mais portée par les groupes populaires et avec un projet très différent du leur : non pas contrer la démocratie représentative, mais la réaliser le plus complètement possible.

« L'appel au peuple » : une émancipation populaire

La transformation du mode de domination politique s'est opérée, dans le dernier quart du XIXe siècle, *via* la professionnalisation de la politique engagée par les premiers partis ouvriers mais aussi les nouvelles élites républicaines recrutant dans les nouvelles classes moyennes (avocats, médecins, journalistes). Cette professionnalisation qui a fait de la politique une activité à part des autres activités sociales, reposant sur des savoirs et des savoir-faire nouveaux (faire des campagnes électorales, des programmes), s'est accomplie contre le mode de domination sociale et politique des grands notables qui monopolisaient jusqu'alors les postes de pouvoir. Ces derniers s'appuyaient sur leurs titres de noblesse sociale (revenus, instruction, notoriété, relations, honorabilité) pour justifier leur droit à gérer les affaires de l'État et sur des relations d'échanges clientélaires avec leurs électeurs pour créer des loyautés à leur personne. Contre un système de représentation qui fonctionnait aux désavantages des groupes sociaux disposant de moindres ressources sociales, la professionnalisation de la politique a ouvert ce jeu réglé et fermé sur les hauteurs sociales en le démocratisant. Elle a initié un nouveau mode de représentation politique fondé sur la délégation et la remise de soi à des hommes politiques (rien à voir, on le voit, avec un rejet des élites et un refus des médiations, ce serait même l'inverse ici) et, inséparablement, une autre forme d'autorité politique non plus fondée sur la naissance ou l'héritage social, mais sur les compétences proprement politiques et d'autres titres sociaux.

Cette entreprise a souvent suivi le cours d'un retournement de l'illégitimité sociale en source de légitimation politique, en faisant de la représentativité sociale le fondement du droit à intervenir en politique, en promouvant, sélectionnant, formant, encadrant les membres de la classe ouvrière pour en faire de nouvelles élites politiques[80]. La lutte contre les notables politiques s'est opérée également contre les pratiques clientélaires traditionnelles fondées sur des échanges de services privatifs (argent, intercession, libation, protection, terres, emploi, logement). Les professionnels de la politique vont offrir aux électeurs des biens plus abstraits et idéologiques (programme, vision du monde et de l'avenir) et des biens divisibles (mesures de protection contre la maladie, le chômage, la vieillesse), créant ainsi des loyautés nouvelles moins primaires et libérées des tutelles de la domination sociale directe. Ce travail de représentation plus idéologisé ne se fera pas sans difficulté. L'engagement politique et syndical en milieu populaire est rare et aléatoire : le syndicalisme est minoritaire chez les ouvriers, et les leaders syndicaux ont beaucoup de mal à les intéresser à ce qui se passe au-delà de leur usine ou de leur mine. Sur le plan politique, les premiers candidats socialistes qui réussissent à mobiliser durablement les électeurs ouvriers n'y parviennent qu'après un intense travail de propagande et de mobilisation qui passe autant par les coopératives, les mutuelles ou le syndicat que par l'action proprement politique des partis ouvriers. Le relais des cabarets ou des estaminets (où l'on se rencontre, lit ensemble la presse et discute des problèmes quotidiens) joue aussi un rôle crucial. Lorsque Jules Guesde et les siens, par exemple, conquièrent la mairie de Roubaix à la fin du XIXe siècle, ce n'est pas seulement grâce à la promesse du grand soir, c'est aussi grâce à un réseau de coopératives, de syndicats textiles, de journaux et grâce à ces liens de sociabilité noués dans les cafés et cabarets et dans les lieux de vie et de travail. C'est en créant un socialisme implanté dans la société locale du Nord que les Guesdistes réussissent à donner corps à l'idéal internationaliste qu'ils prônent et qui reste très abstrait aux yeux du plus grand nombre[81].

Que les chances de succès politique dépendent étroitement d'une insertion sociale quotidienne explique que, dans les banlieues ou dans les quartiers où vit une classe ouvrière déracinée, sans véritable réseau de sociabilité, les taux de participation électorale ou d'inscription sur les listes soient très bas ou encore que la participation à des actions revendicatives soit faible. Il faudra ainsi beaucoup de patience et un long travail individuel et surtout collectif aux militants socialistes pour créer l'accoutumance des ouvriers au vote socialiste et au vote tout court, ou encore pour mobiliser dans des actions collectives contrôlées par des représentants. Ils auront d'autant plus de mal à faire accepter le vote comme une procédure de règlement des conflits politiques qu'une fraction non négligeable du mouvement ouvrier, emmenée par l'anarcho-syndicalisme, dénonce les élections comme un piège de la bourgeoisie (« un vol à la tire » selon les mots de Marx) qui détourne du vrai combat situé sur le plan économique : le vrai pouvoir est dans les entreprises et seule la grève générale peut conduire au grand soir. L'indifférence à la politique fortement ancrée dans une bonne partie de la classe ouvrière contraindra les militants socialistes à développer une organisation très structurée et hiérarchisée, « le parti de masses », seule capable d'assurer durablement les mobilisations sociales et politiques.

L'encadrement n'est pas seulement enrégimentement. Il est une des voies (la seule possible sans doute) de salut collectif pour s'émanciper, grâce à la délégation à des porte-parole, de la tutelle des élites installées et de conditions d'existence qui aliènent la pensée et détruisent moralement. Il est encore une des voies d'éducation populaire au civisme démocratique (apprentissage du vote, de l'intérêt pour la politique et de la participation politique) qui, en compensant et rattrapant une scolarité courte, permet de combattre efficacement la mésestime de soi et les images stigmatisantes nées de la confrontation avec les groupes sociaux dominants. Le parti comme école du peuple : il est plus que cela. Il permet la construction d'une figure alternative de la compétence politique (autre que celle sanctionnée par les diplômes et détenue par les élites sociales). Un investissement précoce dans des activités collectives (dans le parti ou dans des syndicats ou des associations de jeunesse), un militantisme prolongé et reconnu dans les usines ou les bureaux qualifient pour représenter les autres et donnent des titres à parler en leur nom : des titres d'expertise sociale contre ceux consacrés par l'université ou la compétence économique. L'expertise sociale est liée au partage quotidien des mêmes conditions de vie et de travail par les ouvriers et par ceux qui les représentent et défendent leurs intérêts sociaux. Elle renvoie à une perception rapprochée des diverses inégalités sociales subies, des humiliations et vexations sur les lieux de travail qui constituent le sort ordinaire de la vie des plus démunis. L'on comprend alors qu'un des effets de la disparition de ce type d'acteurs politiques est non seulement de rendre invisibles les groupes les plus vulnérables, mais aussi de faire disparaître les inégalités sociales dans la perception même des dominants. L'érosion des structures collectives d'encadrement des groupes populaires conduit également à déstabiliser un mode de socialisation à la politique fondé sur le conflit, le rappel à l'ordre politique grâce aux rapports de force et le rappel au réalisme des conditions matérielles de vie pour préserver une dignité sans cesse menacée. Elle ferme enfin une des voies de rattrapage culturel face à une école où le destin ordinaire des enfants pauvres est d'échouer. On est loin ici de la démagogie supposée être le propre du « populisme », à moins de lui redonner son sens littéral, proche de la pédagogie, de « conduite et d'éducation du peuple ».

Rendre la démocratie réelle

Les professionnels de la politique vont également donner toute sa vertu à la démocratie en dénonçant la corruption et les pressions exercées sur les électeurs ; en demandant l'invalidation des élections au motif que des candidats ont organisé des rastels, distribué de l'argent aux électeurs, bénéficié d'ingérences administratives ou cléricales, eu recours à des calomnies, à des manœuvres de dernière minute ou à des fraudes dans l'établissement des listes ou le dépouillement du scrutin[82], ils établissent même cette vertu dans le droit. Ce sont eux encore qui vont combattre pour imposer l'enveloppe et l'isoloir afin de garantir le secret du vote et moraliser les élections.

L'égalité contestée

L'adoption de la loi du 29 juillet 1913 est significative des luttes qui ont présidé à la lente transformation du mode de domination politique[83]. Elle réglemente l'organisation des scrutins en imposant l'usage de l'enveloppe uniforme et de l'isoloir, l'unicité d'inscription sur les listes électorales et la représentation des candidats parmi les scrutateurs. Les partisans de la réforme mettaient en avant la nécessité de moraliser les élections et de lutter contre la fraude et les pressions sur les électeurs (fermiers, métayers, ouvriers congédiés ou licenciés s'ils ne votaient pas bien, électeurs passés à tabac). Pour les réformateurs, la compétence politique des électeurs va de soi et ce sont les contraintes extérieures qui les empêchent d'exercer convenablement leurs devoirs. Les adversaires de la réforme ne considèrent pas les pratiques en vigueur comme de la corruption, mais comme la manifestation d'une influence sociale légitime. Ils livrent leur conception de l'électeur lorsqu'ils soulignent l'incapacité des vieillards, des infirmes, des ouvriers et des paysans avec leurs « gros doigts » à glisser le bulletin dans l'enveloppe. La répulsion devant l'isoloir, dénoncé comme lieu de réclusion et de promiscuité malsaine, traduit le refus des élites d'accepter les présupposés égalitaristes d'une nouvelle organisation qui place tous les citoyens sur un même pied. Ils ont en tête que beaucoup de ces électeurs sont en réalité placés dans des situations d'infériorité et de dépendance[84].

Ainsi, la contestation de l'ordre établi ne visait pas à renverser le régime ou le pouvoir en place mais à mettre le fonctionnement réel de la démocratie en adéquation avec ses principes de liberté, de justice et d'égalité. Cela n'a pas été sans lutte, sans défense d'intérêts variés, sans concurrence vivace, sans jeu d'alliances et de compromis, sans reniements aussi, sans tout ce qui est souvent, hier comme aujourd'hui, critiqué au nom d'une image idéalisée de ce que sont la politique et la démocratie. Ce sont pourtant ces jeux jugés politiciens qui ont instauré, comme le souligne Daniel Gaxie, « les processus par lesquels les individus sont devenus citoyens et grâce auxquels les citoyens « ordinaires » ont gagné des possibilités certes limitées, mais inédites dans l'histoire, de se faire entendre[85]. »

Ne pas prendre en compte l'enjeu politique concret que représentait (et représente toujours) « l'appel au peuple » (ou la mobilisation politique des groupes populaires), c'est évacuer toute l'histoire sociale et politique de la construction de la démocratie à laquelle ont contribué les groupes populaires en en payant souvent le prix fort. Du même geste, se trouvent évacuées les controverses scientifiques portant sur la définition de la démocratie. La version proposée dans les analyses du « populisme » a l'apparence de l'universalité quand elle n'est qu'un parti pris d'officialité institutionnelle. « Le gouvernement du peuple par le peuple et pour le peuple », définition que les tenants du « populisme » reprennent à leur compte, est certes un idéal à la fois éthique, juridique et moral. C'est aussi un mythe démocratique très éloigné du mode de fonctionnement concret de la démocratie. En la matière, un parti pris de réalisme s'impose davantage. D'abord, parce que la légitimité des États se mesure désormais à l'aune de la mise en œuvre des grands principes démocratiques (protection des libertés, pluralisme des opinions, association des citoyens au gouvernement par l'intermédiaire de leurs représentants) et c'est faire plutôt acte de révérence à une légitimité consacrée que de la reprendre sans véritablement l'interroger. Ensuite, parce que les exemples de dictatures parmi les plus autoritaires faisant valoir les signes apparents de conformité au modèle ne manquent pas hélas et c'est, sans grand bénéfice d'inventaire, accréditer leur façade institutionnelle que de leur donner un brevet de démocratie. Définir la démocratie suppose plutôt de revenir sur son mode de fonctionnement concret.

En réalisant une professionnalisation de la politique et en démocratisant ainsi la démocratie, les nouvelles élites politiques moins gradées socialement que les notables ont certes changé le mode de domination politique. Elles ne l'ont pas supprimé. Ce n'est pas le peuple qui gouverne, ce sont ses représentants. Et même si la politique s'est constituée en un ordre d'activités spécialisées à part des autres activités sociales, elle n'échappe pas à la logique générale de la domination qui structure l'ensemble des rapports sociaux. Si la sélection sociale des représentants politiques s'est infléchie ainsi vers le bas, elle s'est surtout diversifiée ; les mandataires politiques sont toujours, plus ou moins, issus des diverses fractions de l'élite sociale, même si des variations s'opèrent en fonction des conjonctures politiques et de l'état de l'offre politique. Le recrutement du personnel politique tend d'ailleurs, depuis les débuts de la Ve République et l'érosion du parti communiste, à se cristalliser dans les hauteurs de l'élite sociale (par exemple, en 1997, sur 555 députés, on comptait 3 ouvriers, 6 employés, 51 membres des grands corps de l'État, 67 cadres supérieurs du privé et du public, 81 professions libérales, 34 professeurs d'université). En ce sens, les conditions d'accès à la représentation politique reposent sur un « cens social caché » (et de plus de plus avec un parti socialiste enrôlant ses porte-parole parmi les énarques et les enfants de la bourgeoisie comme le font les partis de droite classique[86]). Les règles du jeu politique fonctionnent ainsi à la relégation politique des membres des groupes défavorisés qui ont moins de chances que les autres acteurs sociaux d'occuper des postes politiques (dans les municipalités, les conseils généraux et régionaux, au Parlement) et des postes de pouvoir politique (au sein des différents exécutifs locaux ou gouvernementaux). Le rapport de domination politique s'exerce, en outre, d'autant mieux qu'il est intériorisé sous la forme d'un fort sentiment d'indignité sociale, poussant les plus démunis à ne pas se sentir en droit et à ne pas se reconnaître le droit de s'engager dans la lutte politique. Ils sont conduits d'ailleurs souvent à valoriser chez les hommes politiques les qualités ou les propriétés qu'ils estiment de ne pas avoir. Leur exclusion de la politique se double (et se renforce) d'une autoexclusion ou autosélection de la lutte politique (par exemple en 1997, 178 ouvriers sur les 6,5 millions s'étaient portés candidats aux élections législatives. Par contre, 585 professions libérales sur les 320 000 que compte la population avaient fait acte de candidature).

La démocratie représentative est censitaire encore d'une autre manière. La professionnalisation a créé une coupure entre les représentants politiques, spécialisés à plein temps dans l'activité politique, et les autres acteurs sociaux placés dans une position de profanes, « hors jeu » politique. Cette coupure a été le mécanisme essentiel, on l'a vu, de l'instauration de la démocratie représentative. C'est dire que le contrôle que les citoyens sont censés exercer sur leurs représentants (la démocratie « pour le peuple et par le peuple » selon la définition officielle), soit *a priori* quand ils évaluent les programmes électoraux, soit *a posteriori* quand ils se prononcent sur leur gestion, va dépendre de leur proximité avec la politique professionnelle ; en ce sens ce contrôle est inégalement probable suivant les ressources sociales, intellectuelles, économiques et politiques détenues. On reviendra sur ce point lors du chapitre sur le vote mais on peut tout de suite avancer quelques raisons explicitant ce phénomène.

La politique, en se spécialisant, a construit une définition légitime du politique : une lutte pour des idées s'effectuant par l'entremise de programmes et de prises de position distinctes. Contrôler cette activité, c'est d'abord réussir à la comprendre dans ses différences parfois subtiles et dans le langage dans lequel elle s'exprime. C'est parler en termes d'idées et de grands principes, distinguer entre les prises de position des différents partis ou candidats, savoir justifier ses préférences en fonction de ces prises de position, admettre (et croire en) l'importance des débats politiques et des actes (comme le vote par exemple) assurant l'arbitrage entre les programmes politiques proposés. Cette activité de déchiffrement suppose que cet ordre d'activités soit perçu comme susceptible d'avoir des répercussions concrètes sur la vie quotidienne et de modifier l'orientation des politiques publiques grâce à une redistribution des forces politiques (et non comme un jeu étrange et étranger auquel se livrent des « politiciens » complices). Elle suppose aussi que les schèmes de compréhension de ce langage abstrait soient maîtrisés. Elle nécessite ainsi la détention d'une compétence politique particulière entendue comme l'aptitude à percevoir les différences politiques, à saisir les enjeux et les règles du débat politique, à comprendre le langage politique et à exprimer en des termes adaptés la signification donnée aux pratiques jugées politiques (voter, adhérer, militer). Or cette compétence politique attendue par la définition légitime du politique est d'abord une compétence sociale qui varie très fortement avec la détention de capitaux sociaux (économiques, culturels, relationnels, etc.). En ce sens, elle n'est pas seulement affaire de savoirs techniques sur la politique ; elle est la traduction inégalement ressentie suivant les groupes sociaux, d'une dépossession, et exprime l'autorité ou l'indignité sociales.

Les groupes socialement dominés sont placés, plus que les membres des classes supérieures, dans une situation de grande extériorité par rapport à la politique. Ils sont à la fois dans l'incapacité sociale de saisir la logique particulière de la lutte politique et confrontés à leur propre incompétence par le langage abstrait et spécialisé qui caractérise les débats politiques. D'où des phénomènes de non-participation (ou de participation épisodique ou d'attention à éclipse) au vote, aux manifestations, aux activités des partis et des syndicats, très largement majoritaires parmi l'ensemble des citoyens ; ces phénomènes viennent démentir « l'existence d'un intérêt pour la politique universellement partagé par tous les citoyens universellement compétents pour se prononcer sur tous les enjeux[87] » en révélant qu'une majorité d'individus sont, en raison de leur position sociale, tenus à l'écart des activités politiques routinières comme naguère c'était le cas avec le cens électoral.

Une indifférence massive à l'égard de la politique

Ainsi que le remarque le politiste Jacques Lagroye : « Les conclusions des recherches menées sur les comportements politiques sont concordantes. Elles constatent que les citoyens participants, dans les régimes démocratiques pluralistes, sont une très petite minorité. Moins de 5% des individus ayant le droit de vote sont inscrits à un parti politique en France ou aux États-Unis ; si le pourcentage est plus élevé en Norvège (20%), en Grande-Bretagne (20 à 25% selon les estimations) ou en Autriche (28%), il apparaît que les adhérents participant effectivement aux activités d'un parti, notamment à l'occasion des campagnes électorales, sont de l'ordre de 3 à 4%. Les contacts avec des hommes politiques ne concernent que 5% des Autrichiens et 14% des citoyens américains (c'est un maximum). 90% environ des citoyens n'ont donc aucune activité spécifiquement politique, en dehors d'une participation épisodique aux élections. De plus, toute une série d'indicateurs permet de mesurer le peu d'intérêt que la majorité des individus manifeste pour les questions politiques : plus de la moitié des citoyens interrogés déclarent n'avoir jamais – ou rarement – de discussions à caractère politique (70 à 80% aux États-Unis, 64% en Grande-Bretagne, 57% en France) ; les informations politiques données par la presse ou la télévision ne sont jamais ou rarement suivies par 42% des Américains, 48% des Allemands, 64% des Français et 80% des Norvégiens. Globalement, ce n'est qu'un dixième des électeurs potentiels qui déclare s'intéresser fortement à la politique tandis qu'une bonne moitié se définit comme indifférente. Ces chiffres sont d'autant plus impressionnants qu'ils correspondent peut-être à une surestimation artificielle de l'intérêt pour la politique, un aveu d'indifférence à l'égard des problèmes politiques étant, dans certains groupes, difficile à consentir[88]. »

Les intérêts d'une fiction démocratique

La démocratie est ainsi « une relation de domination qui se constitue dans l'échange et un échange inégal fondé sur la domination[89]. » Elle est, comme toute la tradition sociologique l'a montré, ce mécanisme de représentation qui opère un tri entre les élites et entre des élites concurrentes entre elles. Le peuple lorsqu'il vote ne supprime pas les élites et ne prend pas leur place : il ne fait que départager les élites entre elles, choisir une élite à la place d'une autre. On peut dire alors que ce qui est démocratique en démocratie, c'est la compétition politique et non le mode de gouvernement. La démocratie, ce n'est pas quand le peuple exerce le pouvoir, mais quand la lutte pour y accéder est ouverte et concurrentielle[90] (absence de parti unique, multiplicité des candidatures, diversité des visions du monde offerte, sélection diversifiée socialement des compétiteurs...). Face à cette définition réaliste de la démocratie, celle avancée par les tenants du populisme apparaît bien idéologique.

Elle fait prendre pour inéluctable ce qui est de l'ordre de l'histoire et de la contingence. Elle retourne le fonctionnement concret de la démocratie en un principe essentiel, universel voire idéal de ce que doit être la démocratie.

La fiction démocratique d'un « gouvernement du peuple, par le peuple et pour le peuple » est un mythe de sens commun, devenu ordinaire dans le discours politique et celui de la plupart des commentaires politiques tant elle est en affinité avec la philosophie du monde contemporain qui veut voir dans l'homme libre, l'acteur et le sujet de l'histoire. Elle n'est pas neutre. Elle est un héritage idéologique qui prend parti, sans le dire, dans des controverses intellectuelles aux conséquences très politiques. Cette fiction s'inscrit dans le prolongement de la définition proposée par les théoriciens élitistes qui, tout en s'employant à concilier la théorie démocratique avec les données sur l'indifférence massive des citoyens à l'égard de la politique, acceptaient le caractère inévitable et donc nécessaire des élites. Reconnaissant l'aspect largement mythologique de la fiction démocratique, ils ont ainsi considéré le système représentatif comme démocratique (à la différence donc des dictatures) dans la mesure où les citoyens conservent une possibilité d'intervention. La démocratie est alors, à leurs yeux, un système politique libéral dans lequel le peuple exerce suffisamment de pouvoir pour être capable de changer les dirigeants mais pas assez pour se gouverner lui-même[91]. Une telle définition élitiste a été souvent bien utile pour s'accommoder d'une inégalité fondamentale et la présenter à la limite comme la condition d'une véritable démocratie. Comme certains parmi ses théoriciens, notamment américains, l'ont avancé : « Les masses tenues à l'écart de la politique n'introduiraient par leur participation éventuelle que troubles et désordres, ignorance et irrationalité, dans le jeu complexe et fragile des mécanismes du gouvernement rationnel tenu par les plus compétents. Leur acceptation passive des règles du jeu, leur vague attachement aux valeurs démocratiques assimilé à un « consensus » minimal, suffisent à maintenir les bases d'un système dont les élites maîtrisent le fonctionnement[92]. »

Cette conception libérale du système démocratique, bien peu démocrate dans ses attendus et ses constats (et qui fait écho à ce qui se dit aujourd'hui à l'occasion du « populisme du FN »), est également une représentation qui a réussi à s'imposer en luttant contre la définition proposée par les « démocraties populaires » (Raymond Aron ou Giovanni Sartori[93] ont dénoncé le caractère fallacieux de la démocratie façon soviétique) et contre les tenants d'une gauche américaine qui soulignaient la corruption du principe démocratique en montrant que le pouvoir était concentré entre quelques mains. C'est le fameux « triangle de fer » ou « triangle du pouvoir » dénoncé par Wright Mills et la gauche américaine, qui mettait en évidence la forte osmose entre les élites politiques, économiques et militaires aux États-Unis[94]. Et l'on comprend combien la révérence marquée pour la fiction démocratique peut très bien autoriser le développement de rhétoriques réactionnaires. C'est d'autant plus concevable que « l'appel au peuple » est réduit au rang de simple démagogie stylistique (sans plus jamais être compris dans ses effets pratiques d'émancipation, de promotion et d'éducation des groupes populaires). C'est aussi parce que le « populisme » tel qu'il est désormais employé a fait accomplir à la notion une complète révolution politique et idéologique sur elle-même.

La révolution idéologique du « populisme »

On mesure l'ampleur de la redéfinition de la notion de « populisme » opérée par les spécialistes du « populisme du FN » en se reportant aux usages à la fois politiques et savants qui avaient cours, en France, avant que le mot ne devienne une catégorie dominante d'interprétation du parti frontiste. S'il a été longtemps absent du vocabulaire public de la polémique politique où étaient préférés des termes comme « démagogie » ou « poujadisme », le « populisme » n'en fonctionnait pas moins comme principe d'accusation dans les débats internes aux organisations de gauche voire d'extrême gauche où, selon la définition que Lénine lui avait conférée en son temps contre les intellectuels russes partis conquérir les masses paysannes, il dénonçait une stratégie dévoyée de mobilisation du peuple contre ses propres intérêts et contre ses principaux défenseurs[95]. Dans l'univers scientifique traitant de la vie politique, il était essentiellement cantonné dans des travaux anglo-saxons portant sur les pays en voie d'accession à la démocratie ou sur les États-Unis ; en France, on en trouvait des occurrences chez des spécialistes du monde communiste pour critiquer son rapport au peuple[96] ou chez d'anciens spécialistes de l'histoire politique latino-américaine[97] pour éreinter, sous ce même angle, la « droite populaire ». Si le mot stigmatisait, c'était moins pour insister sur la dangerosité d'une mobilisation politique « directe » du peuple que sur le danger que représentaient *pour le peuple* des prétentions à le défendre venues d'intellectuels ou d'hommes politiques ne faisant que projeter sur lui leurs propres aspirations et leurs propres intérêts. Le « populisme » avait pris une consistance scientifique surtout dans le secteur de la sociologie des intellectuels ou de la culture[98] ; là aussi, la notion (et son versant conjoint, le misérabilisme) visait à montrer combien les écrits des intellectuels sur le peuple étaient des formes de rationalisations de leurs propres rapports au peuple et, qu'à ce titre, elles constituaient autant d'obstacles à un accès véritable à la culture populaire. Le sociologue, en tant qu'intellectuel, devait s'obliger à se dépendre de ces visions schématiques qui orientaient son regard sur les groupes populaires.

Le passage sur la scène publique du « populisme » dans le milieu des années 1980 conserve cette première acception tout en mêlant dans une même dénonciation des représentants de la gauche et de la droite : Edith Cresson, Bernard Tapie, Jacques Chirac en ont, chacun, fait les frais. Était visé leur « style », réputé mettre en avant leur personne et non les idées défendues, dénigrer les élites installées en s'appuyant sur les peurs ou les instincts populaires sans en appeler aux capacités de réflexion des citoyens. Leur vocabulaire « cru » et « grossier » devenait le meilleur indicateur de la dégradation morale du jeu politique qu'ils impulsaient[99]. En désignant maintenant le FN, le mot s'est complètement retourné, qui projette désormais les traits « vulgaires » et « dégradants » prêtés avant aux leaders « populistes » sur les groupes populaires supposés les suivre aveuglément. La double projection opérée a renversé silencieusement les perspectives anciennes. Elle naturalise dans le comportement des groupes populaires ce qui auparavant était situé dans les rapports que les élites intellectuelles et politiques nouaient avec le peuple et souvent contre lui. Rien ne témoigne mieux de cette naturalisation des comportements politiques que la conception de l'autoritarisme invoqué pour les classes populaires pour qualifier leur vision politique et leurs rapports subjugués à J.-M. Le Pen.

C'est, on s'en souvient, la relation verticale nouée entre un chef et ses troupes populaires qui témoignerait de la solution politique « entre deux » que le « populisme du FN » serait censé représenter : une formule autoritaire approuvée par un peuple mobilisé, distincte à la fois du fascisme et de la démocratie « normale ». Or, si cette définition voisine avec la définition classique de l'autoritarisme politique[100], elle en déplace significativement la perspective. Césarisme pré ou post-moderne, porté au coup d'État et à la restriction des libertés politiques, l'autoritarisme était compris à partir des pratiques politiques des élites au pouvoir et des tensions nées de leur collégialité. En introduisant désormais l'unicité du chef et l'approbation populaire, la nouvelle définition produit une sorte de dépolitisation du danger en le localisant uniquement dans la relation nouée entre un leader et ses supporters (et elle évite la question de l'inégalité devant et dans la participation politique). Elle confère, ce faisant, au « populisme » la forme démocratique contemporaine de l'autoritarisme, celle qui est issue du peuple et de ses demandes ou de ses attentes. Voulant qu'en démocratie la légitimité vienne « du bas », du « peuple » et qu'elle s'exprime aujourd'hui en faveur d'abord du chef de l'État et des partis « dans le système », la fiction démocratique dote ainsi d'emblée d'un signe critique la mobilisation populaire ; elle démontrerait en elle-même, par son inclination « anti-élites », l'érosion des soutiens aux responsables politiques en place, première source de l'instabilité d'un régime ; elle serait encore critique par sa destination « non naturelle » à se retrouver dans un projet et un homme « hors système ». La mobilisation populaire en devient du même coup « irrationnelle » puisqu'elle résulte, soit de la manipulation du chef charismatique, soit de la « peur », des « instincts » ou des « mécontentements » qui l'animent et qui font de son ralliement une « protestation » ou un cri d'alarme. Une telle reformulation de l'autoritarisme va autoriser à rechercher principalement dans les dispositions sociales des groupes populaires l'élément explicatif de leur inclination morale, réputée préférentielle, pour « l'intolérance », le souhait « d'avoir un chef », le « rejet des immigrés », bref tout ce qui définit le rejet de l'autre et l'autoritarisme nouvellement défini (on va en voir les conséquences dans le prochain chapitre sur les analyses électorales du vote FN).

La fiction démocratique voulant que la démocratie résulte de ce que veut et de ce qu'en fait le peuple masque, ainsi, précisément les usages instrumentaux du peuple que peuvent effectuer les élites intellectuelles et politiques pour ne s'intéresser qu'aux « désirs de chefs à poigne » supposés régir les attentes populaires. Elle autorise dès lors un comparatisme apparemment scientifique, mais véritablement sauvage, entre des régimes à l'organisation politique fort différente sous prétexte qu'on y trouve des élections (par exemple les tenants du « populisme » peuvent comparer la dictature péroniste avec les démocraties italienne, américaine, autrichienne, française) mais aussi tous les régimes libéraux entre eux sous prétexte que ce sont des démocraties, sans jamais s'inquiéter plus avant des modes de dominations politiques institués et de la place réservée au peuple dans le système de représentation existant. Sont définis alors à l'identique comme « populistes » des mouvements extrémistes dont la radicalité n'a ni la même orientation ni la même signification. « L'appel au peuple » d'un Jorg Haider inscrit dans un système politique où s'est institutionnalisée une forme de néocorporatisme est une attaque frontale et explicite de l'État et des pouvoirs établis en Autriche. « L'appel au peuple » d'un Jean-Marie Le Pen est une attaque tout aussi forte de l'État et des pouvoirs institués mais subversive, qui retourne contre la démocratie une tradition politique démocratique propre à la France. Ces deux stratégies ou ces deux usages politiques du peuple ne supposent ni les mêmes ressources politiques, ni le même travail argumentatif, ni les mêmes opérations sur les croyances démocratiques. Une des spécificités des dirigeants du FN est justement de mener à son comble un « double jeu » qui, en mêlant étroitement et indissociablement hostilité à la démocratie et apprentissage des règles électorales du jeu démocratique, lui permet de déroger aux règles démocratiques sous l'apparente soumission à leurs principes (on reviendra sur ce point dans le dernier chapitre).

Si la fiction démocratique permet ainsi d'universaliser les « populismes » (et de les « mondialiser ») en universalisant un point de vue très libéral sur la démocratie, elle interdit de s'interroger sur les usages politiques concurrentiels dont peut être l'objet « l'appel au peuple ». Elle empêche ainsi de voir que le « populisme du FN » provient d'une définition importée de débats politiques très localisés idéologiquement aux États-Unis.

Le « populisme » aux États-Unis est le sujet, en effet, de fortes controverses intellectuelles et politiques aux enjeux importants et sa signification est loin d'être stabilisée et univoque. Des hommes de gauche et des hommes de droite se prétendent populistes et les scientifiques avouent le plus souvent leur incapacité à en produire une définition clairement informée (on l'a vu avec M. Canovan). L'histoire du peuple américain est même, à gauche, un des enjeux politiques importants et des intellectuels s'efforcent de rappeler, contre une histoire officielle et unanimiste, l'existence de mouvements populaires passés fortement organisés et conflictuels[101]. La notion telle qu'elle est construite par P.-A. Taguieff est directement issue des débats portant sur la « nouvelle droite américaine » auxquels il s'est intéressé avant d'y participer directement (il a publié à plusieurs reprises dans la revue *Telos* qui discute depuis le début des années 1990 des « paradigmes communs » à la nouvelle droite et à la nouvelle gauche et qui a accompli, depuis ses premières publications, une sorte de virage à droite). Le « populisme » s'inscrit précisément dans la tentative, qui se dessine aux

États-Unis, de donner une apparence populaire et d'éthique philanthropique, à une entreprise néoconservatrice tant sur le plan économique que sur le plan politique pour mieux la présenter comme révolutionnaire et déstabiliser les conservateurs jugés dépassés. L'enjeu n'est pas, on le comprend, de bouleverser l'ordre établi au profit des groupes les plus démunis ; il est de bouleverser la hiérarchie du pouvoir au profit de ces nouveaux prétendants, au profil social décalé par rapport aux membres de la haute bourgeoisie qui tiennent les places fortes de la finance et de la décision politique, et bien plus radicaux dans le libéralisme économique que l'ancienne élite néolibérale[102]. Faire du « populisme » ne consiste pas, pour cette avant-garde radicale, à redonner une dignité au peuple mais à se servir de lui pour conférer un semblant de légitimité sociale à une cause qui lui est complètement étrangère et qui vise à radicaliser le néolibéralisme. On retrouve la même tactique ailleurs. Par exemple, les historiens ultraconservateurs (et publiant dans la revue *Télos*) réhabilitent le maccarthysme en soutenant le bien-fondé de la « menace communiste » aux États-Unis dans les années 1950, et mettent en cause, sur cette base, les libéraux qui auraient sciemment contribué à en minimiser la réalité en agitant l'épouvantail McCarthy et en étouffant le scandale d'une « infiltration communiste » dans l'administration[103].

Dépossédée de ses localisations intellectuelles et politiques, la notion de « populisme » fait perdre alors de vue que lorsqu'on parle de « populisme », on parle aussi du FN. Or, le moins que l'on puisse dire c'est qu'une telle formulation abstraite du « populisme » pose beaucoup plus de problèmes qu'elle n'en résout pour saisir la réalité frontiste. On peut essayer de les lister. Elle « désidéologise » le populisme au moment même où le FN connaît une forte radicalisation idéologique donnant à voir dans une version de son programme rédigée par B. Mégret en 1996 une conception de la Nation focalisée sur le sang et l'ethnie (ce dont la direction frontiste s'était toujours défendue officiellement de partager), revendiquant des auteurs comme Julius Evola, notamment son ouvrage *Le Fascisme vu de droite*[104]. Elle se substitue au label d'extrême droite au moment où, plus qu'en 1981, le FN rassemble tous les mouvements d'extrême droite en France (même les anciens réfractaires comme Nouvelle Résistance, le Parti national républicain, etc., se sont ralliés). Elle dirige l'attention vers les groupes populaires alors que s'intensifient les stratégies en direction des élites politiques et intellectuelles, que ce soit grâce aux différents postes électifs occupés au niveau municipal, cantonal, régional et européen ou par la mise en place de réseaux de relations par clubs de pensée interposés (songeons au Club de l'Horloge). Elle insiste sur la démagogie (les liens directs entre le leader et ses « supporters ») alors que s'amplifie un travail d'implantation systématique dans des catégories professionnelles ciblées (police, transport, santé) et sous la forme de clubs ou de syndicats. Non seulement le « populisme » efface les pratiques et les stratégies politiques que le FN adopte, mais il offre à celui-ci une identité bien plus respectable dans le discrédit que le label de fascisme ou d'extrême droite qui le qualifiait précédemment. En effet, en insistant sur la diabolisation dont serait l'objet le FN quand des mobilisations s'effectuent contre lui au nom de son fascisme ou de son racisme, est occultée la considérable euphémisation que connaît l'identité politique prêtée au FN quand il est rangé parmi les « populismes » et non plus classé parmi les extrêmes droites ou les fascismes. Euphémisation qui se double d'une légitimation inattendue lorsqu'il devient le « parti anti-partis », celui qui répondrait mieux que les autres à la « demande d'autorité » formulée par le « peuple ».

La boucle de l'histoire se referme et l'incroyable politique se produit. Si les groupes populaires se retrouvent dans le FN, c'est, en quelque sorte, parce qu'ils l'attendaient et si le FN réussit, c'est parce qu'il sait combler, mieux que les autres organisations politiques, les aspirations populaires à un ordre fort et autoritaire. Cet incroyable réactionnaire a cependant ses conditions, on l'a vu : il repose sur la méconnaissance de l'histoire de la construction sociale de la démocratie et sur la méconnaissance de ce qu'est la réalité pratique du FN.

II
L'incroyable politique et ses preuves

Comment le « populisme du FN » et sa disqualification politique des groupes populaires ont-ils pu trouver des preuves pour rendre acceptable par une communauté de scientifiques ce qui a tout d'un « incroyable politique »[105] ? Comment ces spécialistes de l'analyse politique ont-ils pu être convertis scientifiquement à une forme de légitimation d'une « restauration conservatrice » où le « peuple » serait cantonné et contenu aux marges de la démocratie ? Plusieurs explications peuvent être avancées. Celle d'abord d'un abandon, chez les intellectuels, des espoirs messianiques placés dans la classe ouvrière qui s'est traduit par un reniement et un deuil des idéaux sociaux et socialistes ; celle encore de la montée d'un mépris de classe au sein d'élites intellectuelles et politiques de plus en plus coupées du monde social par un recrutement s'opérant dans les hauteurs de la société ; celle ensuite de la concurrence accrue entre les partis qui les professionnalise en les détournant des enjeux sociaux concrets ; celle enfin de la place de plus en plus centrale occupée par les médias qui porte les hommes politiques et les intellectuels à répondre d'abord aux attentes des journalistes en oubliant les attentes de ceux qu'ils sont censés représenter ou en renonçant à toute scientificité dans leurs travaux. Il y a de tout cela, mais il y a plus que cela.

On a déjà montré que cette rhétorique réactionnaire réussit précisément parce qu'elle n'apparaît pas comme telle, aux yeux de ses adeptes, mais comme empreinte d'esprit civique et, qui plus est, théoriquement et historiquement fondée. Autrement dit, parce qu'elle s'inscrit dans le prolongement de leur activité professionnelle routinière d'interprétation et de compréhension de l'histoire politique passée et présente. C'est dire que la conversion des tenants du « populisme du FN » s'effectue dans le cours même de ce qu'ils sont habitués à faire : tenir aux idées et aux valeurs préalablement constituées, identifier et classer pour situer les acteurs individuels ou collectifs sur l'échiquier politique. On voudrait montrer maintenant combien ces méthodes portent à contourner tout examen sérieux de la réalité politique et sociale. D'une part, elles avancent des preuves qui doivent davantage à des présupposés non explicités qu'aux résultats découverts après enquête. D'autre part, elles incitent à émettre des commentaires qui, outrepassant ce que ces mêmes preuves permettent sociologiquement de dire, sont autant de jugements sociaux scientifiquement déniés. L'affinité des groupes populaires avec le FN ne tient pas ainsi à son adéquation à la réalité. Elle tient d'abord, on l'a vu, grâce à la confirmation que lui apporte un cercle élargi de commentateurs politiques (autres scientifiques, hommes politiques, intellectuels, journalistes) dont les préoccupations politiques les poussent à accorder de l'importance aux constats sur le « populisme du FN ». Elle tient aussi, et c'est ce qui nous retiendra maintenant, à un certain nombre d'idées reçues, propres à l'univers d'appartenance des scientifiques du « populisme » et qui vont guider non seulement l'élaboration des preuves qu'ils avancent mais aussi les schèmes explicatifs qu'ils emploient.

Vote FN : vote populaire
Les aveuglements d'une idée reçue

Deux raisons se conjuguent pour prêter une attention particulière aux études électorales du vote FN. Tout d'abord, ces analyses, que leurs auteurs reprennent explicitement ou non à leur compte l'étiquette de populisme, lui confèrent un réalisme sociologique et une vérification empirique qui ont longtemps fait défaut à un label plutôt en vogue dans l'univers journalistique et politique ou parmi les historiens des idées politiques. Le vote FN serait un vote essentiellement populaire (réunissant principalement des ouvriers, des employés et des chômeurs), attesté par les résultats des sondages et par les conclusions répétées depuis 1995, voyant dans le FN « le premier parti ouvrier ». Plus du quart des électeurs ouvriers auraient voté FN en 2002, selon les estimations de P. Perrineau (*Le Monde*, 28-29 avril 2002). Ensuite, ces constats repris par les journalistes, les hommes politiques et dans les univers savants soulignent la place de plus en plus centrale que prennent les analyses électorales dans les préoccupations médiatiques, intellectuelles et politiques. C'est dire combien elles participent directement aux luttes d'interprétation qui entourent l'issue des scrutins.

Les études électorales et notamment celles sur le vote FN constituent ainsi d'emblée des enjeux à la fois politiques et savants (aujourd'hui sans doute plus qu'hier) dans la mesure où elles sont uniquement focalisées sur les scores des partis en présence permettant de dire « qui a gagné ou qui a perdu » et où elles voient, dans les résultats électoraux, l'unique voie possible de déstabilisation de l'ordre politique et démocratique. Il convient alors de s'interroger sur les opérations empiriques et théoriques sur lesquelles elles reposent d'autant plus qu'elles suscitent un consensus très large, et sur l'évidence d'un soutien populaire au FN et sur les raisons supposées de ce vote.

Ce que disent les résultats des sondages et ce qu'on peut en dire

Il ne s'agit pas ici de nier et l'importance des analyses statistiques pour la compréhension des mouvements électoraux et l'existence d'un contingent d'ouvriers, d'employés ou de chômeurs parmi les électeurs FN. Il ne s'agit pas non plus d'affirmer que toutes les analyses électorales du vote FN se valent et que toutes sont à jeter au panier sans plus de réflexion. Certaines, rares il est vrai, s'inscrivent dans une logique scientifique et non dans celle des scoops journalistiques. Elles tentent également de comprendre plutôt que de mépriser. Elles attirent, en outre, l'attention sur des corrélations qui méritent d'être prises en compte, comme la relation existant entre faible niveau scolaire et vote FN, entre faible statut social et vote FN. Reste que ces analyses-là aussi demandent à être discutées et plus sérieusement que les autres.

Disons-le d'emblée au regard des travaux actuels sur le FN aussi bien sur ses électeurs que sur ses militants, c'est plutôt l'absence de connaissances véritablement sociologiques qui règne. Cet état de faiblesse de la sociologie politique devant un parti qui ne cesse de faire l'événement renvoie à plusieurs phénomènes qui se cumulent : hiérarchie des objets légitimes dans la discipline qui a placé en bas de l'échelle des valeurs scientifiques ce sujet « sale » qu'est le FN ; coût moral d'un investissement scientifique sur un sujet qui répugne ; coût d'accès à un univers militant perçu (à tort ou à raison) comme fermé et inconfortable ; volonté de distance par rapport à des logiques trop politiques et journalistiques. Les seules armes qui restent pour tenter de rendre intelligible un parti qui demeure inconnu, ce sont les problématiques, les hypothèses, les procédures d'enquête déjà éprouvées sur d'autres organisations politiques et sur les mécanismes sociaux de production d'autres votes et validées par les traditions d'analyse classiques. Là, les travaux sont nombreux. C'est sur eux que l'on va s'appuyer pour discuter les interprétations dominantes sur le vote FN. Plusieurs critiques, en effet, sont à leur opposer. Elles vont organiser par la suite notre propos.

D'abord les statistiques avancées sur la base de sondages soulèvent nombre d'objections sur leurs modalités de construction. Inutile peut-être de remonter à Durkheim et à son étude du suicide pour rappeler qu'avant même de commenter des « chiffres », il convient de réfléchir à la manière dont ils ont été fabriqués afin d'en saisir l'exacte signification. Des travaux actuels sur les statistiques attestant de la hausse de la « violence » ou de la « délinquance » se sont interrogés sur ce que représentaient réellement ces « chiffres objectifs » : une progression des actes délictueux eux-mêmes ou l'activité accrue de ceux (police, justice) qui recensent et enregistrent ces « faits » ou encore l'élévation du seuil de sensibilité à la violence entraînant la déclaration d'actes auparavant gardés pour soi (comme tous ces actes relevant des « incivilités »)[106] ? Il en est d'une certaine manière de même ici.

On essaiera de montrer que les résultats des sondages enregistrent surtout l'activité des commentateurs de sondages et une réalité d'abord « sondagière » et médiatique plus que la réalité du monde social et celle des comportements politiques des électeurs FN. La portée sociologique de ces résultats en devient pour le moins problématique. On peut en donner tout de suite une illustration. Le découpage du monde social en 6 catégories génériques (Agriculteur, Patron, Cadre, Profession intermédiaire, Employé, Ouvrier) voire parfois en 4 catégories (Indépendant, Cadre et profession intermédiaire, Employé, Ouvrier) non seulement produit une très forte réduction de la complexité sociale (aplanissement de la hiérarchie et des différences sociales), mais il rend extrêmement artificiels les groupes sociaux recomposés qui sont marqués par une forte diversité interne aussi bien en termes sociaux qu'en termes de préférence politique. C'est pourtant sur eux que vont s'appuyer les interprétations du vote FN. Par exemple, la nomenclature de l'INSEE la plus détaillée pour décrire le monde social est de 497 postes ; si l'on se reporte à celle utilisée dans les années 1970 par ces mêmes analystes électoraux, elle comportait 9 catégories subdivisées chacune en plusieurs sous groupes[107]. Il semble à l'œuvre aujourd'hui dans les travaux de la « science électorale » une certaine soumission aux attendus de la logique des sondages obéissant elle-même à une logique financière (comme le disait plaisamment, il y a peu, un responsable d'un institut de sondage : la différence entre une analyse qualitative et une analyse standardisée, c'est le prix). Une soumission également à une vision homogénéisante du monde social peu attentive aux différences et aux écarts sociaux.

Que représente exactement la catégorie d'ouvriers quand les différents groupes qui la composent ne se sont jamais répartis de façon identique selon les goûts, les attitudes et les comportements électoraux ? Quand tout sépare les « contremaîtres » (moins dominés que les autres dans leur travail et leur vie quotidienne, plus qualifiés et votant plus à droite) des ouvriers qualifiés, des ouvriers spécialisés, des manœuvres (votant plus à gauche) ? Quand ces différents sous-groupes se subdivisent encore selon les entreprises où ils sont employés, le type de métier qui est le leur, leur statut et leurs revenus ? Non seulement le rapport au travail n'est pas le même et varie selon la profession et selon les conditions d'exercice de la profession mais le type de diplôme et la valeur de celui-ci changent également[108]. Ces situations concrètes d'existence ne sont pas sans effet sur le rapport au monde et aux autres, les sentiments de dignité ou d'indignité sociales, les perceptions de l'avenir qui se traduisent dans des rapports au politique différemment agencés. L'on peut faire les mêmes remarques sur toutes les autres catégories retenues. Qu'est-ce que le groupe des « cadres », qui réunit gens du privé et gens du public, enseignants du supérieur et professions libérales quand on sait là encore les distances en termes de capital économique, culturel, de degré d'exposition à l'État qui les dissocient (ce qui joue sur leurs préférences politiques, cadres du public et enseignants votant plus à gauche, cadres du privé et professions libérales plus à droite) ?

En clair, c'est au moins la catégorie socioprofessionnelle la plus détaillée possible qui compte véritablement pour comprendre les orientations sociales et politiques : tout autre chose que les approximations de catégories vagues qui en disent d'autant moins sur le monde social qu'elles sont fabriquées à partir des propres conceptions des sondeurs et des commentateurs politiques. Par contre, le raffinement est extrême lorsqu'il s'agit de situer les électeurs sur l'échelle gauche/droite et de mettre en évidence le type de préférences idéologiques et politiques qui est le leur : est mobilisée toute une batterie d'échelles d'attitudes – échelle d'attachement à la démocratie, échelle d'ethnocentrisme, échelle d'intolérance ou ethnocentrisme-autoritaire, échelle de libéralisme économique et social, échelle d'anti-européanisme, échelle de défiance politique, échelle de combativité sociale – et d'indicateurs – autoritarisme, confiance dans les institutions, soutien aux associations, sentiment de ne pas pouvoir compter sur les autres, absence d'intérêts partagés. Cette insistance pour cerner les orientations idéologiques des électeurs que l'on ne retrouve pas pour caractériser leur situation concrète d'existence souligne combien, ici, le vote n'est pas compris comme une pratique sociale mais d'abord comme l'expression d'une opinion, un choix délibératif fondé sur le libre-arbitre selon la conception ordinaire du jeu politique, des sondages et des intellectuels politiques. Rien n'en témoigne mieux que le pari (bien problématique) sur lequel repose la méthode des sondages : les déclarations à des questions valent renseignements sur les comportements effectivement adoptés par les répondants. De même qu'est à l'œuvre une conception d'abord politique du vote, de même les points de vue engagés sur le vote sont d'abord des points de vue d'intellectuels intéressés par la politique dans sa forme la plus légitime (débats d'idées, opinions concernées).

Ensuite, si l'on accepte malgré tout et par pure hypothèse de prendre au sérieux les résultats proposés, le traitement qu'en font les spécialistes électoraux apparaît orienté d'emblée par toute une série de présupposés. Sur la base, en effet, des mêmes sondages que ceux qu'ils utilisent, peuvent être mis en évidence, on le verra, d'autres phénomènes que ceux rapportés à satiété sur le vote populaire dont bénéficierait le FN. C'est ainsi la posture intellectuelle adoptée par ces analystes qui fait problème, notamment celle qui consiste à chercher à tout prix les ressemblances sociales et politiques qui uniraient les électeurs FN. Une telle attitude intellectuelle conduit à ne trouver que des similitudes entre des individus quand ce qu'ils risquent d'avoir en commun est le seul fait d'avoir mis le même bulletin de vote dans l'urne. Elle part du postulat implicite que tous les électeurs, et malgré la diversité de leur situation sociale, ont le même rapport au vote et accordent la même signification à leur geste électoral et à leur suffrage. Cette attitude reprend à son compte, sans grand inventaire sociologique, une double postulat : la thèse démocratique voulant que le bulletin de vote soit le verdict d'une opinion émise par un citoyen éclairé et informé ; le principe proprement politique affirmant que les électeurs forment bien *un* électorat (homogène, uni par les mêmes valeurs et les mêmes idéaux) et un électorat appartenant à un parti politique (l'électorat FN, l'électorat communiste, l'électorat socialiste, etc.).

Contre cette vision ordinaire chez les différents acteurs du jeu politique, un certain nombre de travaux ont montré que les électorats étaient des constructions politiques accréditant le travail de rationalisation entrepris par des hommes politiques prêtant leurs manières de penser à l'ensemble de leurs électeurs pour mieux se prévaloir ainsi de leur appui. Des statistiques et des cartes électorales, apparues à la fin du XIXe siècle[109], ont corroboré la fiction que les suffrages qui se sont portés sur les hommes politiques se réclamant d'un même courant sont autant d'expressions des opinions de ce courant ; ces technologies électorales ont ainsi validé cette fiction en justifiant que les votes peuvent être additionnés et mis au crédit du groupe que l'opération même de comptabilisation contribue à faire exister. Reprendre dans l'analyse des votes cette illusion devenue bien fondée revient à méconnaître que ce n'est qu'une fiction politique très éloignée de la réalité sociale. C'est fabriquer un agrégat de papier produit à des fins statistiques et non à des fins de connaissance. Ce que l'on nomme électorat est, davantage qu'un tout homogène et réifié, un agencement d'attitudes électorales disparates que seul le travail de représentation politique accompli par les hommes politiques et par les différents commentateurs électoraux harmonise et unifie en lui conférant une signification politique.

Enfin, si l'on accepte toujours par pure hypothèse de prendre au sérieux les résultats avancés, les commentaires qu'en tirent les analystes électoraux dépassent le plus souvent ce qu'ils leur permettent pourtant de dire. Ces spécialistes de l'analyse politique extrapolent à partir de statistiques supposées révéler des conduites collectives, des attitudes, des dispositions et des motivations individuelles (et leur similitude). Ils passent ainsi des comportements collectifs à l'état d'esprit des électeurs lorsqu'ils votent en établissant naturellement des équivalences et des transitions entre des déclarations à des questions standardisées, des pratiques électorales effectivement réalisées et des systèmes de représentation individuels censés provoquer ou déterminer l'acte électoral en faveur du FN. Nombre des médiations nécessaires pour accomplir une telle remontée vers l'individualité des personnes sont mises de côté (et oubliées). La plus importante est celle, propre au raisonnement sociologique à la différence du raisonnement expérimental[110], de revenir sur la configuration sociale et historique singulière dans laquelle chaque individu s'enracine et qui constitue la seule réalité empirique pour restituer sa vision du monde, son rapport aux autres et à l'avenir, ses dispositions à l'égard de la politique et de l'acte électoral, etc. Ce ne sont pas des sondages, souvent express, qu'il faut alors utiliser mais des enquêtes de terrain et des entretiens biographiques et ce, d'autant plus que l'on souhaite comprendre le cheminement qui conduit un individu à devenir électeur et électeur d'un parti spécifique, le degré de consistance de ses préférences politiques ou son système de représentations du monde et de la politique : bref, tout ce qui se joue exactement dans l'acte électoral et, plus particulièrement, dans le vote FN. La technique même des sondages qui confond d'emblée des réponses à des questions avec des opinions politiquement constituées et qui s'intéresse surtout au fait d'opiner et non aux manières de le faire (pourtant révélatrices des représentations individuelles et du degré de conviction investie dans la réponse fournie) est inadaptée pour restituer les conditions pratiques d'un vote individuel. C'est pourtant ce que prétendent réaliser les spécialistes électoraux du vote FN en passant sans coup férir d'une analyse des résultats électoraux à une analyse des modes de production des votes qui suppose pourtant une tout autre enquête. Ils déploient alors des explications non seulement abstraites mais générales, globalisantes et le plus souvent mécaniquement appliquées aux situations sociales des électeurs. C'est le cas par exemple, on le verra, de cette explication *ad hoc* et prête à l'emploi par la « crise sociale » pour rendre compte des conduites électorales menant au vote FN. Il ne s'agit pas bien sûr de nier la dégradation des conditions d'existence qui affecte aujourd'hui brutalement les acteurs sociaux les plus vulnérables ; il s'agit de réfuter son évidence causale et logique qui porte à oublier que pour qu'elle soit bien un facteur explicatif du vote, encore faut-il d'abord montrer sous quelles conditions particulières elle agit, comment elle se traduit concrètement pour chaque individu particulier, sur qui elle « marche » et sur qui elle ne « marche » pas. Cette explication, faisant du vote FN un vote de crise sociale, harmonise d'emblée les diverses raisons d'un même suffrage, et a la fâcheuse tendance de faire passer à la trappe un autre phénomène, évident lui aussi même s'il est marginal : le vote par adhésion partisane, l'acte de ceux qui sont depuis longtemps fidélisés à l'extrême droite et qui sont rarement victimes de malheurs sociaux.

Ces trois critiques formulées sur la validité des résultats produits par une enquête par sondages, sur le traitement qui en est fait et sur l'argumentation déployée vont servir de guide à l'examen de la corrélation établie entre vote populaire et vote FN que soutiennent les analystes électoraux. On va revenir d'abord sur leur propre cadre explicatif qui pose cette équation comme évidente avant d'en montrer ensuite le caractère pour le moins artificiel.

Des incultes programmés

Très étrangement, les enquêtes actuelles sur les préférences des électeurs FN rejoignent les premières enquêtes électorales menées par Paul Lazarsfeld et son équipe sur les prédispositions sociales déterminant les orientations politiques mais sous une tout autre forme ; elles postulent une compétence universelle de l'électeur et sont, par là même, radicalement désociologisée par rapport aux conclusions de *The People's Choice* ou de *Voting*[111]. « On pense politiquement en fonction de ce qu'on est socialement », affirmaient les politistes américains. « On pense politiquement en fonction de ce qu'on est idéologiquement », pourrait être la prémisse et la conclusion des analystes électoraux français. C'est qu'entre-temps s'est développée l'idée qu'il existait un « électeur mobile », rationnel et compétent (l'électeur « responsive » redécouvert par les auteurs américains de *The Changing American Voter* en 1976) à laquelle tiennent les électoralistes français malgré les controverses qu'elle a suscitées[112]. À chaque élection depuis

1990, ils soulignent, chacun à leur façon, l'ampleur d'un « désordre électoral » confirmant l'ampleur des « dysfonctionnements du système politique » (crise du système partisan, crise de la représentation, mutations électorales) ; ils insistent sur la détermination du vote désormais par la conjoncture (vote sur enjeux) ; ils diagnostiquent l'apparition de nouveaux clivages dont la solidité est moins ferme que l'ancienne « bipolarisation sociale entre la gauche et la droite » puisque l'électorat « de fait reste volatile »[113].

« Plus sensibles aux enjeux, plus motivés par le politique que par le sociologique, les électeurs sont aussi plus attentifs à la mise en œuvre des programmes annoncés[114]. » Cette idée va orienter les électoralistes dans leurs analyses du vote FN. Elle les oriente d'autant mieux qu'elle est avalisée par les responsables des instituts de sondages et les journalistes politiques[115] avec lesquels ils sont en relation et qu'elle constitue leur identité professionnelle au sein de la science politique. C'est aussi que, pour eux, le FN est la preuve concrète de la volatilité des électeurs. Nouveau parti introduit sur la scène politique nationale en 1984 à la surprise générale, il n'a pu, en effet à leurs yeux, que captiver des votants en rupture de ban avec leurs allégeances passées (d'où la thèse par exemple du « gaucho-lepénisme » caractérisant le passage direct d'électeurs socialistes, notamment ouvriers, au vote FN[116]).

Les électeurs du parti frontiste incarneraient ainsi une volatilité électorale depuis longtemps observée ; ils sont aussi supposés, sur la foi des déclarations aux sondages « sorties des urnes » ou panellisés, venir massivement des groupes populaires (ouvriers, employés, chômeurs). À ce titre ils ne disposeraient pas d'emblée de toutes les formes de compétences attribuées à l'électeur « stratège » ou « rationnel ». Mais à ce titre aussi, ils peuvent justement servir de contre argument à verser au dossier de la controverse opposant les électoralistes aux politistes qui, eux, réinscrivent l'acte électoral dans une analyse historique et sociologique des rapports au politique, et mobilisent d'autres méthodes d'enquête que les sondages (analyse des bureaux de vote, archives locales, entretiens). Le FN constitue alors pour les analystes électoraux un enjeu test de validation de leur point de vue professionnel (et l'on comprend pourquoi ils sont parmi les premiers à s'être mobilisés pour examiner le parti frontiste) mais pour être validé le test commande de surmonter la contradiction en tenant ensemble origine populaire et détention d'une compétence politiquement constituée.

Pour la démonstration, les électoralistes empruntent aux théories anglo-saxonnes leur dernière découverte qui permet d'affirmer l'importance à la fois d'un vote sur enjeu (témoignant que tous les électeurs ont une connaissance des programmes politiques) et d'une compétence cognitive largement partagée : l'élévation du niveau de conceptualisation idéologique des électeurs démontrée par l'augmentation des diplômes dans la population ayant répondu aux questions d'opinion[117]. Dès lors, plus que toute autre caractéristique sociale, le niveau d'études deviendrait conjointement la nouvelle source de stratification sociale et des inégalités, et la variable prédictive des orientations politiques (l'absence de diplômes, par exemple, produirait des opinions « simplistes » voire « extrêmes »). Dès lors aussi les déclarations aux questions de sondage exprimeraient véritablement des préférences idéologiques cohérentes quoique plus ou moins bien formalisées et, à ce titre, elles constitueraient la source empirique principale pour connaître les déterminations du vote[118].

Sous cet angle, ce qui distinguerait les électeurs FN de ceux des autres partis, tiendrait justement à leur très bas niveau d'études (ils seraient massivement sans diplôme ou posséderaient des diplômes inférieurs au BAC : aux présidentielles de 2002, 24% avaient le niveau « primaire », 21% celui de « primaire supérieur », 15% le BAC, 11% le BAC+2, 7% un diplôme du supérieur[119]). Dans la version la plus élaborée de l'interprétation électorale, ils se répartiraient en deux groupes distincts à la fois selon la « sophistication » des arguments qu'ils avancent et leurs inclinations idéologiques : les « ninistes » qui refusent de se situer à gauche ou à droite et se positionnent au centre (le « marais »), plutôt peu éduqués, « simplistes » et inquiets pour leur avenir et les « droitistes », qui revendiquent une position de droite, plus diplômés, à l'argumentation plus « sophistiquée » et partisans du libéralisme économique. La division, qui pencherait désormais en faveur des « ninistes » et donc des moins éduqués, n'empêcherait pas les deux groupes de communier dans les mêmes attentes d'ordre, de sécurité et d'autorité et surtout un même « ethnocentrisme » (« rejet des minorités », rejet des immigrés) et une même attitude d'intolérance[120]. Ce serait d'ailleurs ces attitudes qui les détermineraient à se reconnaître dans le discours de J.-M. Le Pen, lui-même « simpliste », autoritaire, xénophobe et intolérant, ce qui expliquerait que l'on ait bien affaire ici à un vote d'extrême droite. Le fait que ces électeurs soient attachés à la fois à la personnalité de J.-M. Le Pen et au programme défendu par le FN confirmerait la nature idéologique de leurs demandes[121] et le lepénisme qui, à travers l'engouement qui les voue au chef charismatique, caractérise leur rapport au politique. Le FN viendrait enfin certifier la prégnance du nouveau clivage opposant « gens d'en bas » (« ceux de la désespérance sociale ») et « gens d'en haut » (les « nantis ») qui se serait substitué au clivage droite/gauche, nouvelle division qu'avait déjà révélée, aux électoralistes et à nombre d'observateurs, le référendum de Maastricht en 1993 en départageant « deux France », celle des « antieuropéens » et celle des « proeuropéens », celle des « nationalistes fermés » et celle des « nationalistes ouverts », celle des « archaïques » et celle des « modernes ».

Une batterie d'échelles et d'indicateurs : un point de vue d'intellectuels sur les « valeurs démocratiques »

L'échelle d'ethnocentrisme est construite à partir de cinq questions dont les réponses sont notées de 1 à 4 ou à 3 selon le degré d'ethnocentrisme qu'elles révèlent. « Il y a des races moins douées que d'autres. » « Il y a trop d'immigrés en France. » « Maintenant on ne se sent plus chez soi comme avant. Tout à fait d'accord (note 4), plutôt d'accord (note 3), plutôt pas (note 2), pas du tout d'accord (note 1). » « Les Maghrébins qui vivent en France seront un jour des Français comme les autres (note de 1 à 4). » « Vous personnellement vous sentez-vous seulement français (note 3), plus français qu'européen (note 2) autant français qu'européen, autre réponse (note 1). »

Les échelles d'intolérance ou ethnocentrisme-autoritaire sont, quant à elles, construites à partir des mêmes trois questions. « Il y a trop d'immigrés en France. » « Maintenant on ne se sent plus chez soi comme avant. » « Il faudrait rétablir la peine de mort. »

Un indicateur d'autoritarisme est élaboré. Il combine les réponses à deux questions. « En pensant à l'école pouvez-vous me dire avec laquelle des deux questions vous êtes le plus en accord : l'école devrait donner avant tout le sens de la discipline et de l'effort ; l'école devrait former avant tout des gens à l'esprit éveillé et critique. » « Il faudrait rétablir la peine de mort, tout à fait/plutôt d'accord, plutôt pas/pas du tout d'accord. »

Cette batterie d'échelles et d'indicateurs est censée permettre de prédire l'inclination des individus pour le vote FN. On remarquera qu'elle emprunte sa philosophie implicite et nombre de ses caractéristiques à l'approche psycho-sociologique de Theodor Adorno. Ce philosophe de l'École de Francfort a mis au point, après le Seconde Guerre mondiale et le traumatisme du nazisme, une échelle d'attitudes (l'échelle F – comme fascisme) qui visait à cerner les « personnalités autoritaires » et les « personnalités racistes » en mesurant l'ethnocentrisme, la soumission à l'autorité, les tendances répressives, les préjugés négatifs envers les minorités, etc. Vivement critiqué par nombre de sociologues au nom de son raisonnement tautologique (seules les personnes extrémistes votent extrémiste) et de sa méthode qui assimile, sans grande précaution, des réponses à des questions portant sur les mœurs ou sur l'éthique de la vie quotidienne à des prises de position politiques, Adorno a influencé cependant des auteurs américains travaillant sur l'extrémisme politique (comme Seymour Lipset) auxquels se réfèrent aujourd'hui les analystes électoraux du CEVIPOF.

Il existerait ainsi un autoritarisme populaire clairement articulé, fait d'intolérance à l'égard des autres, d'attitudes répressives et de désir d'ordre, certes bien ennuyeux pour une conception éclairée de la démocratie, mais qui est le prix qu'il faut bien que la démocratie paye lorsque les groupes populaires ne se détournent pas des urnes. Le coût ne serait d'ailleurs que très marginal puisque cet autoritarisme n'atteindrait pas la stabilité du régime démocratique et de ses valeurs. En effet, ces électeurs du vote extrémiste ne transgresseraient pas les règles démocratiques et resteraient attachés aux institutions réputées constituer les fondements du régime libéral[122]. Dès lors, l'autoritarisme populaire n'exprimerait que le mécontentement à l'égard des représentants politiques établis, porté haut et fort par les électeurs frontistes mais généralisé à l'ensemble des milieux défavorisés et traversant tous les partis politiques. C'est ce mécontentement accru, doublé d'intolérance et de rejet des immigrés et lié à la crise sociale et politique du moment, qui aurait fait surgir ce « fait social » nouveau que sont le populisme et ses demandes d'autorité ; si ces dernières sont concentrées dans l'électorat FN, elles n'en ont pas moins cours dans les électorats de gauche et de droite. En ce sens, les responsables politiques se doivent de les « entendre » s'ils veulent résorber les scores du FN, empêcher l'hémorragie continue de leur propre clientèle et préserver l'équilibre démocratique tout en arrêtant la montée d'un racisme caractérisé. Le conseil a été souvent émis : « Une partie de l'opinion publique défend des valeurs autoritaires. Mais ce n'est qu'en l'absence de réponse des partis de gouvernement qu'elle les exprime par le vote populiste... Si nous persistons à ne pas répondre à ces questions et à ne voir dans cette demande d'autorité et d'action qu'une menace pour la démocratie, alors les mouvements populistes ont de beaux jours devant eux », affirmait ainsi P. Perrineau après le 21 avril 2002[123].

Vote FN, vote d'incompétents ?

La liste serait vraiment trop longue de tous les inconvénients épistémologiques et normatifs emportés par de telles démonstrations et de telles conclusions qui, en simplifiant un phénomène complexe, naturalisent les mécanismes sociaux et politiques qui sous-tendent les comportements politiques. Avant d'en donner une liste non exhaustive, on peut tout de suite s'arrêter sur le lien établi entre faible compétence scolaire et vote FN (qui, au regard des résultats produits depuis 1988, paraît être une des corrélations les plus stables, avec la prédominance d'un vote masculin). Si l'on suit les commentaires, un faible niveau d'études engendrerait le « simplisme » et l'ignorance et expliquerait les épousailles malheureuses entre les groupes populaires et les thèses de J.-M. Le Pen.

Le principal problème tient à ce que les électoralistes isolent et essentialisent une variable sociale (le niveau de diplômes) pour ensuite la transformer en explication. Une telle opération ne va pas de soi. Elle postule, en outre, explicitement que le vote est une affaire de connaissances et de compétence « technique » qui, si elles font défaut, ouvrent sur des comportements électoraux erratiques au regard des normes démocratiques, notamment sur un vote extrémiste. Contre ce point de vue, il n'est pas inutile de rappeler combien l'interprétation du lien entre faible niveau d'études et vote FN n'est pas aussi facile que ce qu'il en est affirmé. Combien aussi la prudence est de mise lorsqu'on veut saisir la relation entre une caractéristique sociale et une préférence politique et d'abord parce que toute corrélation, même la mieux établie, ne vaut aucunement explication, elle est plutôt une invitation à la recherche. Comme le signalait ironiquement Lazarsfeld, même si des statisticiens découvrent une relation étroite entre le passage de cigognes et l'augmentation des naissances, on peut douter néanmoins semble-t-il que ce soient les cigognes qui déposent les bébés.

On l'a vu, nombre de travaux sociologiques ont montré que l'indifférence politique générale est en fait la norme plutôt qu'une anomalie, tout comme d'ailleurs l'extrême étrangeté des classifications politiques dominantes pour les individus les plus dépourvus de ressources sociales et culturelles. Le degré de maîtrise des enjeux et des schèmes de classement politiques ne se distribue pas au hasard ; il ne s'explique pas non plus par la seule compétence technique ou scolaire, mais par la plus ou moins grande intériorisation selon la position sociale d'une dépossession face à un jeu politique professionnalisé. Cette dépossession différentielle, qui se traduit notamment par des sentiments d'indignité à prendre la parole en politique, permet de comprendre la diversité des modes de production de l'opinion[124] et l'étroite minorité de ceux qui formalisent une opinion dans les règles attendues par le postulat démocratique de l'électeur clairvoyant et informé. En ce sens, un faible niveau scolaire est d'abord le signe d'une distance sociale à l'égard du jeu politique légitime, l'indice d'une incapacité sociale (et non pas seulement technique) à saisir et maîtriser les règles d'un univers qui apparaît d'autant plus étrange et étranger que l'on en est exclu. Ce phénomène pose d'emblée la question du degré de conviction politique investie dans le vote FN, qui a toutes les chances d'être très faible pour cette catégorie d'électeurs (à l'inverse de ce que les électoralistes en disent). En clair, les votes émis par ces « peu éduqués » risquent d'être des votes reposant sur de tout autres considérations que les prises de positions idéologiques et politiques des dirigeants frontistes. D'où l'importance de renverser l'analyse suivie par les spécialistes électoraux. L'étude des préférences politiques des électeurs doit passer après l'analyse des conditions sociales qui permettent d'avoir des préférences et, pour certains électeurs, de ne pas en avoir même s'ils votent.

La compétence scolaire ne s'évalue ainsi jamais seule mais toujours en relation avec la catégorie socioprofessionnelle dont relève son porteur (parce que chaque individu possède une identité sociale plurielle qui ne peut être réduite à une seule dimension). Un même diplôme (ou une même absence de diplôme) n'a pas la même valeur suivant les origines sociales, la trajectoire sociale, la position sociale actuellement occupée. Le BAC n'a pas la même signification pour un enfant d'ouvrier et pour un enfant d'avocat ou de médecin. Dans un cas, il représente une voie de sortie par le mérite scolaire de son groupe d'origine et donc un indice de déclassement « par le haut » ; dans l'autre, il signale un échec pour conserver la position du père et un déclassement « par le bas ». Ces deux pentes sociales ne recouvrent ni les mêmes façons de penser sa place dans le monde social, ni les mêmes visions de l'avenir qui ne peuvent qu'influer sur les rapports à la politique et au vote. C'est dire qu'il convient d'évaluer d'abord ce que représente un diplôme pour les individus sociaux observés et non pour les interprètes de résultats statistiques. On en mesure l'importance lorsque l'on s'aperçoit que l'analyse électoraliste aborde toujours sous l'angle du manque (et de l'indifférence aux différences), les groupes les plus démunis de ressources scolaires : ils sont « sans éducation et « sans diplôme » même s'ils possèdent des CAP, des brevets élémentaires ou professionnels et même s'ils ont pu poursuivre leur scolarité jusqu'en terminale (ce qui n'est jamais pris en compte). De même est passé sous silence le type de diplôme obtenu : quel BAC, quel CAP ?

Ces indications sont loin, pourtant, d'être secondaires si l'on souhaite préciser non seulement le volume du capital scolaire détenu, mais aussi sa structure, plus intellectuelle ou plus technique. Elle sont loin également d'être sans incidence sur la propension différentielle à s'intéresser à la politique et les orientations politiques. Elles peuvent même suggérer tout autre chose que ce que le lien établi (et répété) entre faible compétence scolaire et vote FN incite à croire. Ces types de diplômes renvoient à des rentabilités différentielles sur le marché du travail mais aussi dans la profession exercée. En structurant des modes d'accès différents à la profession occupée et des manières différentes de l'exercer, ils répartissent les individus sociaux selon deux pôles de l'espace social : le pôle économique où le diplôme est peu valorisé dans le métier et où le capital économique prime sur le capital culturel (on peut songer aux ouvriers du bâtiment, des services aux entreprises, ouvriers agricoles) ; le pôle intellectuel où l'inverse est plutôt la règle (ouvriers industriels). Sous cet angle et si l'on se reporte à la composition sociale des électeurs FN que les sondages présentent, le lien entre vote FN et faible niveau d'études masque, en fait, la prédominance du pôle économique : agriculteurs, petits commerçants et artisans, petits patrons, professions libérales et plutôt les ouvriers et employés artisanaux (dans des petites entreprises)[125]. Il faudrait, bien sûr, affiner l'analyse de ces ouvriers, électeurs du FN (ce que ne font jamais les électoralistes), mais cette primauté du pôle économique rapproche la clientèle frontiste des clientèles de la droite classique et suggère plutôt, contre la thèse du « gaucho-lepénisme », une radicalisation des électeurs de droite.

Enfin, pour être totalement restituée, une compétence culturelle ne peut être limitée au seul diplôme scolairement sanctionné. C'est oublier toutes ces formes de « rattrapage culturel » qui compensent et atténuent les effets des verdicts scolaires : appartenance à un parti, à un syndicat, à une association, composition des relations sociales (certaines études ont montré l'importance du conjoint dans l'élévation ou non des aspirations culturelles) et pratiques sociales et culturelles adoptées. Au bout du compte que signifie exactement la relation établie entre faible niveau de diplômes et vote FN ? Peu de choses en l'état de la démonstration, il n'est même pas sûr qu'elle soit aussi avérée que cela en l'absence d'enquête sur les biographies concrètes des individus. Et même si l'on tient à lui accorder du crédit scientifique, elle signale d'autres phénomènes sociaux que ceux que se bornent à reprendre les analystes électoraux.

Le vote : d'abord un problème social

Plusieurs problèmes[126] ébranlent encore les certitudes prononcées et, surtout, remettent au premier plan les aspects les plus intrigants (et inquiétants ?) du « vote FN ». Car comment ne pas s'étonner que rien n'étonne dans ces résultats d'enquêtes électorales, nombreuses, répétées et richement outillées au point d'en faire des « causes entendues » ? Certains renvoient d'abord à l'utilisation des sondages comme méthode royale pour saisir les raisons du vote : confusion entre déclarations à des questions et préférences pratiques observables, non examen de la validité des échantillons retenus (dont la règle est à la constitution sauvage et spontanée plutôt que raisonnée tant de plus en plus de personnes refusent de répondre à des questions d'opinion[127] et refusent également d'avouer ce vote « honteux » qu'est le vote FN), illusion de la neutralité et de la transparence des instruments de mesure et des procédures d'enquête. On en donnera des exemples un peu plus loin, mais l'on peut déjà signaler, à titre d'illustration, qu'un changement de bases de données dans les sondages fait changer les résultats obtenus sur les déterminants du vote et parfois même donne des résultats contredisant ceux obtenus par d'autres instituts de sondages. Un nomadisme des « faits » qui est pour le moins préoccupant lorsque la validité d'une démonstration tient aux statistiques « objectives » avancées...

Les réponses aux sondages ne sont pas les opinions qu'on croit

Dans une enquête par questionnaires sur la politique sociale, correspondant à des préoccupations réelles pour un grand nombre d'enquêtés, Daniel Gaxie montre que la situation d'enquête suscite des dispositions à répondre qui excèdent les capacités à se prononcer et qu'une partie des répondants s'efforcent visiblement de répondre avec les moyens du bord. Une question fermée sur l'augmentation du ticket modérateur obtient 55%

de réponses. Mais quand il demande à ces personnes de « dire en quelques mots ce que cette idée de ticket modérateur évoque pour vous », il constate que 22% de ceux qui ont répondu sont dans l'impossibilité de préciser la signification de l'expression, et 37% fournissent une réponse erronée (différente de l'acception technocratique) parfois par confusion avec d'autres termes du vocabulaire social, parfois pour se débarrasser d'une question et d'une situation délicates (« Je ne sais pas très bien, c'est un ticket pour certaines maladies »). Certains pensent même qu'il s'agit du ticket pour le stationnement des voitures (et se prononcent contre l'augmentation). Au total, seules 22% des personnes interrogées répondent à la question sur l'augmentation du ticket modérateur en maîtrisant la signification « officielle » de l'expression qui renvoie, comme tout un chacun ne le sait pas forcément, à la part du prix des soins qui n'est pas prise en charge par la Sécurité sociale. D. Gaxie, « Au-delà des apparences », Actes de la recherche en sciences sociales, 81/82, 1990.

D'autres problèmes renvoient aux présupposés tacites qui gouvernent la méthode employée et redoublent les limites mêmes du sondage comme instrument d'enquête privilégié. Ils conduisent, pour une large part, à déshistoriciser et désociologiser l'analyse des votes et à faire des croyances professionnelles propres aux électoralistes les sources d'illusions bien mal fondées. C'est tout d'abord la croyance dans l'immuabilité des vies individuelles, vies d'électeurs sans histoire, dépourvues d'accidents, d'épreuves et d'expériences inattendues : n'est retenu dans l'analyse du vote qu'un vague état civil (sexe, âge, position sociale et encore très imprécise, on l'a vu, niveau de diplômes, là encore très succinctement restitué), lieu de résidence. Est passé sous silence tout ce qui permet de rendre compte du vieillissement social des individus, de leur trajectoire sociale, de leur cycle de vie qui, pourtant, en structurant de façon contrastée des visions de l'avenir et du sentiment d'avoir sa place dans le monde social, ne sont pas sans conséquence sur les rapports à l'élection[128], notamment sur le sentiment d'utilité du vote et le degré de conviction importée dans l'acte électoral. Cette croyance dans la continuité du biographique est indexée sur un essentialisme des groupements sociaux comme en témoignent aussi bien les catégories sociales génériques employées que la recherche du nombre d'attaches au monde ouvrier prévalant chez les électeurs FN. Pourtant le groupe ouvrier est-il le même et a-t-il la même consistance en 1950 et en 2002, quand il est valorisé par des organisations politiques parlant au nom de la « classe ouvrière » ou quand il est, comme aujourd'hui, expulsé de la représentation et des préoccupations politiques ? Quand il bénéficie d'une sécurité sociale ou quand il affronte une situation de dégradation sociale généralisée (transformation du rapport salarial et des modes de domination dans le travail, interruption de l'hérédité et de la stabilité professionnelles, création de position en porte-à-faux intenable socialement, sentiments que les chances de salut sont fermées)[129] ? Cette dégradation collective est-elle sans effet sur les relations individuelles des ouvriers actuels à la politique et aux élections et donc sur les formes de leur politisation ? Ces questions qui rappellent que la signification d'une position sociale ne se comprend que rapportée à la situation collective, variable dans le temps, dans laquelle elle s'insère suggèrent des pistes d'analyse inexplorées par les spécialistes du vote FN.

Les préférences politiques dépendent non seulement des CSP, du rapport au travail, du niveau d'études mais aussi de la transmission des croyances acquises dans un contexte antérieur, de la cohérence du groupe d'appartenance entretenue par des organisations et dans des conditions de vie spécifiques ou encore du degré d'identification des individus aux valeurs qui prédominent dans le milieu dont ils relèvent. En ce sens, ce n'est pas tellement dans un premier temps la propension à voter FN qui doit retenir l'attention mais la dispersion des votes au sein du groupe ouvrier (entre gauche, droite, extrême droite) ou, mieux encore, sa forte dispersion sous l'angle de la mobilisation électorale (non inscription sur les listes électorales, abstention systématique ou intermittente, vote à gauche, droite, extrême droite). Cet éclatement des modalités de rapport au vote est un indice non seulement de la profonde déstructuration sociale que le groupe ouvrier subit, mais aussi du brouillage de ses identifications anciennes. La dispersion électorale du groupe ouvrier ne signifie pas alors une droitisation politique de ce milieu social (ainsi que l'évoque la thèse de « l'ouvriéro-lepénisme ») : elle est la traduction de l'indécision accrue quant à sa place dans la hiérarchie des groupes sociaux et, plus précisément, la traduction d'une élévation de son incertitude sociale.

L'exclusion de la « cène électorale »

Lors de l'élection présidentielle de 1995, 9% des 42 millions de Français ayant légalement le droit de vote n'étaient pas inscrits sur les listes électorales et 11% se sont abstenus aux deux tours soit au total un électeur sur cinq. Le pourcentage « d'exclus de la cène électorale » culmine à 32% pour les salariés « bénéficiant d'un emploi temporaire » (31% pour les chômeurs), 29% chez les sans diplômes, 27% chez les adultes seuls ou parents isolés. 27% des ouvriers non qualifiés, 26% des employés de commerce, 23% des ouvriers qualifiés, 20% des ouvriers qualifiés type industriel, 17% des employés de bureau n'étaient pas inscrits sur les listes électorales et se sont abstenus aux deux tours des présidentielles. Ils sont 10% parmi les instituteurs et professeurs, les professions libérales, 11% chez les cadres de la fonction publique, les cadres du privé ou les chefs d'entreprise. Cf. Héran (F.), Rouault (D.), « La présidentielle à contre-jour : abstentionnistes et non inscrits », *Insee Première*, 397, 1995. Le phénomène s'accentue en 2002 avec une montée de l'abstention systématique chez les moins diplômés (20% contre 5% pour les détenteurs d'un diplôme universitaire) et les plus fragiles socialement, et du vote intermittent dans les mêmes catégories, Clanché (F.), « La participation électorale au printemps 2002. De plus en plus de votants intermittents », *Insee Première*, 877, 2003.

Les ouvriers sont les plus nombreux à être non inscrits sur les listes électorales et à s'abstenir. Cette tendance s'est même accrue, si l'on suit les chiffres cités, entre les présidentielles de 1995 et celles de 2002 (qui ont connu à peu près la même configuration politique). En 1995, 20% des ouvriers inscrits s'abstiennent, en 2002, ils sont 31%. En 1995 ils étaient 39% à voter à gauche, en 2002, 29%. En 1995, ils étaient 24% à voter à droite, en 2002, 22%. Enfin en 1995, ils étaient 17% à voter FN, en 2002, 18%[130]. On y reviendra plus loin, mais on le voit, leurs préférences ne vont pas au FN à l'inverse de ce que les commentaires électoraux ne cessent de répéter : elles vont à l'abstention qui est le « premier parti ouvrier » désormais et à la gauche même si l'écart se réduit. Et s'il s'est bien produit un décrochage politique par rapport à celle-ci, leurs votes n'en restent pas moins dans la moyenne nationale. Aux législatives de 1978, les ouvriers votaient à hauteur de 70% pour la gauche – contre 53% de moyenne nationale ; en 2002, ils votent comme la moyenne nationale en sa faveur : 43%. Mais entre-temps, la gauche, elle-même, a perdu 10 points dans les suffrages exprimés. Il est intéressant de signaler que l'on n'a aucune information sur le fléchissement électoral de la droite dans le cours du temps, ce qui ne permet pas d'évaluer la propension électorale des ouvriers par rapport à la moyenne. Il semble cependant que le vote des ouvriers pour la droite en 2002 ait retrouvé son taux de 1978 (30%) après une évolution fluctuante (20% en 1988, 31% en 1995, 24% en 1997). En clair, le désengagement des ouvriers à gauche ne profite pas au FN mais nourrit le retrait social et politique ; en même temps, l'affaiblissement des organisations parlant au nom de la classe ouvrière et suscitant ou renforçant des sentiments d'identification au groupe social provoque la perte du sens de leur place sociale chez les ouvriers. Plus qu'auparavant, ils sont livrés à eux-mêmes dans l'expérience de leur différence aux autres groupes sociaux sans trouver des organisations structurées ou des représentants établis pour les protéger des mécanismes de la domination (et de l'humiliation) sociale. L'éclatement de leurs orientations électorales en est le meilleur indicateur.

L'appartenance au monde ouvrier prédispose-t-elle à voter FN, ainsi que le suggèrent les commentaires sur la relation entre nombres d'attaches ouvrières (être ouvrier, avoir un père ouvrier, un conjoint ouvrier) et vote FN ? Là encore, c'est l'inverse qu'il faut affirmer. Si l'on suit les chiffres livrés par Nonna Mayer sur les différences entre générations au sein du monde ouvrier, 47% de votants qui ont moins de 40 ans et 3 attaches ouvrières ont donné leur suffrage au FN contre 22% des votants ayant plus de 40 ans et 3 attaches ouvrières (ils sont respectivement 40% et 58% à avoir voté à gauche). L'appartenance à un monde ouvrier solidement constitué (comme celle qu'ont connue les électeurs âgés de plus de 40 ans) protège très fortement du vote FN. C'est la disparition d'un monde ouvrier établi qui rend possibles des orientations électorales nouvelles, dont celle en faveur du FN. Encore faut-il tout de suite préciser que l'on ne raisonne que sur les votants et non pas sur les inscrits : or dans cette fraction de l'espace social (et notamment chez les jeunes ouvriers), c'est l'abstention qui domine. Rien ne dit que les mêmes attaches ouvrières chez les nouvelles générations d'ouvriers ne prédisposent pas d'abord au retrait électoral avant l'inclination pour le FN. L'on comprend le manque de précaution (et le raccourci terrible) qu'il y a à écrire : « Il ne s'agit pas de n'importe quels ouvriers (qui votent FN), mais de la fraction la plus « ouvrière » d'entre eux, ceux qui sont nés, travaillent et se sont mariés dans ce milieu... Et c'est surtout chez les jeunes, ceux qui précisément ne sont pas « arrimés » à la gauche, qui n'ont encore aucun ancrage politique déterminé, que le phénomène se développe aujourd'hui, malgré la remontée en faveur de la gauche en 1997. Au premier tour, chez les ouvriers et les ouvrières de moins de 40 ans, dont le père et le conjoint sont ouvriers, les candidats du FN ont recueilli 47% des suffrages exprimés (contre 27% en 1995)[131]. »

Ces pistes d'analyse sont d'autant mieux inexplorées qu'elles mettent en cause « l'anachronisme des séries longues » au fondement d'analyses électorales s'intéressant surtout à l'évolution des scores électoraux sur plusieurs années pour diagnostiquer le déclin, la mort ou la métamorphose des forces politiques. Cette erreur interprétative qui oublie les rythmes et les temporalités propres aux phénomènes observés et incite à projeter sur le passé les enjeux du présent se retrouve, en effet, dans la croyance dans la permanence des enjeux politiques et inséparablement dans l'univocité sur une longue période des mêmes questions. Que signifie exactement la forte propension des électeurs populaires du FN à déclarer l'immigration parmi leurs principales préoccupations ? C'est un indicateur de leur haut niveau d'intolérance, concluent les électoralistes. Pourtant, « le rejet des immigrés » se pose-t-il dans les mêmes termes et avec la même signification en 1988, en 1995 et 2002, alors que la question de l'immigration a connu, entre ces dates, une prise en charge officielle par les gouvernements successifs de droite comme de gauche ? Cette élévation de l'enjeu immigration au statut de problème d'État ne joue-t-elle pas sur l'ouverture de ce qu'il est possible, pensable et acceptable de dire aujourd'hui par rapport à hier ? Surtout lorsque, comme le montre Danièle Lochak, les méthodes brutales employées par les autorités politiques pour renvoyer chez eux les étrangers en situation irrégulière (les charters) sont venues attester, aux yeux de tous, de « l'infériorité statutaire » des immigrés[132]. Lorsqu'on s'aperçoit aussi qu'en quinze ans, « l'immigration » est passée d'enjeu émergent en thème central des débats publics après avoir subi une reformulation dans un sens de plus en plus sécuritaire. Des travaux, étudiant les conditions de passation d'entretiens ou de sondages, ont découvert que lorsqu'un thème est dans l'air du temps, la probabilité qu'il soit repris par des personnes interrogées est plus élevée quand la réponse est suggérée par une question fermée, que lorsque la question est ouverte. Les réponses, en outre, ne renvoient pas forcément à une expérience sociale effective : elles sont liées au degré d'accessibilité de la question, par exemple du fait du caractère spectaculaire et médiatique du thème abordé ou des possibilités de retraduction ethique qu'il est susceptible de ménager[133], ce qui diminue les refus de répondre sans forcément signaler une préoccupation très forte pour ce thème de la part des répondants. Est-ce alors d'intolérance dont il faut parler lorsque des personnes opinent à des questions portant sur les immigrés, ou de sensibilité aux discours médiatiques ou encore de réponses « à côté » de la question posée ?

L'énigme disparue du FN : un électorat infidèle

L'identité de nature et de signification prêtée à des consultations juridiquement définies à l'identique participe également à ôter aux votes leur ancrage dans une histoire politique et sociale : une élection étant une élection, on peut donc, selon les analystes électoraux, comparer entre elles les élections municipales, régionales, parlementaires, présidentielles mais aussi les présidentielles de 1988, 1995, 2002 indépendamment du changement de configuration de l'offre politique, des partis en présence, des enjeux traités et du type de proximité que les électeurs entretiennent avec ces derniers. Les mobilisations et les participations électorales ne jouent pas, ainsi, de la même façon suivant chacune de ces élections et d'abord parce qu'elles ne prennent leur sens que dans le contexte local où elles s'enracinent (et non pas dans un contexte national comme le veut une conception qui ne s'intéresse qu'aux résultats permettant de départager les forces politiques entre elles et de dire « qui a gagné et qui a perdu »). Mais c'est sans doute la croyance dans la constance de la démographie du corps électoral qui est la plus préoccupante, du moins lorsqu'il s'agit de comprendre ce que représente concrètement la marque FN aux yeux de ceux qui l'utilisent dans les urnes.

D'une part, il faut le rappeler, les fluctuations électorales sont importantes d'une élection à l'autre voire d'un tour de scrutin à l'autre, et font varier significativement la propension des groupes sociaux à se rendre aux urnes. D'autre part, si l'on suit Patrick Lehingue[134] qui reprend les données successives depuis 1992 des mêmes enquêtes de sondage que celles utilisées par les spécialistes électoraux tout en les traitant différemment, un phénomène singulier apparaît. Selon les analystes électoraux, on serait passé d'un FN avoisinant les 10% des suffrages exprimés entre 1984 et 1994 à un FN à 15% de 1995 à 2002 date à laquelle il aurait atteint un nouveau seuil en se haussant à 20%. Une analyse fondée sur les données brutes des suffrages exprimés (non agrégées sous forme statistique)[135] contredit cette idée bien faite pour alarmer et jouer de l'alarmisme. Ce dont il faudrait s'alarmer, c'est plutôt de la montée de l'abstention.

Performances électorales du FN (en métropole)
(Lehingue, p. 253)

Scrutin	% exprimés	Voix obtenues	% inscrits
Présidentielles 95	15,30%	4 545 000	11,80%
Législatives 97	15,35%	3 801 000	10,00%
Régionales 98	15,40%	3 317 000	8,60%

Contrairement surtout à l'idée d'un électorat unifié, permanent, cohérent, discipliné, loyal et stabilisé par paliers successivement croissants que tendent à imposer les électoralistes la reconstitution (même problématique) des itinéraires de vote des électeurs FN entre 1993 et 1997 révèle un « électorat passoire » dont le taux de renouvellement est supérieur à 55%. La proportion des électeurs qui lui sont restés systématiquement fidèles n'excède pas 3% du corps électoral inscrit alors qu'inversement le nombre de ceux ayant, au moins et ne serait-ce qu'une fois, apporté leurs suffrages au FN ou à son leader est important : « Pour la seule élection présidentielle de 2002, et compte tenu du chassé-croisé entre les deux tours, près de sept millions et sur les deux dernières décennies probablement un peu plus d'un électeur inscrit sur quatre[136] »... La forte oscillation du vote FN qui entraîne une incessante recomposition de l'électorat frontiste réfute l'homogénéisation sociale affirmée. Elle suggère bien au contraire que le rassemblement électoral s'opère, comme sans doute pour tout autre électorat, sur fond d'agrégations provisoires et précaires de positions et de dispositions disparates. L'on comprend que soit pour le moins inadaptée la recherche d'invariants prédictifs du vote FN (âge ou niveau d'études) ou l'esquisse d'un portrait type de l'électeur frontiste comme s'y engagent des conclusions telles que : « Aujourd'hui comme hier, le vote Le Pen s'analyse comme un extrémisme de droite, autoritaire et xénophobe qui mobilise les « Français d'abord ». Ses ingrédients de base sont les mêmes, absence d'instruction, précarité économique, isolement social. Sa dimension masculine, ouvrière et populaire se confirme[137] ». L'énigme spécifique du FN se trouve précisément dans sa « fluidité électorale » : c'est elle qui est à comprendre davantage que les dispositions de ses électeurs pour saisir la « nature » singulière de son offre politique et ce qu'y trouvent ceux qui en font un usage souvent intermittent et passager et donc moins investi de conviction que ce qu'il en est dit.

Un raisonnement circulaire

D'autres problèmes enfin résident dans l'argumentation déployée dont la forte cohérence interne repose sur des extrapolations hâtives et non contrôlées (ainsi le raccourci rapide qui fait affirmer que si 30% des électeurs ouvriers votent pour le FN, celui-ci est « le parti des ouvriers » ou un « parti ouvrier ») et confond, on l'a vu avec la compétence scolaire, corrélation et causalité (on a d'un côté des électeurs FN ouvriers et peu éduqués, de l'autre un parti simpliste, autoritaire et xénophobe, donc le vote FN trouve son élucidation dans ces électeurs dont les idées « simplistes » les prédisposent à épouser les thèses de ce parti). Rien n'illustre mieux l'erreur interprétative liée à une telle confusion que l'invocation d'un « lepénisme » pour qualifier les rapports au vote FN des électeurs ayant donné leur suffrage à l'organisation frontiste. Le « lepénisme », qu'il soit « gaucho » ou « ouvriéro », revient à expliquer les préférences pour le parti de J.-M. Le Pen par J.-M. Le Pen lui-même (ou le FN par le FN). Le raisonnement, tautologique, mériterait pour le moins de longues explications d'emblée court-circuitées par l'imputation, logiquement incluse dans la définition du « populisme », à la fois d'un « charisme » au chef du FN et d'une « crédulité réceptive » chez ses électeurs[138] naïvement conquis par le charme du démagogue.

Le charisme : un phénomène à expliquer et non une explication

Expliquer les regroupements accomplis autour d'un leader par son charisme, c'est en quelque sorte expliquer le somnifère par ses vertus dormitives. C'est ce qu'ont montré nombre d'historiens, de sociologues ou de politistes, certes peu lus par les analystes électoraux ou les tenants du populisme. Cherchant à comprendre l'histoire politique « en train de se faire », telle qu'elle se fabrique dans le cours des luttes politiques et non telle qu'elle se donne à voir une fois qu'elle est faite, ils ont renouvelé l'analyse de l'autorité politique en général et celle du charisme des leaders en particulier tout en s'intéressant aux manières différenciées dont celui-ci opère ou agit sur les autres[139].

Loin d'être une explication et une donnée préalable censée émaner des seules caractéristiques personnelles du leader, le charisme est un phénomène à expliquer : il est le résultat de tout un travail collectif de construction et d'imposition auquel participent d'abord tous ceux qui sont en relation avec le leader et qui par leur reconnaissance mais aussi par leurs propres calculs et ralliements (contraints, retenus, cyniques ou subjugués) créent une situation charismatique dans laquelle celui-ci se trouve pris au point de susciter chez lui un sens charismatique de soi qu'il ne possédait pas auparavant. Ian Kershaw, par exemple, dans son étude sur Hitler montre ainsi combien le « sens charismatique de soi » du leader nazi (qui est une des conditions essentielles de l'existence du charisme) n'est pas présent dès les origines (dès sa naissance en 1889 ou quand il devient après 1918 un agitateur de brasserie), mais date du moment très précis de son emprisonnement en 1924 lors duquel « les choses lui apparurent clairement. Tout compte fait, il n'était pas le « tambour » (image sous laquelle il percevait jusqu'alors son rôle au sein de l'extrême droite : *völkisch*), mais le chef prédestiné », *Hitler* (1889-1936), tome 1, Paris, Gallimard, 1998, p. 330 (voir chap. VII, « Le chef entre en scène »). Ce n'est pas ainsi l'homme politique lui-même mais les acteurs regroupés autour de lui qui confèrent au chef un « charme puissant », parfois même contre leurs propres intentions. Ce renversement du sens de « l'explication » s'accompagne d'une ouverture des investigations à entreprendre : moins regarder le leader politique seul, que les luttes de représentations et les identifications dont il est l'objet et qui le créditent ou non de puissance ; moins les acteurs individuels ou collectifs pris isolément, que la configuration des relations formant la situation dans laquelle ils sont pris et qui est soumise à variations dans le cours de la compétition politique. L'enchaînement des causes se fait alors plus complexe, moins naturel et linéaire ; il est à découvrir dans la dynamique même des luttes politiques, dans leur fonctionnement régulier et non dans une crise éventuelle du jeu politique. Il ouvre aussi sur des conclusions empiriques dont l'apparent paradoxe tient à une démarche qui cherche à retracer le déroulement concret de l'histoire en train de se faire et à retrouver les causalités qui se construisent dans le cours même des interactions sans que rien n'en prédise l'aboutissement : tout comme il peut exister des charismes directs qui font les héros unanimement reconnus, il existe des charismes par procuration et des charismes stigmatisés qui, s'ils supposent un tout autre travail politique de consécration, les dotent néanmoins de puissance sur les autres en les contraignant à agir par rapport à eux. Avec le FN et J.-M. Le Pen, on serait précisément dans ce cas de figure, ce que l'on appelle aussi un « charisme inversé ».

Que les choses de la logique soient souvent bien éloignées de la logique des choses, c'est ce dont témoigne le « phénomène Le Pen ». Car le moins que l'on puisse dire, c'est précisément que le charme lepéniste n'opère pas. Il n'a pas opéré lors du divorce entre J.-M. Le Pen et B. Mégret en 1999 auprès des nombreux responsables et cadres du FN qui ont fait sécession (à un point tel que ces mêmes commentateurs en avaient conclu à la disparition politique du FN, démentie à leur grand étonnement le soir du 21 avril 2002[142]). Il n'a pas agi lors des législatives de 2002 qui ont vu les scores frontistes des présidentielles s'effondrer (ni aux élections régionales et européennes de 2004). Il ne paraît pas non plus enthousiasmer ou subjuguer les électeurs FN. Si l'on suit leurs réponses aux questions portant sur les qualités qu'ils attribuent à leur « chef », ils sont, en effet, plus nombreux que les électeurs des autres partis politiques (c'est même une de leur particularité que ne retiennent pas les spécialistes électoraux), à déclarer leur distance par rapport à leur chef et à ne pas croire « à ses qualités extraordinaires ». Surtout, on vient de le voir, la spécificité de l'électorat frontiste est précisément son inconstance et sa déloyauté et non sa fidélité : il est donc très loin de former « une communauté charismatique ou émotionnelle » dont la « crédulité » serait la marque. Au bout du compte, les interprétations électoralistes semblent s'enfermer dans une circularité du raisonnement peu soucieuse des faits empiriques qui ne cadrent pas avec la philosophie de la définition populiste du FN et peu propice à la découverte de phénomènes qui n'ont pas été posés en prémisses de l'enquête. En faisant du FN un isolat extrait de toutes les configurations politiques successives dans lesquelles il a été inscrit, et fonctionnant sur les seules relations nouées entre J.-M. Le Pen et ses soutiens populaires, elles excluent, avant même de commencer l'enquête, toutes les pistes d'investigation autres que celles qui se concentrent sur les dispositions des électeurs frontistes à se retrouver dans les thèses de cette entreprise politique. La démonstration se fait alors téléologique : adoptant une vision rétrospective, elle part des résultats pour remonter à leurs causes préalables et ne retient pour pertinents que les « faits » supposés les annoncer ou les prédire.

Placer au centre de l'enquête la recherche de dispositions morales et idéologiques préalables des électeurs n'échappe pas à cette logique de « prophétie rétrospective » par laquelle ne sont détectées que des dispositions adéquates[143] et, ici, adéquates aux messages de J.-M. Le Pen (ce dont témoigne la découverte de dispositions ethnocentristes et intolérantes chez les électeurs d'un parti ethnocentriste et intolérant). L'argumentation revient aussi à admettre que des acteurs sociaux sont déjà à demi convertis au FN avant même que celui-ci n'apparaisse sur la scène politique nationale et indépendamment de la réorganisation de la compétition politique une fois celui-ci introduit dans l'arène politique. L'hypothèse est sociologiquement osée : elle suppose la préconstitution d'attentes « racistes » et d'attentes d'un parti comme le FN qui viendrait leur répondre en les accomplissant. Les travaux portant sur l'histoire des politiques d'immigration récentes mettent plutôt en évidence un relâchement moral du discours et du commentaire politique. C'est une fois le FN introduit dans le jeu politique que l'enjeu de la « lutte contre les immigrés » passe sur le devant de la scène publique (auparavant il n'était pas pensé ainsi et se débattait plutôt dans le huis clos des cabinets ministériels) et autorise des prises de position publiques qui, sujettes à des dérapages incontrôlés ou inspirées par des calculs politiques ou électoraux, auraient précédemment été jugées racistes.

Une levée de l'indicible

À l'Assemblée nationale, en 1990, Michel Rocard, pour justifier le durcissement du contrôle migratoire, aura cette phrase : « Les sociétés européennes ne peuvent plus accueillir toute la misère du monde. » Elle provoquera quelques remous. Des hommes de droite et parmi les plus titrés empruntent au lexique du FN pour justifier leurs propositions en matière d'immigration : « invasion » (V. Giscard d'Estaing), « seuil de tolérance » sans parler de l'« odeur » (J. Chirac)... Ces termes, du moins les deux premiers, sont employés au niveau européen pour penser les flux migratoires et leur contrôle, et ont reçu ainsi une forte crédibilité institutionnelle. Voir D. Bigo, *Police en réseaux. L'expérience européenne*, Paris, Presses de Sciences-Po, 1996. Des censures anciennes sur ce qu'il était possible et pensable de dire sur l'immigration sont ainsi tombées. Cette levée des interdits antérieurs, officialisée dans les institutions les plus hautes, s'est largement diffusée dans les débats publics. En témoigne la reformulation de questions de sondages. En 1971, un sondage SOFRES portait sur les représentations que les enquêtés se font des étrangers : « Il y a actuellement en France de nombreux travailleurs étrangers ; ils occupent souvent des emplois pénibles. Pensez-vous que la France fait un effort suffisant ou insuffisant pour leur permettre de se loger, leur donner une formation, les accueillir avec hospitalité, leur donner des salaires convenables ? » Aujourd'hui : « Est-il normal que les immigrés aient accès gratuitement à l'école, touchent des allocations familiales quand ils perdent leur emploi, aient des mosquées pour pratiquer leur religion ? » Comme on dit, autre temps, autre époque (mentale et morale).

C'est dire que si le seuil de sensibilité à l'intolérable s'est abaissé, le fléchissement s'est opéré d'abord parmi les acteurs du jeu politique et du fait de l'apparition politique du FN et de la réorganisation des compétitions politiques autour de lui. L'hypothèse d'une demi-conversion au FN parmi les électeurs est d'ailleurs d'autant plus osée à soutenir que, on l'a vu, la composition de l'électorat frontiste change d'une élection à l'autre. À moins de forger une théorie révolutionnaire au regard des acquis sociologiques en versant dans un catastrophisme affirmant qu'un électeur sur quatre est un adepte du FN qui s'avoue et s'ignore de temps à autre, ou en soutenant qu'il existe des dispositions « ethnocentristes » et intolérantes indépendantes des individus dans lesquels elles s'incarnent, puisqu'elles resteraient les mêmes malgré les mouvements internes de l'électorat, ou encore que les dispositions des individus peuvent varier au gré des circonstances et des élections (ce qui est contraire à la définition sociologique des dispositions), mieux vaut chercher ailleurs que dans les dispositions individuelles les raisons de l'étrange fluidité électorale du FN. Et d'abord sans doute dans les usages sociaux et politiques du vote en général et du vote FN en particulier. Quelle ressource, variable dans le temps (au point que certains l'abandonnent), trouve des acteurs sociaux dissemblables et insérés dans des jeux sociaux différents à faire usage de la marque FN ? À quel jeu social jouent les électeurs quand ils participent au jeu électoral ? Ce n'est qu'après cette analyse que l'investigation sur leurs dispositions peut commencer.

La question sur les usages sociaux du vote est sans doute plus adaptée aux caractéristiques des électeurs FN. S'inscrivant, en outre, dans le prolongement des analyses sociologiques habituelles des phénomènes sociaux, elle en reprend les acquis et en sollicite les outils, les procédures, les hypothèses les mieux éprouvés. Elle possède un double avantage. Cette question, qui ne présuppose pas l'homogénéité de « l'électorat FN », rend possible de percevoir une pluralité d'attitudes chez les électeurs frontistes et donc leurs dispositions différentes et parfois discordantes à se retrouver dans le vote FN. Elle permet aussi, contre le point de vue des électoralistes, de ne pas penser d'emblée le vote comme une adhésion ou un consentement à un système idéologique et les électeurs comme immédiatement ajustés aux thèses véhiculées par le FN (on a vu que, pour les fractions sociales les plus démunies, une telle conception ne pouvait que trahir ce qu'elles étaient – indifférentes par rapport à la politique, distantes du jeu politique légitime). Rien ne dit, en effet, que l'ajustement idéologique ne s'opère pas après coup, après les votes, et qu'il n'est pas le résultat du travail politique de mise en forme et de mise en signification des votes opéré par les dirigeants frontistes et par les autres acteurs du jeu politique.

Un vote convaincu mais pas par le FN

Pascal Duret, dans son livre (*Les larmes de Marianne. Comment devient-on électeur du FN ?*, Paris, Armand Colin, 2004), donne à voir la diversité des cheminements et des raisons qui conduisent à voter FN. On lui emprunte, ici, un exemple d'entretien et de portrait d'électrice qui illustre bien la nécessité de s'interroger sur ce que représente exactement le FN pour ceux qui vont faire usage de cette marque électorale, avant de rechercher, dans leur « disposition morale », un indice de leur conformité avec les discours de J.-M. Le Pen. Nabila est étudiante en DEUG de langue et la troisième née d'une famille de sept enfants. C'est une travailleuse acharnée, qui a poussé plus loin ses études que ses quatre frères et ses deux sœurs. Elle a un ami lui aussi étudiant dont le père est enseignant ; le sien, retraité, est un ancien ouvrier du bâtiment. Elle admire la famille de son fiancé qui incarne, à ses yeux, la forme idéale de communication familiale. Chez elle les relations sont plutôt « explosives » et elle regrette d'avoir amené une fois son ami au domicile familial. « Ça s'est mal passé », dit-elle pour résumer la violente dispute qui s'en suivit avec ses frères. Son père est bienveillant mais reste en retrait et son autorité est ouvertement contestée par ses fils. Nabila est blessée par l'injustice faite à son fiancé et à son père qui représente, à ses yeux, un modèle d'intégration réussie par le travail et dont elle a repris à son compte la morale de l'effort. Nabila refuse de passer pour une traître à sa famille parce qu'elle sort avec un « fils à papa » qui « n'est pas de la cité ». Elle pense que voter Le Pen donnera une bonne leçon à ses frères. Le vote est pour elle une réponse détournée à leur « méchanceté », une réplique à leur égoïsme. « Les gens qui disent que ceux qui votent Le Pen font ça pour choquer ou pour emmerder le monde, c'est pas vrai, c'est pas tout le monde que je voulais emmerder, seulement mes frères. Avant l'élection, je me disais, c'est pas parce qu'ils sont cons que je vais voter FN quand même ?... C'est un secret absolu. Tu serais pas fière de toi, ça n'a ni queue ni tête mais au moment de mettre le bulletin dans l'enveloppe, c'était plus fort que moi, je savais pas pour qui voter mais alors pas du tout, puis j'ai vraiment pensé à mes frères, je me suis dit à mon tour de leur faire une saloperie et ça y était. Si j'avais pensé à mon père ou à ma mère, je l'aurais jamais fait. Tu vois comme c'est bête d'en arriver là, mais ils m'ont rendu folle. Maintenant je me dis, ça sert à rien de regretter. Pour cette fois, c'est fait, c'est fait. Pour cette fois... » (p. 45-48).

Réfléchir sur les usages sociaux et politiques du vote FN permet, enfin, de montrer pourquoi tous les « peu éduqués » et les « simplistes » ne se rallient pas d'un bel ensemble à l'oriflamme frontiste (pourquoi ainsi la thèse centrale des spécialistes électoraux ne fonctionne pas dans certains cas, ce sur quoi ils ne s'interrogent jamais). Cette question des usages du vote, les électoralistes ne peuvent la poser. En effet, en refusant de prendre en compte l'exposition différentielle des individus aux problèmes politiques et économiques, et donc la politisation et la compétence politique différentielles des acteurs sociaux, ces analystes oublient les usages sociaux et politiques contrastés du rituel électoral dans lesquels la définition du vote qu'ils adoptent (expression d'une préférence partisane) n'est qu'une des définitions possibles à côté d'autres (expression de l'appartenance au groupe, expression de l'insertion dans un contexte écologique, etc.) et sans doute pas la principale pour tous les électeurs. Très étrangement, les analystes électoraux semblent oublier, lorsqu'ils étudient le FN, ce qu'eux-mêmes et les chercheurs de leur propre groupe professionnel ont montré précédemment, avant que le FN ne surgisse et avant que le FN ne devienne le point central de leurs études. Par exemple, avant de voter pour un parti, les électeurs votent le plus souvent comme leurs parents, leurs amis, leurs voisins, comme leur groupe social d'appartenance, etc. Toutes ces formes de solidarités sociales alternatives à la solidarité politique et qui inscrivent le vote dans l'ordinaire des pratiques sociales ont été révélées, interrogées et examinées dans nombre de leurs enquêtes antérieures. Avec le FN, les électoralistes semblent passer à des analyses extraordinaires (telle cette focalisation sur la recherche d'une culture « raciste » ou « ethnocentriste et autoritaire »), sans plus s'embarrasser à découvrir les expériences de vie concrètes de ces individus sociaux comme les autres que sont les électeurs frontistes.

Les élites sociales et politiques disparues

L'homogénéisation des comportements électoraux, découlant du fait de prêter « à tous les électeurs des intentions et des lignes politiques s'exprimant dans des choix mûrement pesés » ou de poser que « l'électeur a ses raisons »[144] (le singulier étant significatif), empêche justement d'entrevoir que nombre d'électeurs risquent de n'avoir en commun que le geste de déposer dans l'urne un bulletin identique portant le même sigle de parti[145] et qu'il y a surinterprétation lorsque des attitudes obéissant à des registres sociaux diversifiés sont déchiffrées dans des catégories proprement intellectuelles et politiques les dotant d'une signification univoque. Non seulement ces analystes unifient le « vote populaire » en prêtant à tous les groupes censés le composer une même détermination « autoritaire » (intolérante et répressive), mais ils unifient un électorat FN (même si c'est en le montrant scindé en deux groupes) qui est pourtant comme tout électorat, hétérogène socialement. Le geste n'est pas innocent. Il occulte tout un pan du monde social, et notamment celui de l'élite sociale. En effet l'interprétation renvoie dans l'invisible les groupes appartenant aux fractions sociales supérieures qui votent pour le FN et qui, elles, n'obéissent pas à la logique de la désespérance ou de l'exclusion sociales (patrons, cadres supérieurs du privé, professions intellectuelles). En quelque sorte, l'élite sociale (plus diplômée et donc plus « instruite ») se trouve d'emblée exonérée de tout penchant « xénophobe » ou « autoritaire ». L'interprétation électoraliste manque ainsi également un des aspects les plus étonnants du travail politique de représentation qu'effectuent les dirigeants frontistes : l'harmonisation symbolique faisant tenir ensemble des groupes désaccordés socialement et politiquement, pas forcément le monde la boutique et de l'atelier, comme les spécialistes électoraux l'affirment (on a vu qu'ils pouvaient être liés entre eux par une même appartenance au pôle économique), mais une fraction de l'élite sociale sans doute fortement idéologisée et des fractions plus démunies et étrangères à son univers de pensée.

En prenant pour seul rapport au FN celui qui est organisé par des valeurs, les électoralistes omettent toutes les autres relations possibles au vote et au FN, notamment le vote « désinvesti » qui n'attache aucune utilité politique à l'acte électoral et au bulletin mis dans l'urne. C'est pourtant la première hypothèse à formuler, avant même de s'intéresser aux orientations idéologiques de ces électeurs, lorsqu'on s'attache à comprendre les suffrages de catégories populaires (les moins armées socialement pour « saisir » la politique et être saisies par elle). S'interroger sur le vote « désinvesti » aurait en outre l'avantage de faire réfléchir autrement sur la démocratie, moins à partir d'une adhésion formelle à ses institutions, qui restent très abstraites aux yeux des plus démunis, que sur son mode de fonctionnement concret. Quelles sont ces règles du jeu démocratique qui ne laissent à certains des dominés pour préserver un peu de leur dignité dégradée et manifester leur existence sociale, non pas comme il est dit la voix de la protestation (ils ne croient ni à la valeur de leur geste ni à la possibilité de se faire entendre par les urnes) mais la voix de « la faute », la plus discréditée en outre dans l'univers intellectuel et politique ? La perspective engagée dans la recherche des « causes du FN » s'inverse alors par rapport à celle privilégiée par les tenants du populisme et les électoralistes. Ce ne sont plus les électeurs qui doivent être observés, mais l'offre politique, les enjeux débattus, les compétitions partisanes et la dynamique des luttes internes aux élites politiques : tout ce qui délimite l'espace des choix possibles entre lesquels les électeurs sont contraints d'opter. Sous cet angle, il n'est pas sûr que le vote FN ne soit pas, pour certains des électeurs populaires, qu'une autre figure de l'abstention ou mieux encore une abstention « active », seule solution laissée par l'état de l'offre politique, pour manifester à la fois un sentiment de relégation sociale et une croyance maintenue dans l'efficacité du jeu politique. Les interprétations « populistes » sont ici contredites. Les électeurs FN, issus des milieux populaires, n'appartiennent pas aux plus démunis des démunis et ne comptent pas parmi les plus « anomiques » : ils ont, malgré leur dépossession, suffisamment de ressources sociales pour croire encore dans les vertus de la politique et ses capacités à changer leur situation sociale.

Tout comme ces analystes ne peuvent plus s'interroger sur le fait de savoir si les individus, lorsqu'ils répondent à leur question, « préfèrent vraiment leurs préférences politiques », ils ne peuvent plus non plus se demander si les « préférences » (ou les « demandes ») qu'ils auscultent sont véritablement les déterminants ou les motivations du vote et non un des produits de l'offre politique. La boucle du raisonnement se referme avec un beau délié quand ils « découvrent » ce que leur postulat a précédemment mis en préalable à leur enquête : plus de diplômes, plus de compétence cognitive, et donc un vote informé et investi de convictions ou de valeurs. Le parallèle avec la situation, décrite par Alain Cottereau[146], de ces hygiénistes de la fin du XIXe siècle concluant que la mortalité ouvrière par tuberculose est liée à l'insalubrité des logements ouvriers et non la conséquence de l'usure au travail liée à une industrialisation forcée est éclairant. Dans un cas comme dans l'autre, c'est « l'habitus disciplinaire » des interprètes qui, en leur faisant éluder les questions pourtant nécessaires à toute enquête sur les conditions de production d'un phénomène, les conduit à des affirmations déconnectées de la réalité sociale et politique.

Ici, en ne prenant en compte ni les inégalités sociales devant la participation politique ni les distances qui fondent les rapports des membres des groupes les plus défavorisés au politique, en restreignant en outre le politique à une affaire d'élections, d'idées et de valeurs, les électoralistes méconnaissent le rôle de la compétition politique et de ses concurrences dans la persistance politique du FN. Ils méconnaissent ainsi le travail d'inculcation idéologique relayé et conforté par les médias et accompli non seulement par le FN mais aussi par ses concurrents de droite et parfois de gauche qui ont repris, dans leur programme, certaines de ses propositions, au fur et à mesure qu'il s'implantait dans le jeu politique national et local (dans les régions Nord-Est et Sud-Est de la France). Inculcation idéologique dont les analystes électoraux ne sont pas prémunis tant ils sont enclins, par dispositions professionnelles, à convertir directement les questions dont débattent les mondes politique et intellectuel en questions de science électorale. Ils méconnaissent ainsi les effets politiques et sociaux de leurs interprétations du vote FN et, par là même, leur propre participation au succès politique de ce parti. Que les scores frontistes aient été toujours commentés sur le mode de la surprise et de l'inattendu, alors même qu'il est implanté dans le jeu politique depuis vingt ans, n'a pas peu contribué à faire de ses résultats des événements politiques dignes d'occuper les « unes » des journaux, de nourrir les articles de revues, de soulever des dénonciations venues de tous les horizons intellectuels et politiques[147] et de relancer des explications par l'exceptionnel. Le « scandale » suscité par la présence de J.-M. Le Pen au second tour de la présidentielle de 2002 est une parfaite illustration de ce phénomène qui fait gagner dans les représentations (même si c'est sous le visage de la crainte et de l'indignité) un parti qui a gagné dans les urnes (mais beaucoup moins que le raz de marée suggéré). Il n'est d'ailleurs pas sûr que son succès symbolique de grand stigmatisé n'ait pas précédé et alimenté son succès électoral, en le constituant en adversaire central autour duquel toutes les mobilisations intellectuelles et politiques doivent s'organiser. Si charisme il y a, il est à rechercher dans cette situation collectivement créée et non dans la personne de J.-M. Le Pen, chez les élites politiques et intellectuelles qui ont réaménagé leurs positions et prises de position en fonction du FN et non dans les électeurs.

Les schèmes interprétatifs mobilisés tout comme la procédure d'enquête employée, en détournant les regards de tout ce qui enracine le vote FN dans l'ordinaire des pratiques sociales et politiques, libèrent alors une représentation du « peuple », plus imaginée que réellement fondée.

Un « peuple sans classe »

« Populaire imaginé » ainsi que l'écrivait Benedict Anderson à propos de la « communauté nationale » rêvée par les nationalistes[148] : c'est en effet à la construction d'un « peuple refait » que l'on assiste dont le « manque de classe » dans tous les sens du terme est le principe fédérateur. Une image répulsive du « populaire en politique » se dessine en entremêlant dans sa trame trois fils directeurs.

Le populaire sous surveillance

« Populaire imaginé » d'abord par la focalisation sur lui de toutes les attentions. En témoignent la rengaine depuis 1995 d'un FN premier parti ouvrier ou encore le souci de restituer le nombre d'attributs ouvriers qui inclinent à voter FN (pourquoi pas le nombre d'attributs avec le libéralisme ou avec le secteur privé ou indépendant ?). Il ne fait pas de doute que donnent leur voix au FN des membres des classes populaires (même élargies aux employés et aux chômeurs dont il faut cependant rappeler que leur catégorie de regroupement est purement administrative et qu'elle ne renseigne en rien sur leur appartenance sociale[149]. Les « recalculés » qui ont intenté et gagné leur procès à Marseille ne sont pas des « sans grade » mais plutôt des cadres). Invoquer sans cesse le « populaire » conduit à le mettre là où il n'est pas forcément. Insister sur les taux record de pénétration sociale du FN dans les catégories populaires en avançant les chiffres de 30% ou 40% (suivant les sondages « sorties des urnes » du 21 avril 2002) revient à oublier que 60% à 70% d'entre elles ont choisi d'autres partis que le FN et notamment les partis de gauche, d'extrême gauche et de droite classique auxquels leurs membres continuent de donner leur voix comme ils ont été socialisés à le faire. C'est précisément l'oubli des mécanismes de socialisation à la politique qui conduit à occulter que ces chiffres « importants » ne concernent que les « votants » et donc, une maigre partie des groupes populaires, la plupart ayant préféré le « parti de l'abstention » et une proportion non négligeable d'entre eux n'étant pas inscrite sur les listes électorales.

De même, si l'on s'attache à la composition sociale interne de l'électorat FN, sur la base des mêmes données, on relève 31% d'ouvriers. On peut légitimement s'interroger sur le paradoxe qu'il y a à voir dans le FN un parti ouvrier alors que dans l'électorat frontiste 69% n'appartiennent pas aux classes populaires et que d'autres catégories sociales (les petits commerçants, artisans, patrons) votent à même hauteur que les ouvriers (31%). C'est d'ailleurs sur cette hétérogénéité sociale qu'insistent certains articles de ces spécialistes électoraux pour ensuite très vite l'oublier dans leurs commentaires publics. Depuis ces résultats produits à chaud en 2002, les données ont été revues considérablement à la baisse (23% d'ouvriers toujours sur la base de sondages mais cette fois panellisés et toujours selon les suffrages exprimés) sans que le commentaire pourtant ne s'en trouve affecté : le FN reste toujours un parti ouvrier, le vote dont il bénéficie un « vote populaire » alors même que le groupe « commerçants artisans et patrons » (22%)

et celui des « agriculteurs » (22%) offrent tout autant qu'eux leurs suffrages au FN. Alors que ce vote connaît une progression fulgurante chez les « cadres et professions intellectuelles » : 4% en 1995, 13 % au premier tour de la présidentielle de 2002, ces « résultats », issus des mêmes données, ne suscitent pas la moindre remarque pas plus qu'ils n'infléchissent le discours dominant. Tout récemment, enfin[150], les pourcentages se sont encore affaiblis et d'autres catégories sociales dépassent les « ouvriers ». En raisonnant sur les inscrits et non plus sur les suffrages exprimés (c'est-à-dire en incluant les abstentionnistes), les votes ouvriers pour le FN tombent à 18% (pour 22% à la droite, 29% à la gauche, 31% pour l'abstention, celle-ci étant en progression de 11 points depuis 1995 alors que le vote en faveur du FN est en progression de 1 point. Les taux diminueraient encore si l'on prenait en compte la non-inscription sur les listes électorales). Or, toujours selon les mêmes sources, 26% de professions libérales votent FN. Les commentaires ne s'en trouvent pas pour autant modifiés. Une telle insistance sur les « sans grade » en dépit de la diversité sociale que mettent, sous les yeux, les statistiques produites, en dépit encore de leur moindre importance par rapport à d'autres catégories sociales, « force » le FN à entrer dans les catégories populaires ; elle confère alors une base et une reconnaissance populaires à des idées voire à des idéaux que les commentateurs ont eux-mêmes posés, sur la foi des discours de J.-M. Le Pen et de leurs présupposés « dispositionnels », en caractéristiques essentielles des perceptions et des compréhensions de la marque frontiste par les électeurs (ordre, sécurité, immigration, ethnocentrisme). Les thèmes défendus par ou attachés à l'idéologie du FN sont convertis en « demandes populaires ». L'opération s'accomplit avec une certitude d'autant plus grande, qu'un tel cadrage interprétatif trouve son réalisme dans l'état conjoncturel du débat intellectuel et politique, auquel les électoralistes participent et qui porte sur la réforme de la nationalité, la place de l'immigration, les mesures à adopter vis-à-vis des problèmes qu'elle est réputée soulever (intégration, multiculturalisme, communautarisme, sécurité, illégalisme de l'immigration clandestine, etc.) et sur la crise de la politique voire des idéaux républicains (retour de l'intégrisme, corruption des mœurs politiques par la succession des « affaires », nécessité de réformer la démocratie représentative grâce à de nouvelles formes du lien démocratique : démocratie de proximité, de sondages, d'opinion, etc.). C'est dire combien les spécialistes électoraux reprennent, dans l'examen du vote frontiste, les préoccupations placées en haut des agendas intellectuels et politiques présents, sans soupçonner que nombre d'entre elles ont été impulsées par la présence d'un FN qui privilégie, à partir de 1988, les thèmes de l'immigration, de la « préférence nationale » et de la lutte contre « l'establishment corrompu » et, depuis 1992, les problèmes sociaux ; sans soupçonner ainsi qu'eux-mêmes s'alignent sur les déclarations des dirigeants frontistes (ce que précisément ils dénoncent et déplorent chez les électeurs populaires du FN).

La logique même de leur enquête par sondages, comme de toute enquête invitant des électeurs à s'exprimer sur leur vote, amplifie, en outre, le type de sélection déjà à l'œuvre dans l'acte de vote. Elle redouble, en effet, le niveau d'exigence contenu dans le vote en obligeant les électeurs à justifier leur choix et à répondre sur des sujets politiques. Non seulement les analystes produisent une surinterprétation à partir de déclarations déjà elles-mêmes surinterprétées du fait de la procédure employée (les déclarations à des sondages standardisés), mais le « peuple » qu'ils mettent en oriflamme n'est pas le plus « populaire » qui puisse exister puisqu'il est fort probable que se sont autoéliminés les plus modestes (les études sociologiques ont constaté, par exemple, que ceux qui s'abstiennent de répondre – les « sans réponse » – aux questions de sondage ne se distribuaient pas au hasard mais variaient selon l'âge, le sexe, le niveau de diplôme, la CSP). Ceux qui refusent de répondre sont d'ailleurs d'autant plus ignorés qu'ils sont « redressés » et mis à l'image des répondants, de surcroît selon la logique des précédents propre aux instituts de sondages (dont on a vu pourtant qu'elle ne pouvait jouer puisque l'électorat se modifie d'une élection à l'autre). De plus, ce « peuple exagéré » est la part restante, une fois ôtés les refus d'opiner et les diverses tactiques de dissimulation mises en œuvre par les professions indépendantes et les catégories intermédiaires ou supérieures dès qu'on les interroge sur leurs préférences partisanes, *a fortiori* pour un FN unanimement présenté comme socialement et politiquement indigne. On voit comment sont sous-estimées les catégories sociales les plus hautes qui, elles, ne sont pas « redressées », puisque les enquêtes précédentes ont diagnostiqué leur peu d'attrait pour le FN et qu'elles sont supposées « faire ce qu'elles disent », en l'occurrence ne pas voter pour J.-M. Le Pen.

Problèmes d'enquête sur un vote honteux

Il faut se souvenir, ce que note N. Mayer, que les électeurs FN ne sont que 9,5% dans l'enquête panellisée à reconnaître avoir voté pour lui le 21 avril, encore moins le 5 mai (8%) compte tenu de l'ampleur de la manifestation anti-Le Pen, et 7% aux législatives, soit une sous-déclaration de respectivement 7, 11 et 4 points de pourcentage. Ce qui pose deux problèmes pour l'analyse statistique. D'abord, dans le meilleur des cas, l'échantillon global des électeurs FN avoisine 150 personnes (sur les

1 417 panélistes *stricto sensu*). La faiblesse de l'effectif rend plus qu'aléatoire, si ce n'est artificielle, la découverte de régularités probantes entre variables sociales et vote FN puisque celles-ci supposent la nécessité de disposer de gros écarts relatifs dans les distributions observées (fondées sur des tris croisés ou des multivariées). Ensuite, les redressements ont été effectués, en supposant que les 8% de répondants ressemblaient socialement aux 17% des électeurs effectifs, ce que tendent à démentir, on l'a vu, toutes les analyses sociologiques sur les conditions de passation d'un entretien ou d'un questionnaire[151].

Un naturel anti-démocratique

Populaire imaginé encore par la déréalisation opérée des comportements politiques. En concentrant leur explication sur les raisons du choix électoral, les électoralistes font exister les individus sociaux sous le seul rapport à l'acte électoral et uniquement comme des électeurs distingués sous les critères attendus par l'acte de vote lui-même : diplômes et compétence idéologique et cognitive. Ils regardent ainsi depuis le point d'arrivée et depuis l'institution électorale des acteurs sociaux auxquels leurs multiples appartenances et solidarités sociales (dont il s'agirait précisément d'évaluer l'ampleur et la pertinence) confèrent différentes identités conjointes à celle « d'électeur » (parent, ami, collègue de travail, croyant ou non, militant politique ou syndical, etc.) et dont rien ne dit, avant examen, qu'elles ne sont pas les plus déterminantes dans le rapport à la politique et à l'élection.

Non seulement le monde social se trouve débarrassé des individualités concrètes qui le composent au profit d'une abstraction (l'électeur), mais toutes les hiérarchies qui l'organisent et instaurent des modes structurels de domination et de légitimation sont réduites à une opposition vague entre les « gens d'en bas » et les autres. Cette opposition est construite à partir d'indicateurs intellectuels (compris, par certains électoralistes, comme un « capital humain », le terme en dit long sur les implicites « ethnocentriques ») supposés supplanter les autres variables sociales « lourdes » voire « grossières », telles que le milieu d'origine ou les catégories socioprofessionnelles. Le vote fortement investi et exprimant une conviction idéologique mis en évidence n'est dès lors que la découverte de l'attendu de la définition politique légitime de l'acte de vote. Il est la conséquence d'une analyse qui inverse les perspectives à tenir, en prenant pour un « fait » ou une « donnée » (x% d'une catégorie sociale a voté pour le FN ou pour le PS), ce qui est le résultat provisoire d'un processus d'interaction entre l'institution du vote et des individus sociaux plus ou moins bien préparés à se mettre dans les règles et en règle avec celle-ci. Cette posture délaisse ainsi l'examen du degré de consistance électorale des groupes sociaux (ce que gomment les analyses raisonnant toujours sur les seuls suffrages exprimés comme le fait la procédure démocratique de l'élection, « un homme, une voix »). En ignorant l'idée que certaines catégories sociales sont plus « agissantes » que d'autres sur le plan électoral, elle conduit à niveler voire à effacer la grande hétérogénéité électorale des groupes ouvriers ou des groupes populaires (allant de la non-inscription sur les listes électorales, à l'abstention systématique et intermittente, au passage aux urnes et, ici encore, faudrait-il affiner avec ces « votes pas comme les autres » que sont les votes blancs, les votes nuls[152]) et leur « dispersion électorale » bien supérieure à celle d'autres groupes sociaux. C'est dire que les relations qu'entretiennent les milieux populaires à la politique et au vote ne sont étudiées qu'à partir d'une institution avec laquelle ils n'ont que des rapports lointains voire désaccordés : les risques de conférer à leur geste électoral des significations étrangères à la rationalité de leurs propres conduites sont alors d'autant plus grands qu'il est apprécié à partir d'une fraction restreinte des groupes populaires, de surcroît construite selon des principes jamais examinés. Plusieurs malentendus (dans le sens fort de surdité aux déclarations recueillies) en témoignent.

On peut prendre l'exemple de la catégorie des « ninistes », réputée former un des deux électorats frontistes et dans laquelle les fractions populaires se retrouveraient principalement. L'appellation confère d'emblée une caractérisation politique à leur refus de se classer ni à droite ni à gauche. Or, au regard des propriétés sociales de ces électeurs, ce refus a toute chance de ne pas être un refus politiquement constitué mais d'exprimer la distance sociale qui marque leur relation à l'univers politique. Le pas est alors vite franchi de transformer un signe de dépossession en signe de ralliement à la « cause FN » comme c'est le cas avec « l'échelle de défiance politique » ; sous cette même désignation politique, les scepticismes à l'égard de la politique sont assimilés à un rejet politiquement constitué[153]. Des traits de la culture populaire, depuis longtemps mis en avant, comme l'indifférence aux choses intellectuelles et politiques[154], sont alors convertis en dispositions « antipolitiques » et « anti-intellectuelles » et mis au compte d'une adhésion à un réquisitoire qui, par la voix des dirigeants FN et dans la lignée des héritages d'extrême droite, dénonce « l'establishment » la « corruption des hommes politiques », leur « mépris pour les petits ». La métamorphose est complète quand ce ralliement est censé être vérifié à la fois par les discours de J.-M. Le Pen se proclamant le « fidèle défenseur de la France du bas » et par la « personnalité autoritaire » de ces « simplistes ».

L'inclination à rendre cohérentes, en toute bonne logique, des déclarations et des pratiques qui ne le sont presque jamais tient ici à une double inattention. Inattention au fait qu'une même réponse n'implique pas une perception identique ou homogène de la question posée ; inattention à la procédure employée qui s'arrête sur une réponse standardisée à une liste de questions elles-mêmes standardisées (et donc inattention à ce que cette procédure fait à l'analyse sociologique du phénomène observé). L'enjeu cognitif est important, puisque l'interprétation vise à démontrer la mobilisation des « ninistes » contre des élites politiques dont ils se défient et ainsi à attester empiriquement du bien fondé de leur « populisme ». En suivant ici un certain nombre de travaux, deux phénomènes viennent contredire une telle conclusion. D'abord, si l'affaissement des croyances politiques tend à se généraliser depuis une vingtaine d'années (montée de l'abstention et de discours critiques), les dispositions critiques des membres des classes populaires constituent une donnée permanente de la représentation politique : elles n'ont donc attendu pour surgir ni cette conjoncture de montée de l'incrédulité politique (qui gagne d'ailleurs plutôt les catégories sociales supérieures) ni l'apparition du FN, et ne sont pas un signe de ralliement à son oriflamme. Ensuite, à condition d'aller « au-delà des apparences » en ouvrant le questionnaire fermé à un entretien, les appréciations portées sur la politique ne sont pas tranchées mais ambivalentes. Comme le remarque D. Gaxie, « les effets d'imposition d'une interrogation unilatérale interdisent ou limitent l'apparition de positions ambivalentes qui semblent pourtant fréquentes quand on leur laisse une chance de se manifester »[155]. Rares sont, en effet, les personnes qui ne déclarent pas, en même temps et dans le même entretien, leur incrédulité face au jeu politique voire leur dégoût de l'univers politique et leur approbation de certains acteurs et de certaines actions politiques relevant notamment de la politique locale (leur maire, les aides sociales municipales)[156]. Ignorer cette ambivalence pratique propre aux milieux populaires, non seulement fait disparaître une des dimensions essentielles de leur culture politique qui oscille toujours entre acceptation de la domination et rébellion contre elle[157], mais conduit aussi à se méprendre sur la signification du scepticisme affiché. Loin d'être synonyme de rejet politique, il peut, au contraire, exprimer de fortes attentes de prise en charge des intérêts sociaux par les hommes politiques. Le fait d'ailleurs que des membres des catégories populaires votent encore, alors que l'abstention est en forte progression dans leur catégorie sociale, signale le maintien de croyances dans le jeu politique. On est alors fort éloigné du populisme ou de la « révolte des petits contre les élites politiques ».

Le « mauvais peuple » ou le populaire en négatif

Le même malentendu se retrouve dans le traitement de la question, autrement plus sensible, du « rejet des immigrés ». Il ne s'agit pas de nier l'existence voire la progression de tensions racistes. Il s'agit de saisir la signification, la portée et bien sûr les conditions de production de déclarations à des questions censées mesurer « l'ethnocentrisme-autoritaire » et démontrer une attitude intolérante, créant l'affinité entre les électeurs du FN et les thèses du FN. Ici toute la difficulté est de savoir à quelle question répondent[158] exactement ceux qui opinent positivement à « Il y a trop d'immigrés en France » et « Maintenant on ne se sent plus chez soi comme avant »[159] et ce qu'on évalue exactement quand on constate la prédominance de ce thème parmi les électeurs FN (ayant répondu aux sondages). Sur ce dernier point, on s'en souvient, les études sociologiques ont montré que plus un thème était visible dans le débat politique et médiatique, plus il était susceptible d'être saisi sur un mode éthique (et non pas politique), et plus il offrait de possibilités de réponses. Enregistre-t-on alors l'activité médiatique et politique, la capacité qu'offre la question posée d'intervenir selon une modalité plus proche des compétences sociales des fractions populaires ou la préoccupation véritable des individus pour le problème de l'immigration ? En l'état des analyses statistiques proposées, on ne peut pas savoir, mais le doute est permis lorsque les spécialistes électoraux affirment que l'immigration constitue le principal souci des électeurs FN, notamment des électeurs populaires (en 1995, l'immigration aurait été le problème ayant le plus compté dans leur vote – 58% de réponse, avant le chômage 23%, l'insécurité 14% – ce qui aurait distingué l'électorat frontiste de tous les autres électorats). Le doute est d'autant plus autorisé que, pour les deux tiers des enquêtés FN selon les mêmes sources, l'immigration n'est pas le premier problème cité, mais le chômage : une des caractéristiques qui les distingue le plus des autres électeurs est le sentiment de dégradation de leur situation personnelle (selon un sondage Louis Harris/Libération du 21 avril 2002, parmi ceux qui se sentent plutôt défavorisés, les électeurs FN estiment à 31,5% que leur situation s'est détériorée contre 18,7% pour les électeurs de J. Chirac, 9,4% chez ceux de L. Jospin). On peut aller plus loin.

Des entretiens semi-directifs entrepris, soit pour comprendre le vote FN soit pour analyser les relations professionnelles, révèlent que l'évocation des « immigrés » ne renvoie presque jamais, chez les membres des catégories populaires, à la « lutte contre l'immigration », mais d'emblée aux difficultés des conditions de vie : situation sur le marché du travail, présence de chômeurs parmi les proches, expériences vécues comme des spoliations et des humiliations ou encore craintes de formes de concurrence qui, en menaçant une façon de vivre, menacent une identité fragilement acquise[160]. La réduction des préoccupations concrètes d'existence sociale à un racisme « anti-immigrés » (même euphémisé en « ethnocentrisme ») est déjà malencontreuse d'un point de vue sociologique, elle l'est aussi d'un point de vue historique. Elle confond représentation des rapports sociaux et disposition morale contre les « autres », métamorphose un racisme social ou une lutte symbolique entre fractions sociales proches en un racisme politique et convertit directement le premier en signe d'adhésion à la xénophobie frontiste. Cette conversion s'opère ainsi en appliquant une grille de perception idéologique à des comportements (déclarés) qui n'ont pas l'idéologie pour principe. Lorsque les membres des classes populaires « rejettent les étrangers », ils ne jugent pas les « immigrés » sur leur caractéristiques ethniques mais sur leur position sociale (qu'ils ressentent comme un danger pour leur propre situation). C'est aussi l'histoire qui se trouve, du même coup, oubliée. Comme l'a montré G. Noiriel, la xénophobie n'est pas une attitude récente en milieux populaires. Dans les années 1930, l'hostilité aux étrangers visait les travailleurs immigrés italiens, belges ou polonais, ce qui n'empêchait pas ces « intolérants » d'hier de voter à gauche (pour le PCF ou la SFIO)[161]. La transformation de considérations sociales en prises de position idéologiques s'opère cependant d'autant plus facilement que, théoriquement, le « simplisme » est posé en précondition à l'adhésion à une vision ethnocentriste du monde et que, empiriquement, les principaux visés sont les membres des groupes populaires ne disposant pas des ressources sociales, intellectuelles et politiques les rendant capables de s'opposer, avec quelques chances de succès, à ce qui se dit et s'écrit sur eux.

La représentation morale donnée des groupes populaires se double d'une charge symbolique et politique forte lorsqu'elle est réalisée à un moment où des mobilisations intellectuelles et politiques s'intensifient dans la lutte « contre le racisme » et la lutte contre le FN et lorsque l'argumentation se déploie selon un ordre de présentation qui condamne avant d'analyser. Sont ainsi d'abord rappelées les principales composantes racistes et répressives du « vote Le Pen » (un « vote autoritaire et xénophobe ») pour conclure ensuite sur un « vote populaire » par ces commentaires : « Les ingrédients de base de ce vote (en 2002) n'ont pas changé non plus. Absence d'instruction, précarité économique et frustrations sociales nourrissent le ressentiment anti-immigrés et les attitudes répressives qui les portent. S'il attire des électeurs dans toutes les catégories de la population, Le Pen réussit toujours mieux chez les moins diplômés, plus réceptifs au côté simple et carré de son discours... En 1995, le FN devenait le premier parti ouvrier de France. À l'élection de 2002... il croît régulièrement en fonction de la proximité avec le milieu ouvrier, de 16% chez ceux qui n'ont aucune attache ouvrière à 26% chez les ouvriers dont le père déjà était ouvrier, où le Parti communiste, dans les années 1970, était le mieux implanté[162]. »

Un naturalisme appliqué

« Parce qu'elles sont simples, de telles idées (celles de J.-M. Le Pen), devraient plaire aux esprits simples. C'est la thèse que défendent deux sociologues américains, Gertrude Selznik et Stephan Steinberg, dans une enquête sur l'origine du préjugé. Selon ces auteurs, les individus les plus réceptifs aux stéréotypes antisémites présentent tous les traits du simplisme. Leur mode d'appréhension de la réalité est caractérisé par le refus de la complexité et des nuances, la difficulté à manier les idées générales et abstraites et l'intolérance à l'ambiguïté... Effectivement les scores des personnes interrogées sur cette échelle de simplisme sont fortement corrélés avec ceux qu'elles obtiennent sur l'échelle d'antisémitisme, d'ethnocentrisme et d'autoritarisme reprise de *La Personnalité autoritaire*. Les conclusions remettent en cause celle d'Adorno et de son équipe. Pour les auteurs, le préjugé dans tous les domaines est d'abord une manifestation d'ignorance, il traduit un manque de « sophistication » intellectuelle. Plutôt qu'une manifestation pathologique, lié à un trouble de la personnalité, ce serait un mode normal de fonctionnement de l'esprit humain. La question principale à leurs yeux n'est donc pas de savoir pourquoi on devient antisémite ou ethnocentrique mais pourquoi on ne le devient pas. Réponse : c'est l'école qui constitue le principal obstacle au développement de ce style de pensée. Ils montrent que le degré de simplisme et, partant, la réceptivité aux préjugés de toute nature est inversement proportionnelle au nombre d'années d'études... » Suit un développement sur l'école et ses bienfaits d'ouverture de l'esprit. Puis la conclusion : « *A contrario*, les milieux populaires, globalement peu instruits et isolés, seraient fermés sur eux-mêmes et portés à l'intolérance... Conformément à ces thèses, un faible niveau d'études devrait favoriser le vote lepéniste. Effectivement, quelle que soit l'élection, le soutien au FN varie en raison inverse du diplôme[163] ».

Ces commentaires reprennent, en plus euphémisés, ceux d'un article (« Racisme et antisémitisme dans l'opinion publique française ») paru dans *Face au racisme* dirigé par P.-A. Taguieff (Paris, La Découverte, 1991) où : « Les préjugés antisémites comme les préjugés anti-Maghrébins relèvent bien d'une même attitude raciste ou pour le moins « ethnocentriste », terme forgé par les anthropologues pour désigner « ce même frisson, cette même répulsion en présence de manières de vivre, de croire et de penser qui nous sont étrangères »... L'ethnocentrisme caractérise *surtout les catégories socialement et culturellement défavorisées...* » (les italiques sont mis dans le texte) (p. 67, 68). Pour une critique de ce point de vue sur les classes populaires, *Critique sociale*, 2, 1991. On s'aperçoit combien le « racisme » tout comme le « FN » sont à la fois des enjeux savants et politiques ; ces analyses s'inscrivent dans le combat contre le racisme et contre le FN et dans l'actualité politique du moment (la remise au Premier ministre d'un rapport de Commission nationale consultative des droits de l'homme sur la lutte contre le racisme et la xénophobie rendu public en mars 1991 et s'inquiétant chiffres à l'appui d'une nette hausse des actions et des menaces racistes à partir de 1981).

Le populaire en vient alors à cumuler les propriétés négatives qui le posent sinon en enfant perdu de la démocratie, du moins en acteur idéologique campant aux portes de la démocratie et de ses idéaux. Il ne s'agit pas de nier l'existence d'individus racistes ou ethnocentristes parmi les membres des classes populaires, mais de contester une interprétation qui élude des investigations essentielles pour aborder un problème aussi brûlant que le racisme et dont les conclusions sont pour le moins bien imprudentes.

On peut d'abord souligner que la conversion du racisme social en racisme politiquement constitué a toutes les chances d'être extrêmement problématique chez les membres des groupes populaires qui sont précisément moins politisés que les autres groupes sociaux, participent moins que les autres à la vie politique, s'intéressent très faiblement à la politique et, on l'a vu, votent moins que les autres. Leur sentiment d'indignité sociale les autorise très peu à parler politique et leur distance sociale à l'égard du jeu politique légitime les empêche de maîtriser les schèmes politiques nécessaires pour traduire les problèmes qu'ils affrontent dans leur vie quotidienne en causes politiques dignes d'intéresser toute la société. Moins que les autres, ils peuvent ainsi mettre, dans la cohérence attendue par une logique intellectuelle, leurs mots avec leurs pratiques, leurs pratiques sociales avec leurs pratiques politiques. De plus, si le racisme est bien « cette répulsion en présence de manières de vivre, de croire et de penser qui nous sont étrangères », ce n'est pas seulement dans des déclarations ou des discours qu'il faut en traquer l'expression, mais dans les pratiques sociales, et, par exemple, dans les modes de sociabilité et le cercle construit des fréquentations sociales.

Sous cet angle, on ne peut que remarquer que ce sont les membres des groupes populaires qui vivent le plus souvent avec ces autres eux-mêmes que sont les « immigrés » ; que ce sont les politiques de gestion des parcs locatifs et leurs faibles ressources économiques qui les font cohabiter dans un « entre soi » et un « face à face » qu'ils n'ont pas forcément choisi et auquel ils ne peuvent échapper. Ségrégation sociale et ségrégation spatiale cumulent leurs effets pour accroître les tensions et provoquer l'exaspération sociale. Ce qu'il faudrait alors déplorer, ce sont toutes ces politiques publiques de mise à l'écart du monde qui laissent se confronter entre eux les plus vulnérables d'entre les acteurs sociaux, exacerbent leur concurrence et ne leur concèdent comme mots pour dire leur désarroi social, les difficultés de leurs conditions matérielles de vie et leur absence d'avenir, que les mots du racisme ordinaire venant prouver, aux yeux de ceux qui savent se préserver d'un tel langage, leur abaissement moral. Que le capital relationnel, comme l'a montré François Héran, constitue bien une ressource culturelle importante (et pas seulement le diplôme), rien ne l'atteste mieux que cette situation faite aux groupes populaires et, inversement, celle que savent et peuvent se créer les membres de catégories sociales supérieures, en sélectionnant socialement leur lieu d'habitation et leur voisinage, les écoles où iront leurs enfants, leur réseau d'amis et de proches : détenant toutes les ressources pour protéger leur entre soi, ils ferment leurs rencontres sociales et leur univers mental sur leur propre monde composé d'autres semblables ayant les mêmes manières de vivre, d'être, de se comporter et de s'exprimer. Ils rendent, ce faisant, ceux qui ne possèdent pas le même ethos social que le leur étrangers à leur univers, les transforment en relations infréquentables et indésirables, tout en ayant les armes culturelles suffisantes pour pratiquer ce racisme social, sans l'avouer publiquement et sans se l'avouer à eux-mêmes.

La démoralisation politique des groupes populaires

« Populaire imaginé » enfin, parce que rendu totalement flou et indifférencié, et uniquement régi par le régime « du manque » et de l'exclusion. Non plus groupement d'individus soudés par des caractéristiques sociales précises et une culture politique spécifique, non plus figure porteuse grâce à ses porte-parole historiquement constitués de propositions ou revendications mais figure anonyme et vague toujours en instance de révolte : « les gens d'en bas », les « désespérés », les « peu ou mal éduqués ».

Un populaire indifférencié

Le « populaire » est d'autant plus incertain socialement et politiquement que sa définition se construit sur une double opération qui « décadre » les regards et déclasse et reclasse autrement les groupes sociaux. D'une part, sont associées aux ouvriers et aux employés, sans plus de précaution, des fractions sociales (commerçants, artisans et patrons) considérées comme « les fractions populaires des classes moyennes et supérieures » ; sans doute proches par l'origine sociale (mais ce serait à vérifier), toutes leurs attitudes, liées à leur trajectoire de mobilité, reposent sur des stratégies de mise à distance d'un milieu populaire jugé repoussoir.

L'identification s'effectue, en outre implicitement, par analogie et non par homologie de position ; elle est significative du principe sélectif adopté qui répète les partis pris du populisme. Sont ainsi assimilées aux groupes populaires les fractions basses des classes moyennes ou supérieures, les plus dépourvues de ressources intellectuelles, au détriment des classes moyennes scolarisées (par exemple les instituteurs) qui, en tenant compte des rapports structurels de domination, doivent cependant être rapprochées de ce groupe dominé que forment les ouvriers[164] (mais c'est bien sûr inconcevable puisque l'explication populiste du vote FN est fondée sur l'adhésion des moins éduqués). D'autre part, le populaire est appréhendé à partir du miroir déformant de ses nouveaux représentants présumés (les plus indignes politiquement et moralement). Une double projection silencieuse est opérée.

D'un même geste, sont imputées aux groupes populaires des orientations idéologiques (autoritarisme, xénophobie ou ethnocentrisme) identiques à celles des dirigeants FN et sont prêtés à ces derniers des attributs sociaux illégitimes. Les responsables frontistes se trouvent ainsi socialement assimilés à leur base réputée populaire contre toute évidence ; leur recrutement social les situe, même si c'est de façon récente ou décalée, parmi les classes supérieures : avocats (J.-M. Le Pen qui n'a pas eu son diplôme d'avocat mais a suivi des études de droit), hautfonctionnaires (Bruno Mégret, fils d'un conseiller d'État, ingénieur des Ponts et Chaussées, conseiller technique au cabinet du ministre de la Coopération de 1978 à 1980), cadres du privé (Pierre Ceyrac, neveu de l'ancien président du CNPF – Centre national du patronat français), professeurs des universités (Bruno Gollnisch, docteur en droit, ancien doyen de la faculté de Lyon ; Jean-Claude Martinez, universitaire agrégé de droit public), médecins

(François Bachelot, ancien secrétaire général adjoint de la fédération des électroradiologistes), etc. La construction et l'affirmation d'une indignité sociale des représentants du FN[165] résultent, là encore, d'une interprétation qui prend la structure de leur capital social pour la réalité de celui-ci ou leur « style » et leurs attitudes pour la vérité de ce qu'ils sont, et qui confond jugements sociaux sur leur « grossièreté » et leur « démagogie » et principes d'analyse. Le procédé simplifie considérablement les problèmes de représentation politique et conduit à méconnaître le type d'hommes politiques qu'incarnent les dirigeants frontistes et la spécificité politique du FN (nous y reviendrons dans le dernier chapitre). Il conforte surtout l'idée sécurisante (du moins aux yeux qui font usage du populisme) de la supériorité morale des élites sociales et politiques qui, protégées par leurs diplômes et leur goût pour les choses sophistiquées, sont immunisées contre la vulgarité qu'il y a à se reconnaître dans le parti frontiste. Il devient dès lors possible, et sans contradiction apparente, de porter des jugements contradictoires à usages alternatifs. Le « populaire » tend à être pensé à la fois comme compétent politiquement et mû par la désespérance sociale, instinctuel et rationnel, émotif et porteur de demandes, très informé voire stratège et étranger à la démocratie au nom de sa mauvaise assimilation culturelle des comportements attendus de citoyens responsables.

Des jugements à bascule

La vision portée sur les groupes populaires alterne ainsi (et souvent dans le même texte) « misérabilisme » et « populisme », en insistant sur les « manques » caractéristiques des groupes populaires tout en leur accordant une compétence et une ligne politiques. Elle autorise toutes les inconstances dans les appréciations et les explications. Elle permet non seulement de fluctuer en fonction du changement de conjoncture interprétative ou encore des publics auxquels s'adressent les commentaires, mais aussi de donner des gages « d'objectivité » par la modulation même des jugements, en exaltant ou en dénigrant, en condamnant ou en déplorant (et parfois en même temps), sans avoir le sentiment de se contredire. Cette interprétation à bascule, qui stigmatise les « pauvres » en même temps qu'elle les plaint, et qui semble être devenue la marque d'une nouvelle « neutralité axiologique » ayant cours dans le commentaire politologique (« ils sont responsables mais ce n'est pas de leur faute, ils ne savent pas ce qu'ils font »), fait perdre du même coup aux groupes populaires toute existence morale en politique avec ses principes éthiques, ses propres idéaux et croyances. En les homogénéisant et présentant leur communauté reconstruite traversée de tensions incompatibles et contradictoires, elle gomme la diversité des mondes ouvriers, les différences internes aux groupes populaires et en brouille les raisons pratiques. De même qu'est rejetée dans l'oubli la propension à voter à droite d'une fraction des ouvriers (ce qui dans les années 1970 faisait conclure à « l'ouvrier conservateur » ou à « l'ouvrier embourgeoisé » lors du vote gaulliste), de même se trouve déconsidérée la signification particulière qu'a revêtue, pour des catégories socialement démunies, leur affiliation à la gauche. Les commentaires électoraux occultent ainsi, *via* la thèse de S. Lipset sur la « crédulité réceptive » des plus modestes, l'existence, chez eux, de verrous moraux qui, issus de leur socialisation au monde social et à la politique, délimitent ce qui leur est possible et pensable de faire : en témoignent les syllogismes erronés mais vite proclamés trouvant dans le virage du « rouge au brun » des citadelles « ouvrières » la preuve que les électeurs communistes sont passés avec armes et bagages dans le camp de J.-M. Le Pen ou que le FN a remplacé le PCF dans la fonction tribunitienne.

L'appauvrissement conceptuel

Avec ces analyses, on a une excellente illustration de l'extrême appauvrissement des concepts ou des notions, lorsqu'ils sont mobilisés dans le cas du FN et des rapports populaires au politique. Par exemple, le « gaucho-lepénisme » désignait initialement le passage d'électeurs socialistes ouvriers vers le FN ; il devient en 2002, en pleine vague de dénonciation des « largués » et des « paumés », une notion qui va de soi pour caractériser le passage des électeurs communistes vers le FN, autre façon de « faire un scoop » à la manière des journalistes et de montrer que, bien sûr, les extrêmes se rejoignent. On a même eu droit à un nouveau concept de la part de P. Perrineau : le « trotsko-lepénisme ». La « fonction tribunitienne », définie par Georges Lavau pour comprendre le rôle social et politique du PCF, connaît, elle aussi, des usages très relâchés (et intéressés). Seul est retenu désormais, dans les commentaires, l'aspect « porte-voix des mécontentements » aux dépens de l'aspect qui lui était étroitement associé d'intégration dans un monde social et politique qui tendait à marginaliser la classe ouvrière dans un comportement d'aliénation. En clair, ne reste que la protestation « forte en gueule » et rien du travail politique de promotion et d'insertion des groupes sociaux dominés. On comprend que ce n'est que sur cette base, qui prend l'apparence pour la réalité, que peut s'établir le parallèle « évident » du FN avec le PCF. Si l'on observait, en effet, le travail politique de recrutement des dirigeants et des cadres militants opéré par chacun de ces partis, on s'apercevrait de leur complète (et fâcheuse) opposition : combien de dirigeants et de cadres ouvriers au FN ? Là encore, des aspects intriguants du travail politique de représentation opéré par le FN sont manqués. Alors même qu'elle prétend, par la voix de

J.-M. Le Pen, « défendre la classe ouvrière et tous les laissés pour compte », l'organisation frontiste fonctionne selon la logique sociale dominante de sélection des élites et repose sur une forte relégation des acteurs sociaux issus des groupes défavorisés[166]. Contre l'idée que le FN est un parti de militants, à l'image du PCF, son implantation sur diverses scènes politiques locales semble obéir à d'autres mécanismes sociaux que ceux des relations de face à face et d'une proximité sans cesse réactivée : il paraît réussir, bien souvent, là où ses militants sont rares et où il est invisible.

Un populaire sans éthique

Les verrous moraux propres aux groupes populaires, progressivement inculqués par l'histoire même du groupe ouvrier et par le travail politique de fidélisation qu'ont accompli ses porte-parole anciens grâce auxquels s'est conquise, contre les groupes sociaux dominants, une autonomie par la délégation, portent le plus souvent à se réfugier dans l'abstention politique ou au retrait social et au désengagement multisectoriel (politique, syndical, repli sur la vie privée) pour préserver une dignité menacée plutôt qu'à changer officiellement de représentants ou à revendiquer activement. Des enquêtes montrent ainsi que la dégradation de la situation sociale n'a pas mis fin aux dispositions sociales et politiques anciennement constituées. La disparition du PCF a plutôt entraîné la montée de l'abstention que favorisé le transfert des électeurs de ce parti vers le FN. On peut même faire l'hypothèse que le vote frontiste est plutôt lié à la remobilisation d'anciens abstentionnistes de droite, issus des classes moyennes surtout, et s'analyserait, dès lors, comme une forme de radicalisation des électeurs de droite (peu importe leur position sociale)[167]. Dans certaines régions d'ailleurs, comme en PACA, la forte présence du FN s'accompagne d'une tout aussi forte présence du PCF et/ou de l'extrême gauche[168]. Les dernières élections régionales ont même montré que la puissance frontiste affaiblissait d'abord les partis de droite.

Avec l'absence de prise en compte de ces interdits pratiques propres aux milieux populaires, c'est toute une éthique étrangère sinon contraire à celle brandie par les catégories sociales « imposantes » et tout un pan de l'histoire sociale et politique des décennies précédentes qui sont évacués au profit d'un « présent » ou d'une « actualité » politiques délestés de tout passé. Il devient alors acceptable scientifiquement de poser en spécialistes de l'instantané et de faire passer des commentaires immédiats sur des phénomènes réduits eux-mêmes à leur apparence immédiate pour de la science politique théoriquement et empiriquement fondée. Il devient également licite, au mépris de toute l'histoire politique, de diagnostiquer la complicité idéologique des extrêmes de gauche et de droite et de disqualifier celles de gauche en discréditant celle de droite : toutes les deux sont tribunitiennes, « simplistes », « autoritaires » et « ethnocentristes ».

La complicité des extrêmes

Cette complicité est un postulat de la définition de l'extrémisme empruntée à S. Lipset pour caractériser le vote FN et ses électeurs comme « tendance à se situer aux pôles, aux marges du champ idéologique et à en franchir éventuellement les limites, transgressant ainsi les normes et les règes du jeu politique ». « Extrémismes de droite et de gauche, par-delà leurs désaccords idéologiques, auraient en commun un style politique autoritaire, caractérisé par le rejet du pluralisme ou « nomisme », le refus de la complexité et des nuances ou « simplisme » et la tentation du recours à la force pour faire passer leurs idées. Bref la négation même de ce qui fait l'essence du jeu politique démocratique »[169].

« Parce qu'il y a une interaction entre facteurs politiques et socioculturels, parce que les électeurs de gauche sont plus souvent issus de milieux défavorisés perméables au racisme et à l'antisémitisme, ils se montrent même parfois plus ethnocentristes que la droite aisée et cultivée. Après le Front national, c'est l'extrême gauche qui a les scores les plus élevés sur l'échelle d'ethnocentrisme (29% de notes 3 et 4). Et les proches de l'UDF sont moins ethnocentristes que les socialistes et les communistes », N. Mayer, « Racisme et antisémitisme dans l'opinion publique française », in P.-A. Taguieff, *Face au racisme*, Paris, La Découverte, 1991, p. 70.

On retrouve cet amalgame problématique entre les « extrêmes » dans les écrits de P.-A. Taguieff. Dans l'introduction du nouvel ouvrage dont il assure la direction (*Le retour du populisme. Un défi pour les démocraties européennes*, Paris, Encyclopaedia Universalis France, 2004), sous le libellé « les vraies questions » (p. 10 et 11), on peut lire : « Ce qui est désormais en discussion, c'est l'interprétation qu'il convient de donner au nouveau populisme en Europe – de l'Est comme de l'Ouest –, sous ses multiples formes. La plupart des modèles interprétatifs le situent à droite ou à l'extrême droite. Mais l'on se heurte alors au fait polémique représenté par l'existence de populismes prolétariens issus du communisme orthodoxe, du trotskisme ou de l'anarchisme, plus ou moins mâtinés d'écologisme : les succès médiatiques d'ATTAC et d'un José Bové, comme les réussites électorales d'Arlette Laguiller ou d'Olivier Besancenot en France attestent que des mobilisations de style populiste se produisent dans l'espace politique qu'occupe la nouvelle extrême gauche ou le néo-gauchisme « antimondialisation » (incarné par ceux qui se disent « altermondialistes ») ».

Cette reconstruction, sur fond d'imaginaire projeté qui démoralise symboliquement et politiquement des groupes populaires déjà démoralisés socialement, doit, on le voit, sa plausibilité intellectuelle à une double opération. D'une part, s'effectue une recomposition des affinités sociales et politiques puisque, par délimitation *a priori*, des fractions de l'élite sociale sont soustraites de l'électorat frontiste et que des fractions des classes moyennes scolarisées qui ne cadrent pas avec une démonstration expliquant le vote FN par le « simplisme et le manque d'études de ses électeurs sont soigneusement distinguées des groupes populaires. D'autre part, sont choisis des critères de distinction et de légitimité qui, trouvant leur validité dans l'*issue* de l'élection (ses résultats) plus que dans la structuration de l'offre politique qui la produit, mesurent, à l'aune de la « bonne forme de l'élection et de la démocratie », les comportements politiques ou électoraux présents ou passés. Les constats empiriques de telles analyses trouvent sans doute une de leurs conditions d'efficacité dans l'état de la compétition politique où le « populaire » ne fait plus recette et se trouve sans défenseur politique reconnu depuis l'érosion du PCF et le tournant néolibéral du PS. Leur efficacité est renforcée à un moment où les groupes populaires sont en train de s'absenter de la scène sociale et du jeu politique et où ils sont aussi relégués dans les préoccupations politiques et les espoirs messianiques des intellectuels ; ils n'apparaissent plus, dans les représentations politiques, que sous le visage de la pauvreté matérielle et intellectuelle, de l'inemployabilité, du désordre social et des coûts sociaux et électoraux du chômage et pour être disqualifiés au nom du rapport de délégation qu'ils entretiennent avec le politique, source d'archaïsme, d'obéissance obscurantiste et d'inefficacité[170].

La représentation « électoraliste » des groupes populaires trouve encore un soutien dans une vision duale largement dominante de la structure sociale où les groupes sociaux les plus dominés sont dépossédés de toute position sociale (on parle des « pauvres », des « exclus », des « gens d'en bas » et non plus de catégories professionnelles, de conditions de travail et d'existence). Cette vision est largement liée au « tournant néolibéral » qui s'est opéré à partir de 1983 et qui a encouragé une nouvelle façon de penser le monde social et les actions publiques. La soumission à une logique économique de toutes les politiques publiques a engendré des conceptions nouvelles du rôle de l'État et de ceux dont il a à assurer la protection[171]. L'État n'a plus de devoirs à l'égard des membres les plus vulnérables de la communauté nationale, notamment ceux de préserver une citoyenneté sociale au fondement de la citoyenneté politique en assurant une sécurité sociale contre les multiples risques de la vie en société. Il ne reste plus à l'État nouveau, à l'inverse de l'ancien État providence, qu'à gérer socialement la pauvreté des plus pauvres. Ce changement est important. Il produit une sorte de dissociation au sein de l'État entre la main droite (qui provoque toujours plus de précarisation et d'insécurité sociale) et la main gauche chargée de panser les plaies qu'il a lui-même ouvertes. L'État a alors une mission de charité publique, variable au gré du bon vouloir de ses représentants, et non plus une dette publique envers ceux qui travaillent à créer de la richesse et à le faire exister. S'opère en conséquence une sorte de nivellement des injustices sociales qui, en débarrassant le monde social de ses diverses formes de domination sociales, rend invisibles les milieux populaires et déconflictualise les rapports sociaux et politiques.

La représentation dichotomique du monde social, associée à une grande fluidité des critères de classement, construit ainsi du flou social et s'appuie sur toute une série de procédures de désidentification sociale auxquelles le néolibéralisme a intérêt. Toutes les distorsions possibles de la réalité sont permises sans risque de contradiction : présenter les droits sociaux comme des privilèges, des « tabous » à faire sauter ; montrer les salariés protégés par le droit du travail comme des nantis. Se trouve légitimée aussi une conception humanitaire des actions à mener et de leurs cibles[172]. Les pauvres deviennent des victimes de préjudices « naturels » (les « contraintes économiques ») dont on peut certes s'indigner mais dont il n'y a pas à attendre (ni même à souhaiter) qu'ils suscitent la mobilisation sociale et politique des principaux intéressés contre les raisons objectives de leurs malheurs. Cette « victimisation », qui tend à faire taire les griefs et perdre le sens du conflit, va souvent de pair avec un blâme des « pauvres », tenus pour responsables du sort qu'ils subissent. Le répertoire humanitaire, si bien exploité au niveau de l'État, instaure alors une concurrence entre les victimes (quel est le bon pauvre à secourir ? quel est le « pauvre méritant » ?) et surtout délégitime les formes organisées d'action collective visant à contrer les injustices sociales (du moins, les formes anciennes sous lesquelles ces actions collectives se réalisaient et auxquelles participaient les groupes populaires). Pour le dire rapidement, avec le néolibéralisme appliqué à droite et à gauche, le peuple est bien un problème à résoudre et plus une cause à défendre. L'on comprend combien la construction d'un peuple ignorant et dévoyé est l'envers obligé de cette « société civile » dont est vantée la vitalité par le néolibéralisme, nouvelle abstraction bien faite pour plaider toutes les causes démocratiques au prix de l'occultation des réalités sociales. L'on comprend combien aussi la théorie du populisme trouve là une de ses meilleures conditions d'acceptabilité. Elle trouve aussi sa plausibilité dans les tenants du « populisme du FN » des autres disciplines avec lesquels les électoralistes sont en situation d'échanges intellectuels et qui s'accordent, pour d'autres raisons que les leurs, sinon sur le mot de populisme, du moins sur les mêmes schèmes interprétatifs pour expliquer l'existence et la persistance politiques du parti frontiste.

Le naturel anti-démocratique prêté aux catégories populaires se diffuse d'autant mieux qu'il est censé reposer sur un savoir empirique, qu'il s'appuie sur des schèmes d'analyse qui entrent en résonance avec ceux d'interprètes situés dans d'autres secteurs professionnels et qu'il offre, par sa versatilité même, une opportunité de rencontres qui dépassent les prises de position idéologiques. La circulation de ces « connaissances » qui s'opère alors entre des univers apparemment séparés tend à valider l'existence même du phénomène populiste et autorise le retour de thèses explicatives aussi contestables que contestées.

Le retour de thèses contestées

Associée à des réflexions sur la « bonne gouvernance » des États démocratiques se trouve ressuscitée, pour l'occasion, la théorie ancienne et anciennement conservatrice de « l'ingouvernabilité » des démocraties lorsqu'elles sont soumises à une « surcharge » de demandes populaires. Cette problématique, dans les années 1970, circulait dans le huis clos des cabinets ministériels ou était développée dans les théories élitistes de certains politistes américains. Mise en forme par M. Crozier, S. Huntington et J. Watanuti dans leur rapport pour la commission Trilatérale en 1974, elle soulignait la fragilité des sociétés occidentales et proposait de limiter « les excès de démocratie » (droits syndicaux, droit de grève, liberté de la presse, etc.) pour empêcher l'effondrement du système libéral. Publié aux États-Unis, ce rapport n'a jamais été traduit en France (où le thème et les conseils qui lui étaient associés n'ont pas trouvé de répondants, seul celui de la Société bloquée mis en avant par M. Crozier faisant recette). S'affichant désormais publiquement, elle devient une justification (vite utilisée par les responsables de partis politiques de gauche et de droite) des nécessités de ne pas tenir compte des « émotions populaires » (L. Jospin évoquait ainsi les mouvements de SDF en 1997) ou un moyen de vanter, comme J. Chirac lors du référendum sur le quinquennat où l'abstention était massive, la « démocratie apaisée ».

Cette thèse est d'autant plus autorisée aujourd'hui qu'elle condense en elle des théories explicatives, depuis longtemps contestées en sociologie politique (mais pas simplement) et qui regagnent un crédit scientifique nouveau et inattendu dans la conjoncture interprétative marquée par le « populisme ». L'« autoritarisme des classes populaires », on l'a vu, en est un premier exemple, qui emprunte son vernis scientifique à la « personnalité autoritaire » d'Adorno et aux réflexions néoconservatrices de S. Lipset sur l'extrémisme politique[173], revues et corrigées par des chercheurs américains actuels. Mais d'autres théories, par son entremise, reconquièrent également les esprits savants et politiques.

Idéologie, propagande, communication : des explications illusoires

C'est tout d'abord une compréhension des relations dirigeants/électeurs (ou gouvernants/gouvernés) en termes de communication et de propagande (le vote populaire est un vote protestataire, un « cri d'alarme » devant être « entendu » ; le discours politique est le moteur des mobilisations électorales), qui permettent, en dépit d'enquêtes répétées montrant les impasses de tels présupposés, de redonner aux médias et aux discours politiques une toute puissance qu'ils n'ont pas, tout en faisant des « récepteurs », contre tous les acquis des sociologies de la réception, de simples cibles passives[174].

Tout comme une cohérence est postulée entre les idées affichées et les pratiques politiques adoptées, les raisons de l'émergence et de la persistance en politique du FN sont recherchées dans la cohérence des idées et des valeurs entre le « chef » et ses troupes électorales (voire au sein de ces deux entités). Elles résulteraient ainsi d'un endoctrinement idéologique, ce qui est, comme le remarquait Martin Broszat à propos du nazisme[175], « plausible seulement en apparence ». Des travaux de sociologie politique classiques (ceux de Paul Lazarsfeld par exemple) ont déjà réfuté une telle manière de comprendre les comportements politiques, en montrant le rôle très marginal de la campagne électorale dans la structuration des votes présidentiels en 1940 ; si endoctrinement il y avait, il ne convainquait que les plus convaincus[176]. Mais des travaux d'historiens sur le nazisme (le régime où ce type d'analyse semble le plus aller de soi) ont souligné toutes les limites de telles analyses. Des crimes effroyables pouvaient être déterminés non pas par adhésion à l'idéologie nazie, mais par conformisme au groupe et accomplis par des « hommes ordinaires » et non par des idéologues nazifiés[177]. Des ralliements à Hitler pouvaient être motivés certes par des croyances, mais des croyances qui n'étaient pas placées dans la magie de son verbe et de ses thèses : ces croyances résidaient dans des calculs politiques fondés sur son image d'« homme sans qualité » qui, à ce titre, laissait envisager qu'il pouvait être tenu et manipulé[178]. D'autres études ont montré que, si une opinion allemande existait, elle était socialement et politiquement clivée et davantage marquée par le désenchantement que par l'engouement « irrationnel » pour une idéologie messianique nouvelle ; elle pouvait suivre Hitler sans suivre ses idées, ni se reconnaître dans les actes commis en leur nom[179] ; la faveur dont le régime nazi bénéficiait ne dépendait pas d'une morale individuelle mais des possibilités d'expression des dissensions dans un régime marqué par la peur[180], des promesses concrètes de salut social que ce régime représentait à travers les politiques publiques qu'il mettait en œuvre, ou encore des formes de reconnaissance que s'attirait Hitler, moins comme individu que comme institution personnalisée. Ces travaux signalent ainsi combien il n'y avait pas ajustement préalable de gens disposés de telle sorte qu'ils acceptaient ou obéissaient à l'idéologie nazie. Ce sont les conditions du contexte social et politique qui ont activé, confirmé et consolidé les convictions idéologiques[181].

Contre les préjugés anti-populaires, le sociologue Alf Lüdtke, spécialiste du monde ouvrier, souligne à quel point les ouvriers allemands ont été épargnés par l'idéologie nazie moins grâce à leur « opinion » ou à leurs « valeurs » qu'au « quant à soi » propre à la culture ouvrière. Reste que, ici, c'est tout le problème du charisme (et donc du pouvoir de séduction du « chef » sur ceux qui le suivent) qui se trouve revisité. Ces analyses avancent des hypothèses empiriques qui renversent l'ordre des causalités tenu par un raisonnement en termes d'endoctrinement ou (mais c'est le même ici) en termes de charisme (on l'a vu précédemment). Cette thèse de la communication n'en revigore pas moins tous les poncifs les plus éculés, mais remis au goût de la conjoncture. Ainsi son médiacentrisme rencontre les intérêts professionnels des journalistes et des hommes politiques et permet d'inventer de nouvelles distinctions et de raffiner en subtilités les classements, comme le « technopopulisme » ou le « télépopulisme » prêté à des leaders de la droite radicale et censé éclairer les raisons de leur réussite[182]. Elle justifie aussi de réduire le pouvoir politique des leaders des partis extrémistes à une pure affaire de style et de rhétorique, une simple question de démagogie, et de faire de leur « performance » et de leurs prouesses médiatiques l'unique source de leur succès : c'est la « formule gagnante », selon les mots de P. Perrineau, qu'ils ont su stratégiquement élaborer dans leur plan de marketing, qu'il s'agirait de retrouver.

La démagogie en questions

Dans un entretien paru dans *Le Point* (25 avril-2mai 2002), entre les deux tours des élections présidentielles, P.-A. Taguieff revient sur le vote en faveur du FN, un « parti anti-partis », insistant sur « l'extraordinaire sous-estimation prévalant à l'égard de toutes les violences urbaines depuis plusieurs années » et remarquant que « nous assistons dans le désordre à une revanche des laissés-pour-compte, au rejet de l'Europe de Maastricht (comme système de dépossession), à une demande d'autorité. Dans la thématique lepéniste, le libéralisme économique séduit infiniment moins que la dénonciation de l'insécurité et du fiscalisme, sans parler des problèmes liés à l'immigration, dramatisés par l'extrême gauche de diverses manières (« sans papiers », « double peine » , etc.), toutes provocations allant dans le sens de la permissivité ». Laissons ces propos remarquables à leur auteur, allons plus loin dans l'entretien : « On va agiter le pseudo-péril fasciste, un peu comme cela se passe en Italie, où l'on diabolise Berlusconi en tant que néofasciste alors qu'il n'est qu'un démagogue. » Seulement un démagogue ? On se souvient que, pour l'auteur, S. Berlusconi incarne le « télépopulisme » par excellence mais pour d'autres politistes, connaisseurs du système italien et regardant les pratiques du président du Conseil italien, la chose est un peu plus compliquée (rappelons que Forza Italia dispose de la majorité au Parlement) : mesures législatives discriminatoires à l'égard des syndicats et des étrangers (une nouveauté en Italie dont le projet de loi a été préparé et rédigé par U. Bossi, leader de la Ligue du Nord, qui a développé, à l'approche des élections législatives de 2001, un discours explicitement xénophobe), réorganisation du pouvoir judiciaire, à commencer par le Conseil supérieur de la magistrature augmentant considérablement le nombre de membres élus par les députés par rapport à ceux désignés par les magistrats eux-mêmes (magistrats qui ont quelques dossiers en souffrance sur S. Berlusconi), révision de la législation pénale, déréglementation en cours des mesures de protection contre les accidents du travail, sans compter une définition de l'opposition comme adversaire irréductible (« tous des communistes »). Sur ces différents points, A. Mastropaolo, « Les mutations de la démocratie italienne », Colloque « *Berlusconi un an après* », Paris, CERI, 13 mai 2002 ; M. Avenza, « La Ligue du Nord recule, pas ses idées », *Alternatives internationales, op. cit.* ; Ch. Bouillaud, « La lega Nord ou comment réussir à ne pas être populiste (1989-2002) », *in* O. Ihl *et al, La tentation populiste au cœur de l'Europe*, Paris, La Découverte, 2003 ; J.-L. Briquet, « Le phénomène Berlusconi : crise et recomposition du jeu politique en Italie », article à paraître.

La thèse du « vidéo-pouvoir » simplifie considérablement la politique en la réduisant à n'être qu'une simple technique de communication et en éludant toute investigation sur le travail politique concret de représentation des autres (travail d'implantation locale, gestion et démarcation des concurrents, prise en charge et mise en forme des thèmes sociaux, réduction de la distance qui sépare les porte-parole politiques de ceux qu'ils cherchent à mobiliser, etc.). Elle n'a pour elle que la force d'une mythologie intéressée[183] qui rend licites toutes les déplorations possibles sur la dégradation de la démocratie représentative en démocratie d'opinions, sur la dénaturation de l'espace public soumis à tous les bateleurs d'estrade, sur les dévoiements des publics populaires dont les goûts les portent à préférer les émissions et les discours faciles aux choses lettrées et raisonnées. Les poses sont ainsi occupées : aristocratie de la raison contre populaire vulgaire et grossier. Elles n'en sont pas moins anciennes et usées tant elles ont été jouées et répétées dans tous les domaines des pratiques culturelles depuis le siècle des Lumières. Le peuple est toujours la « multitude aveugle et bruyante » que stigmatisait

Condorcet en 1776 : « Quand on parle d'opinion, il faut en distinguer trois espèces : l'opinion des gens éclairés qui précède l'opinion publique et finit par lui faire la loi ; l'opinion dont l'autorité entraîne l'opinion du peuple ; l'opinion populaire enfin qui reste celle de la partie la plus stupide et la plus misérable. »

La frustration : un prêt-à-porter théorique

Autre arsenal interprétatif : la thèse de la frustration utilisée pour expliquer les « insatisfactions politiques » et les mobilisations électorales auxquelles elles sont censées donner lieu. Elle s'accompagne de l'activation d'un schème de compréhension rassurant moralement, mais peu pertinent pour restituer à la fois les conditions historiquement variables des mobilisations populaires et la réalité historiquement située des mouvements politiques observés : le schème du déclassement social comme principe de surgissement des insatisfactions politiques. Le déclassement est réputé avoir joué pour le boulangisme, le poujadisme, le nazisme ; les mêmes causes étant supposées produire les mêmes effets, il est réputé agir pour le FPÖ en Autriche, la Ligue du Nord en Italie et, bien sûr, le FN en France. Ce ne sont pas ses vertus analytiques possibles qui sont en cause, des travaux sociologiques en ont montré la pertinence quand il était restitué concrètement dans des cas singuliers, dans certaines circonstances précises. C'est son application générale et mécanique et souvent *a priori* qui, tout en donnant un air sociologique aux propos tenus, est contestable. Rassemblant des mécontents et des inquiets devant la modernisation sociale et économique, le FN, à l'instar de ses devanciers comme le boulangisme et le poujadisme, ne recevrait, ainsi, le soutien que de mécontents, souvent des victimes directes des progrès évoqués : une sorte de « révolte des exclus ». Ce schème du déclassement qui tient d'autant mieux qu'il a été très largement convoqué pour expliquer les succès du nazisme (les chômeurs auraient été les premiers à soutenir Hitler dans sa montée au pouvoir[184]) et qu'il est devenu une sorte de lieu commun sur les candidats à l'extrémisme politique, invite à se désintéresser des différentes catégories de l'élite sociale et politique pour ne retenir que les sans grade et les dépossédés ou en voie de l'être. Il porte, en outre, à produire une explication naturelle ou étiologique des comportements politiques davantage qu'une explication tenant compte de la dynamique sociale et politique.

D'abord, ainsi que l'a montré le sociologue Albert Hirschman[185], le mécontentement entraîne d'autant moins une mobilisation que, loin d'en être à la source, il en est un des résultats. Ensuite, les plus mobilisés dans la promotion d'une cause (même indigne) sont toujours atypiques par rapport aux groupes dont ils se réclament et possèdent des caractéristiques sociales et politiques qui les font ressembler davantage aux autres représentants sociaux ou politiques auxquels ils s'opposent[186] (et donc les raisons qui mobilisent les dirigeants risquent de ne pas être équivalentes à celles qui mobilisent la « base »). Enfin le schème du déclassement, tel qu'il est employé ici, est aussi la traduction, au plan de l'analyse, des jugements en illégitimité tenus sur le « populisme ». Fonctionnant amplement comme une « injure polie » qui range au plus bas de la dignité morale et politique le FN et ceux qui l'incarnent (on le voit dans les mots qui lui sont associés : « nationalisme fermé », « manipulation », jeu sur « les peurs et les instincts les plus irrationnels »), le « populisme », comme mouvement et lignée contraires aux attendus démocratiques, est propice à l'adoption d'un point de vue qui parte de cette indignité statuée pour la reporter sur le FN.

La projection s'opère avec une facilité d'autant plus grande que les adeptes du FN sont présumés justement venir des classes populaires jugées « peu réflexives et peu éduquées », défiantes à l'égard des partis et de la politique et surtout hostiles envers les immigrés et nostalgiques d'un chef autoritaire. À l'inverse, en outre, des autres « ismes » (libéralisme, socialisme, communime, gaullisme), la lignée populiste n'a pas de grands défenseurs intellectuels, passés et présents, et pour cause : le « national-populisme » ou le « populisme » est une reconstruction d'aujourd'hui qui n'a jamais eu en France d'existence politique pratique et qui fonctionne à l'insulte (comme le « poujadisme » auquel le mot s'est d'ailleurs substitué dans les polémiques à partir des années 1980). L'explication par la frustration a tout, dès lors, d'une projection incontrôlée de l'imaginaire d'une élite sociale sur les groupes les plus dominés, projection qui rassure moralement. Il est plus confortable en effet de penser que ce sont les plus « pauvres » en toutes sortes de ressources (économiques, sociales, culturelles) qui se retrouvent dans un parti grossier et condamnable comme le FN plutôt que des membres de classes supérieures diplômées, raisonnables et « modernes ».

Le schème du déclassement est ainsi une antienne de l'analyse de l'extrémisme politique depuis les années 1930 voyant dans le radicalisme en politique le point de rassemblement des « inquiets » et des « laissés-pour-compte de la modernisation économique et sociale ». Fortement remis en cause par les historiens du nazisme et invalidé par les sociologies des mobilisations, il est devenu cependant une sorte de « prêt à penser » théorique et générique des analyses politiques qui fonctionne comme un *a priori* indiscutable et invérifié tant il n'appelle ni discussion ni vérification empirique (comme une analyse de la biographie d'électeurs FN venant montrer comment la crise sociale traversée a affecté le cheminement politique de ces individus). L'explication par la frustration ne doit sa plausibilité qu'à l'effet de réalisme qu'elle suscite : on est bien dans une période de crise sociale marquée par la précarisation et la déprotection sociales croissantes des catégories les moins établies de la population, il existe bien des mécontentements sociaux voire des exaspérations sociales, donc... un vote Le Pen ou un succès frontiste. Les précédents historiques sont convoqués en preuve supplémentaire : dans les années 1930, la crise sociale et économique n'a-t-elle pas entraîné la montée du nazisme et du fascisme ? On peut pourtant donner par l'absurde un démenti à un tel enchaînement logique des causes qui ne s'embarrasse ni de la diversité des contextes historiques ni de la complexité des phénomènes sociaux et politiques ni de leur traduction différentielle dans les pratiques.

Si la frustration sociale (et donc la crise sociale et économique) était réellement à la source de la « protestation » politique, alors on devrait s'étonner de l'extrême faiblesse du score FN et non de son ampleur. Le dernier recensement de la population comptabilisait entre 8 et 9 millions d'ouvriers et de chômeurs, sans inclure ceux qui sont au seuil de la pauvreté tout en ayant un emploi (autour de 2 à 3 millions de personnes) : le vote FN devrait en conséquence submerger la démocratie représentative (et non se cantonner aux 5 millions d'électeurs obtenus au plus fort de la vague en 2002, vite d'ailleurs retombés aux législatives suivantes à un point tel[187] qu'il faudrait en conclure que les frustrations, les ressentiments, les « haines raciales » se sont soudainement évanouis tout comme le charme du lepénisme). Il n'en reste pas moins vrai que ces thèses, malgré leur inadéquation avec la réalité, offrent de multiples opportunités de déplorer et de condamner, de dramatiser tout en faisant preuve de jugements éclairés et encore une fois de séparer nettement l'élite et le peuple. Elles trouvent là leur efficacité sociale, en permettant des réappropriations nombreuses et dispersées dans la presse (où elles acquièrent une forte visibilité), dans le monde politique (où elles contribuent au sens pratique des hommes politiques), dans différents univers savants (où, on l'a vu, elles permettent de résoudre au mieux les enjeux disciplinaires affrontés).

Une philanthropie conservatrice

Les possibilités sont dès lors ouvertes pour discréditer les groupes populaires censés être les premières (et les seules) victimes d'un engouement naïf pour les discours de J.-M. Le Pen, sans rencontrer ni contradicteur ni résistance intellectuelle et politique. On assiste là, tant l'accord est généralisé, au retour de la longue litanie des disqualifications du populaire en politique, depuis son intervention en force et en nombre sur la scène publique à la fin du XIXe siècle : psychologie des foules (irrationnelles et menaçantes)[188], stigmatisation des premiers leaders ouvriers et socialistes, puis des dirigeants communistes, sortes d'automates voués à la « langue de bois » et prisonniers du langage des rues, gens « primaires » dont la réflexion est à la hauteur de leur certificat d'études primaires[189].

Une inflexion importante s'est cependant produite par rapport au passé, qui a tout d'un retournement des points de vue. Hier, le populaire était craint et violemment réprimé ; aujourd'hui, il est craint et plaint à la fois, et il est relégué dans l'invisible et l'inaudible. Hier, à travers la stigmatisation des leaders ouvriers, c'était la cause émancipatrice défendue qui était visée. Aujourd'hui, c'est la cause même du populaire qui discrédite ses représentants réels ou présomptifs. Est-ce alors étonnant que revienne parée de nouveaux attraits la théorie ancienne et anciennement réservée aux élitistes conservateurs de « l'ingouvernabilité des démocraties quand elles sont soumises à une surcharge des demandes populaires » ? Elle permet de faire coup double. D'un côté, en dénonçant dans le FN, non plus le « fasciste déloyal » des premiers temps, mais un parti « trop démocratique », une sorte d'« intégrisme démocratique »[190] menaçant les principes démocratiques d'ouverture et de modernité et révélant l'inachèvement intrinsèque de la démocratie, elle rend possible l'extension de l'accusation à toutes les oppositions politiques et intellectuelles cherchant à faire de la démocratie une utopie réalisée, notamment en combattant les injustices sociales et en plaidant la cause des groupes fragilisés et précarisés. De l'autre, elle laisse entendre, sans le dire ouvertement, mais en le suggérant hautement, que la démocratie fonctionnerait bien mieux sans les groupes populaires, toujours prompts à se rallier à toutes les causes les plus archaïques, rudimentaires et dangereuses ou à toutes les insubordinations. Les déplorations, qui accompagnent le plus souvent les condamnations portées sur les groupes populaires, sont loin, alors, d'être l'expression d'une commisération envers les plus vulnérables. À la manière de cette nouvelle philanthropie décrite par Nicolas Guilhot[191] chez les plus radicaux des néolibéraux américains, elles sont le moyen de faire passer, dans un habillage démocratiquement vertueux, les discours les plus conservateurs.

Le FN, un nationalisme et un mouvement social ?

Des abus d'identité

Les preuves avancées pour confirmer la nature populaire du FN sont sujettes à caution, on vient de le voir. Qu'en est-il maintenant de l'identité politique prêtée à ce parti ? Pour les tenants du populisme, il s'agit d'un autoritarisme nouvelle manière, mêlant discours sociaux et nationalisme virulent. Là encore, la définition est rien moins que probante, voire parfois contradictoire avec les pratiques politiques frontistes. Pour comprendre comment une telle méprise est possible, c'est sur les modalités du travail interprétatif que ces analystes adoptent qu'il convient de revenir.

Devant un FN qui surgit quand ils ne l'attendent pas, qui se maintient dans le jeu politique alors qu'ils ne cessent d'en prédire le déclin ou la disparition, les analystes du populisme vont réagir et transformer ce nouveau venu qui perturbe leurs pronostics en un phénomène connu de leurs cadres de perception. L'enjeu, pour eux, est de maîtriser, au moins symboliquement, un mouvement politique qui échappe à leur sens des prophéties. Ils fabriquent alors un FN pour « experts en populisme », en lui attribuant les identités préétablies dont ils sont les spécialistes au sein de leur profession (nationalisme, mouvement social), au prix cependant de toute une série de déformations des représentations. Sans qu'ils s'en aperçoivent nécessairement, ils prennent une réalité pour une autre, vident les mots employés de leur sens en en changeant la signification. Au bout du compte, le lexique qu'ils empruntent pour qualifier le FN ressemble à la « novlangue » que décrivait Orwell dans son roman *1984*, propice à tous les doubles langages et les malentendus et créatrice de simples mots de passe fonctionnant sur des distinctions arbitraires. Le piège est double. Non seulement, le FN se voit imputer une identité politique qui abuse souvent de la réalité, tant elle est opposée à celle que ses pratiques révèlent, mais les experts en populisme se retrouvent aussi, bien malgré eux peut-être, à faire le contraire de ce qu'ils prétendent : créditer le FN d'une légitimité politique quand ils s'attachent à le discréditer et s'inscrire dans un jeu croisé de confortation réciproque avec un parti qu'ils s'emploient pourtant à déconsidérer.

« Populisme » et FN : une identité d'adoption

La méprise prend sa source dans le regard que ces spécialistes portent sur le parti frontiste. Leur lecture du FN en termes de populisme les emprisonne dans une posture qui les aveugle sur ce que représente politiquement ce parti et sur ce dont il est capable. Un mouvement de mécontents conduit par un aventurier au talent de tribun flattant les peurs et les instincts des plus démunis et proposant des solutions simplistes et xénophobes aux graves problèmes du temps : telle qu'ils l'ont élaborée, leur version du « populisme » réactive, sous une forme savante, toute la distance morale, intellectuelle et politique qui les sépare de l'organisation frontiste, de ses électeurs et de ses dirigeants. Elle crée, chez eux, un sentiment de hauteur qui les conduit à suivre la logique du mépris et à imputer une triple illégitimité politique, sociale et intellectuelle aux porte-parole du FN. Leur surplomb, souvent condescendant, ne les met plus, alors, en position de pouvoir anticiper ou imaginer les usages politiques que les représentants de ce parti peuvent faire du discrédit et du reclassement identitaire qui leur sont attribués. D'une part, parce que les dirigeants du FN sont tout sauf illégitimes socialement et intellectuellement (on trouve parmi eux des professeurs d'université, des avocats, des journalistes, des cadres supérieurs du privé) et possèdent donc des ressources sociales à opposer à leurs concurrents et à leurs détracteurs. D'autre part, parce que l'indignité dans laquelle est tenu le FN masque le capital politique collectif dont il dispose. Considérer l'organisation frontiste comme un lepénisme fait perdre ainsi de vue les autres dirigeants du FN et les groupements satellites qui l'entourent. L'ensemble des ressources qu'ils possèdent disparaît, de la même façon que se trouve dissimulée la spécificité de leurs compétences politiques. À l'inverse des poujadistes par exemple, les porte-parole frontistes sont des professionnels de la politique et des professionnels particulièrement expérimentés, à la fois aguerris aux règles du jeu démocratique et experts en pratiques anti-démocratiques. Les mêmes qui ont candidaté à des élections et réussi, pour certains, à être élus ont un long passé de militants dans des groupes radicaux (Algérie française voire OAS, comités Tixier Vignancourt, Ordre nouveau, GUD – Groupe union défense inscrit dans le milieu étudiant dont l'un des slogans favoris aujourd'hui est « À Paris comme à Gaza, Intifada » –, comités des Traditionalistes chrétiens, etc.). Les représentants de la nouvelle génération, qui occupent des positions importantes auprès de J.-M. Le Pen, sont eux aussi des « vieux » militants au sein du FN dont ils maîtrisent à la fois la ligne idéologique et l'orientation tactique (Carl Lang, par exemple, adhère au FN en 1978 et devient membre du comité central à partir de 1982).

Cet ensemble de savoirs et de savoir-faire professionnalisés dans l'extrémisme politique les singularise parmi les hommes politiques. Même s'ils sont dotés de ressources sociales importantes, les dirigeants frontistes doivent leur position politique actuelle à leur engagement dans des groupements fermés sur eux-mêmes, que ce soit dans des groupuscules ou dans un FN longtemps situé aux marges de la démocratie et du système électif. Ils sont, sans doute, d'autant plus attachés aux idées de leur mouvement politique qu'ils n'auraient pu escompter réussir à occuper des places de responsabilité dans les organisations de droite (dont certains sont des transfuges comme B. Mégret qui adhère au FN en 1986 après avoir été au RPR). Celles-ci privilégient, en effet, plutôt les enfants de la bourgeoisie installée et misent davantage sur les énarques que sur les professions libérales et universitaires auxquelles ils appartiennent. Mais c'est leur type d'investissement partisan qui les distingue des autres représentants politiques en les vouant à tenir à leurs idées. Insérés dans une mouvance organisationnelle qui fédère des groupes différents et divergents dans leurs préoccupations, ils ont appris à participer à des luttes internes dont le règlement se jouait sur le terrain idéologique et tactique. Ce qui suppose, pour l'emporter dans ces conflits, de détenir de fortes compétences intellectuelles et idéologiques. Dans l'histoire de l'extrême droite depuis les années 1950 et celle du FN depuis 1972, les débats internes ont toujours porté sur la meilleure façon de réussir à diffuser, dans le champ politique, les idées radicales. L'enjeu n'a jamais été de réformer le projet hostile à la démocratie (en l'atténuant ou l'abandonnant), mais de définir une ligne tactique permettant de le faire passer et accepter le plus largement possible, quitte à user de faux-semblants[192]. En ce sens, dans ce type de mouvement politique, à la différence des partis classiques[193], les ressources intellectuelles et idéologiques sont centrales à la fois pour maîtriser les compromis d'alliances éventuelles et la définition de la ligne politique et pour espérer conquérir un poste important. En ce sens également, le rapport au monde social et politique est fortement instrumentalisé au profit des luttes idéologiques. C'est ce capital politique et intellectuel qui, à l'inverse de ce que laisse croire l'image de « ratés » ou de vulgarité qui leur est accolée, assure aux responsables frontistes la détention de toutes les armes pour contrer leurs adversaires, notamment en les prenant à leur propre jeu. Ils peuvent « endosser les stigmates », sans avoir le sentiment d'être réduits à une totale indignité (« Je suis la bête immonde qui monte, qui monte », se moquait J.-M. Le Pen). Ils retournent d'autant mieux à leur profit leur caricature sociale que, tout aussi symbolique soit-elle (des « parvenus », des « aventuriers », des « déclassés »), elle est source de profits politiques puissants.

Sans qu'ils aient besoin de payer de leur personne, leur « abaissement » social leur épargne un long et coûteux travail politique rendant vraisemblable leur représentation des milieux populaires, puisque la distance qui les lie à la « base » militante ou électorale qu'ils visent se trouve magiquement réduite. Il leur ouvre encore un répertoire identitaire bien plus large que celui permis par leur statut social en leur offrant la possibilité de réactiver, dans le registre nouveau de la représentativité sociale, un « art de la feinte » auquel ils sont professionnalisés de longue date. Les porte-parole du FN peuvent ainsi s'employer à faire croire qu'ils sont « le peuple » quand ils l'ont fui depuis longtemps, faire croire qu'ils parlent pour le peuple ou les groupes populaires ou la classe ouvrière, alors même que leur « programme » est dirigé contre les plus démunis (libéralisme à outrance, xénophobie, etc.), et s'ériger en représentants et continuateurs d'un « populisme populaire » contre des partis qui ont fait défection, depuis longtemps, dans les milieux les plus modestes.

Les dirigeants frontistes comprennent, en outre, d'autant mieux l'intérêt qu'ils ont de se reclasser politiquement (et de perdre l'image radicalisée de leur passé groupusculaire) que ce reclassement a d'abord été un enjeu de lutte interne sur la meilleure façon de diffuser leur cause et de la faire aboutir : en restant entre eux ou en s'essayant à la voie électorale. Tout comme ils ont pu reprendre à leur compte, grâce à leurs compétences intellectuelles et politiques, des analyses scientifiques (par exemple la démographie de l'immigration[194]), ils ont su trouver, dans le « national-populisme » et le « populisme », une ressource identitaire[195] et l'assumer, à un moment où ils entendaient interdire, par le recours au droit, l'emploi de l'étiquette d'extrême droite ou de droite extrême, pour imposer celle de « vraie droite » qu'ils réclamaient contre la droite classique[196].

Les mots et les idées sont, pour eux, importants. Les dirigeants frontistes sont habitués, en effet, à faire « de la lutte politique une lutte sémantique » ainsi que le déclarait B. Gollnisch dans *Le Figaro* (21 juin 1996). « Celui qui impose à l'autre son vocabulaire lui impose ses valeurs, sa dialectique et l'amène sur son terrain à livrer un combat inégal ». Rompus à l'art de créer un sentiment d'appartenance sur « la communication entre soi d'une vérité cachée encore inaudible par d'autres »[197], ils sont spécialisés dans le jeu sur le dicible et l'indicible[198], leur permettant de mêler l'efficacité de la parole avec l'innocence du non-dit : ainsi, lorsque B. Mégret en appelle à « la libre recherche historique », il faut entendre la liberté d'expression pour les négationnistes. Comme le rapporte l'un de ses proches : « Mégret donnera l'image d'un homme respectable, pondéré, qui permettra de mieux faire passer nos idées dans un pays qui, avouons-le, meurt sous la botte du politiquement correct. Dans cette période totalitaire, mieux vaut être souple comme le roseau que dur comme le chêne[199]. » Les dirigeants frontistes sont en mesure de tirer tous les profits possibles des interprétations des spécialistes du populisme prenant leurs discours officiels pour l'explication de leur comportement, puisque ces discours ne sont qu'une façade destinée à mystifier les autres. C'est ainsi qu'ils vont crédibiliser la dimension sociale qui leur a été octroyée en 1987 par les tenants du « populisme », en se dotant en 1992 d'un programme social, totalement absent de leur ligne initiale. Début 1996, B. Mégret explique dans un entretien au *Monde* : « Le FN entend développer un programme social et soutenir les mouvements sociaux, mais dans une démarche rénovée. Nous voulons faire du social sans faire du socialisme ». Il précise sa vision, quelques temps plus tard, dans un ouvrage (*La Troisième Voie. Pour un nouvel ordre économique et social*, Éditions nationales, 1997) : la nécessité de subordonner l'économique au politique et de créer « un nouvel ordre économique et social fondé sur la liberté de marché, la régulation des échanges et sur un nouvel ordre social enraciné dans les communautés et les valeurs traditionnelles de notre pays ».

C'est dire combien les spécialistes du populisme qui croyaient les injurier et les condamner en les taxant de « populistes » ont offert aux dirigeants frontistes des sources inestimables de légitimation. Professionnalisés dans l'art du double jeu et maîtrisant l'intérêt politique à la stigmatisation, ils ont pu utiliser au mieux cette légitimité identitaire improbable. Toute leur carrière de « marginaux » voire de « bannis » de la République les a préparés à savoir prendre à revers leurs adversaires en jouant de leurs croyances. Elle leur a fait acquérir, outre une forte capacité de résistance à l'injure, une aptitude à retourner les insultes sinon en lettres de noblesse du moins à leur avantage. Ainsi, les « lapsus » de J.-M. Le Pen sont loin d'être des bourdes ou des dérapages verbaux incontrôlés révélant sa vulgarité, son style démagogique et son inaptitude à la bienséance. Au même titre que ses déplorations récurrentes sur les entraves mises à sa candidature faute de signatures suffisantes ou pour cause de bureaucratie tâtillonne, ils ne sont rien d'autres que des stratégies de scandalisation. Ces stratégies visent à relancer les débats autour de lui, alimenter sa notoriété (que ce soit sous le visage de l'effroi ou de l'ignoble étant sans importance) et confirmer ses propos : il apparaît bel et bien comme la victime centrale de tous les acteurs dominants du moment (journalistes, intellectuels, hommes politiques). L'entreprise est tout sauf démagogique (au sens ordinaire où l'entendent les spécialistes du populisme). Elle ne joue pas sur « l'opinion » ou les électeurs : elle prend appui, au contraire, sur la fermeture du monde politique sur les seuls hommes politiques et journalistes pour inciter une mobilisation médiatique qui, même menée contre lui, lui assure la visibilité des « unes » de tous les quotidiens. En laissant ainsi ses détracteurs faire de lui un stigmatisé unanimement décrié, le seul en outre à l'être à ce point aujourd'hui, J.-M. Le Pen réussit à occuper, dans le jeu politique, la place du dominé dont il n'est pas sûr qu'elle ne lui profite pas électoralement, après lui avoir profité politiquement, en créant une homologie de situation avec certains acteurs sociaux ressentant leur position comme une relégation indûe et une condamnation de leurs aspirations.

On perçoit mieux la particularité que ce type d'hommes politiques représenté par J.-M. Le Pen introduit dans le jeu politique et ses effets sur les conduites des autres hommes politiques et sur tous ceux qui, dans leur secteur social respectif, participent à la production de la légitimité politique. Un des effets majeurs de sa présence dans la compétition politique est de déconcerter et de dérouter les représentations établies, en demeurant, du fait même de son double jeu avec les règles démocratiques, imprévisible et inattendu. Que la scission entre FN et MNR (Mouvement national républicain) ait pu être présentée comme une opposition entre un B. Mégret plus droitiste que radical au nom des alliances qu'il proposait avec les partis de droite classique, et un J.-M. Le Pen, vieux fantassin non repenti d'une extrême droite dépassée, en est la meilleure illustration. Contrairement à cette représentation de surface, tous les deux partagent les mêmes idées, la même ligne, le même projet anti-démocratiques : c'est sur la tactique politique qu'ils étaient en désaccord.

Par ailleurs, si l'on veut bien examiner ses pratiques politiques plutôt que ses discours, c'est un tout autre FN qui refait surface. Contrairement aux conclusions hâtives qui le montrent « populaire » à la base et « notabilisé » au prétexte qu'il a remisé son passé groupusculaire et accepté de se plier aux règles du jeu électoral, il continue à travailler une radicalité dont il n'a pas refusé l'héritage. Les déclarations des députés frontistes de 1986 à 1988 étaient exemplaires de cette condensation d'extrémisme et de hauteur sociale : F. Bachelot, médecin, se lançant dans une « croisade anti-Sida » et faisant des immigrés les principaux responsables de la maladie au nom de leurs mœurs sexuelles dépravées ; J.-C. Martinez, universitaire, rapporteur sur le budget de l'Éducation nationale, dénonçant, dans de violentes diatribes, l'échec de l'éducation au nom de « l'accouplement des pédagogues et des syndicalistes, des pervers de l'Éducation nationale et des ratés de l'enseignement », des « attouchements pédagogiques exercés sur une génération d'enfants », les membres du personnel enseignant étant « des cellules pathogènes ayant échappé à la radiation »[200]. Plus qu'en 1981, le FN rassemble différents groupements politiques auxquels la violence n'est pas étrangère : liens maintenus avec des groupes extrémistes radicaux en France ou à l'étranger (secte Moon, groupes anti-IVG américains aux méthodes brutales), avec des personnalités au passé et au présent idéologiques plus que « sulfureux », entretien d'un militantisme ultra violent que ce soit par le vocabulaire utilisé pour décrire les « ennemis », par les armes employées contre eux et par ses modes d'action[201] (skinhead, GUD ou groupes de militants envoyés combattre dans les affrontements armés de la guerre du Liban ou de l'ex-Yougoslavie). Le FN n'est pas ainsi ou notable ou radical : il est les deux à la fois. Ce double visage, qui est un double jeu sur et avec les règles démocratiques, constitue son identité politique concrète. C'est lui qui, justement, offre au personnel frontiste un répertoire d'actions et de justifications bien plus ouvert qu'il n'y paraît et surtout bien plus corrosif sur les croyances démocratiques tenant pour évident que le recours au suffrage universel apprivoise à la démocratie : le précédent historique du nazisme suffirait pourtant à rappeler qu'il n'en est rien ; son arrivée au pouvoir s'est faite par les élections qu'il a maintenues quelques temps sans que cela atténue sa radicalité, tant s'en faut, ce serait même l'inverse.

On perçoit mieux aussi la forme des contributions plus ou moins involontaires et incontrôlées que l'ensemble des acteurs du jeu politique, toutes provenances sociales et politiques confondues, apportent au maintien et à la persistance politiques du FN : participer à le faire exister et gagner dans les représentations sans qu'il ait besoin d'agir politiquement ou de gagner dans les urnes. L'échec électoral ou l'échec à prendre le pouvoir politique peuvent ainsi masquer un succès idéologique qui, même sur le mode du scandale, vient profiter à ses thèses et à ses prétentions avant de lui profiter politiquement. Il n'est même pas certain que les chefs pitoyables qu'on prête à J.-M. Le Pen pour prédécesseurs (Boulanger et Poujade) ne contribuent pas à donner au FN une image de « raté » bien opportune quand il s'agit d'avancer à couvert et sans susciter une crainte qui interdirait des alliances éventuelles avec d'anciens adversaires. Elle peut laisser croire à ces nouveaux alliés qu'ils réussiront à tenir et à manipuler à bon compte ceux avec qui ils concluent un accord ou les « repentis » qui passent dans leurs rangs. La méprise sur la réalité du FN est produite encore autrement que par les regards faussés dont il est l'objet. Elle résulte des « montées en généralité » imposées par la hauteur de vue exigée de tout expert, notamment en matière de menaces démocratiques. Rien ne l'atteste mieux que les qualifications de « nationalisme » et de « mouvement social » attribuées au FN. Ces appellations apparemment « contrôlées », connues et répertoriées dans le vocabulaire de l'analyse politique, sont trompeuses. Elles inversent le sens des pratiques adoptées par le FN et créent des clivages politiques qui n'ont d'autre existence concrète que les usages qui les autorisent.

Un nationalisme contrefait

La qualification de « nationalisme », là encore, a été vite endossée par les dirigeants du FN. Elle n'avait aucune raison de les rebuter, eux qui ont défini leur parti comme appartenant « au camp national », opposant « pays réel » et « pays légal », « France réelle » et « anti-France », « national » et « cosmopolite ». Ils la récusent d'autant moins qu'elle est doublement valorisante. D'une part, elle rattache le FN à une idéologie ancienne qui a produit le meilleur comme le pire au nom de la défense de la République. Les interprètes du « national-populisme » le comprennent d'ailleurs très bien, puisqu'ils sont conduits à distinguer entre « nationalisme ouvert » et « nationalisme fermé » sans que l'on sache à quoi exactement renvoie cette distinction, si ce n'est à renforcer une vision normative de la démocratie et à départager le bon grain de l'ivraie au prix de quelques incohérences : le gaullisme de de Gaulle se trouve ainsi rangé sans grande surprise dans le camp des démocrates du « nationalisme ouvert », même quand il faisait preuve d'un antieuropéanisme et d'un antiaméricanisme flamboyants. D'autre part, en faisant passer la xénophobie des dirigeants frontistes pour une exaltation du chauvinisme ou du patriotisme, la qualification de nationalisme travestit le sens des discours tenus par le FN à l'égard des « étrangers » (ce qui offre aux dirigeants frontistes la possibilité de « dire sans dire » et de pratiquer leur art de jouer sur le dicible et l'indicible, sans être soupçonnés ou dénoncés). À condition d'examiner les discours du FN sur l'immigration, non pas à la valeur faciale des mots employés mais dans ce que ces mots « font » à la réalité qu'ils évoquent, une autre dénomination s'impose davantage en effet : avec le FN, il s'agit surtout d'un *dénationalisme* tant ses prises de position transforment en « immigrés » et en « étrangers à la nation » des individus et des groupes qui, nés et vivant en France, lui appartiennent. Les enfants dont les parents sont immigrés deviennent des immigrés eux-mêmes et, au nom d'origines ethniques imputées, sont jugés à partir d'une culture (celle du pays de leurs parents) qui n'est pas la leur. Contrairement à ce qu'en disent les historiens et tous les tenants du populisme après eux, et s'il fallait vraiment au FN des prédécesseurs, ces derniers seraient moins à trouver dans le boulangisme ou le poujadisme (avec lesquels ses membres n'ont aucun lien personnel de proximité) qu'à rechercher dans l'histoire peu glorieuse de Vichy et de ses politiques raciales. L'évacuation de la généalogie frontiste de toute référence à Vichy est d'ailleurs étonnante quand on sait que, à ses débuts, le FN a compté, parmi ses cadres, des responsables ayant appartenu à ce régime (comme Roland Gaucher). Elle est plus surprenante encore quand on observe son bricolage idéologique qui s'est inspiré très largement de « valeurs » vichyssoises.

Maurras, n'en déplaise aux historiens du populisme, a été et est encore un auteur de référence, voire une ressource intellectuelle d'importance au sein de l'extrême droite. Il a été mobilisé pour définir le « Camp national » et le « compromis nationaliste » qui s'imposait pour le FN à un moment où une fraction de ses responsables cherchaient à se démarquer de tendances jugées trop marquantes (et trop voyantes) pour gagner une respectabilité politique. Il est tout aussi curieux de ne jamais voir évoqué, dans la tradition frontiste, l'épisode de l'Algérie française et de l'OAS qu'ont pourtant vécu personnellement un certain nombre de ses dirigeants. Cet épisode est même central pour comprendre sa ligne de conduite actuelle : il constitue un précédent de tactique violente contré avec succès par le régime démocratique et, à ce titre, disqualifié comme répertoire d'action possible pour défier la démocratie. Les méthodes employées par l'OAS ont toute chance alors de servir de contre-exemple pratique pour les dirigeants frontistes, obligés d'imaginer d'autres voies que la violence et le recours à la rue pour ébranler les institutions démocratiques. La voie électorale n'est pas un signe d'apaisement d'une hostilité ancienne : elle n'est qu'une contrainte tactique imposée par les « ratages » passés. Attribuer une hérédité nationaliste au FN revient ainsi à confirmer, avec tout le crédit de la science historique, sa propre prétention stratégique d'être « national », et à lui accorder une place politique reconnue parmi les mouvements démocratiques (même si c'est pour insister sur son dévoiement).

Petite question déplacée

Faire du poujadisme un précédent du FN revient à faire très court dans l'analyse et, très curieusement pour des historiens, à écrire une autre histoire que celle qui a eu lieu. Il est vrai que J.-M. Le Pen s'est présenté sur les listes UFF (Union et Fraternité française) menées par P. Poujade en 1956. Mais il est tout aussi vrai, ce qui n'est jamais pris en compte, qu'il n'est resté que trois mois parmi les poujadistes à l'Assemblée nationale. C'est que, tout aussi « incapables » et « inaptes intellectuellement » (de l'avis de leurs adversaires politiques du moment et des historiens après eux, qui reprennent sans plus de précaution leurs jugements pour principes d'analyse), ces poujadistes n'ont jamais fait aucune place parmi eux à J.-M. Le Pen (ni à Jean Dides et Jean-Marie Demarquet, ses proches). Les députés UFF ont tous été réfractaires à l'extrémisme que ces trois représentants de l'extrême droite incarnaient. Par contre, J.-M. Le Pen qui, de 1956 à 1958, s'est fait connaître au Palais Bourbon pour ses positions très en flèche sur l'Algérie française, a été réélu, en 1958, sur les listes CNIP (Centre national des indépendants et paysans), parti de notables « classique » qui savait alors, c'est le moins que l'on puisse dire, à qui il avait affaire et auquel appartenait par exemple V. Giscard d'Estaing. Le CNIP a donné ensuite, successivement, les Républicains indépendants, le Parti républicain puis l'UDF, toujours sous la houlette de V. Giscard d'Estaing. On pourrait, ainsi qu'aiment à le faire les tenants du populisme, reconstituer une tout autre filiation au FN, filiation aussi improbable bien sûr que remontant au poujadisme. Mais l'une est acceptée quand l'autre est inacceptable (voire impensable) : pourquoi ? Plus sérieusement, il n'est pas inutile de rappeler que le CNIP, à partir de 1981, a constitué une sorte de « zone grise » existant entre la droite conservatrice et la droite radicale, à laquelle appartenaient également les CAR (Comités d'action républicaine) et le Club de l'Horloge. B. Mégret, par exemple, a été responsable des CAR (dans lesquels se retrouvaient certains gaullistes).

C'est dire combien la construction des origines historiques du FN sélectionne celles qui sont les plus éloignées de ses références pratiques et avec lesquelles les dirigeants frontistes n'ont aucune relation personnelle. Si cette méthode offre des ressources de légitimation inattendue au FN tant elle rencontre ses propres intérêts politiques, elle contribue également à rendre indiscernables les raisons de sa vigueur idéologique. En effet, à rechercher dans les traditions politiques antérieures les causes de l'apparition du FN, les historiens du populisme oublient d'explorer la conjoncture présente. Or c'est dans les enjeux du présent, dans la politique d'aujourd'hui[202], que les responsables frontistes trouvent les sources et les ressources de leur argumentation idéologique. La certitude que tout se joue dans les « valeurs » et les « idées », et rien dans les contextes où elles prennent pourtant leur existence concrète, empêche les usagers du « populisme » de découvrir que ce qui favorise l'essor et le maintien de la xénophobie frontiste réside dans les transformations récentes de l'offre politique impulsées par le tournant néolibéral.

Tout à leur souci de reconstituer des filiations et de repérer des similitudes entre hier et aujourd'hui, ils n'analysent pas l'écart qui sépare les mouvements passés et présents qu'ils rapprochent. Ils mettent ainsi en continuité des époques, des groupements et des espaces nationaux marqués par des histoires sociales et politiques différentes. Ils les défont de leur culture politique : manières de penser le monde et les actions à entreprendre, règles de la concurrence sociale et politique, enjeux sociaux et politiques concrets. La distance entre boulangisme et FN n'est pas seulement temporelle, elle est dans les conjonctures politiques, intellectuelles et mentales. Elle dissocie deux moments. D'une part, la période du XIXe siècle, où l'espace politique, l'État-Nation, la fidélisation des électorats sont en cours de formation et où « l'étranger » dans la vision boulangiste c'est d'abord « l'Allemand », l'ennemi patriotique et non les immigrés Belges et Italiens qui sont pourtant installés sur le territoire français. D'autre part, la période actuelle où le sens des identités nationales et des États se reconfigure sous l'effet d'échanges transnationaux et de politiques internationales chargées de contrôler les frontières. L'étranger aujourd'hui, c'est l'immigré, surtout celui des pays pauvres du Sud.

Comment comparer alors une époque où, si ethnicisation il y avait, elle valait pour les colonisés de l'Empire et non pour les « immigrés » qui commençaient à peine à être différenciés des Français autochtones avec les nouvelles lois sociales imposant désormais des critères de nationalité, comme l'a montré Gérard Noiriel, et l'époque actuelle où l'ethnicisation a presque colonisé la pensée d'État jusque dans les procédures mises en place pour traiter la circulation et la présence des « étrangers » ? La comparaison invite à tous les anachronismes. Elle interdit surtout d'explorer la situation actuelle et son rôle dans la genèse d'un acteur idéologique comme le FN. Le parti frontiste est un des enfants, certes monstrueux, de la conjoncture politique d'aujourd'hui en même temps qu'un de ses promoteurs et non un descendant du passé. Quand ses porte-parole affirment que l'immigration pose des problèmes à la société voire à la République, leurs discours puisent leur réalisme dans les conceptions politiques d'aujourd'hui qui, en discriminant entre Nord et Sud, imposent un schème culturaliste et développementaliste de représentation des « étrangers » et voient d'abord en eux les problèmes « d'assimilation » qu'ils posent à la société qui les accueille. Certains hommes politiques n'ont-ils pas dit que le FN posait les bonnes questions mais qu'il leur apportait de mauvaises réponses ? Les dirigeants frontistes trouvent également dans cette nouvelle pensée d'État leurs ressources idéologiques pour mieux la radicaliser et la retourner contre elle. L'ethnicisation qu'ils opèrent et qui, en « racialisant » des natifs français, les transforme en « étrangers » « au sang et au sol » national s'analyse, en effet, comme une idéologie d'abord anti-étatiste. Elle pousse dans ses extrêmes limites, au point de la métamorphoser, l'idéologie propre au néolibéralisme appliqué aux ressortissants des pays pauvres (les « pays peu avancés » selon la terminologie des instances économiques internationales comme le FMI ou la Banque mondiale). Cette idéologie anti-étatiste propose ainsi de désocialiser à la Nation des individus qui ont été pourtant formés et encadrés par les politiques nationales (politiques d'éducation, de santé, de protection sociale) ; elle va jusqu'à leur enlever le droit à avoir des droits. C'est le couple Mégret à Vitrolles instaurant une allocation sociale pour les Français de souche. C'est le programme du FN promettant d'inscrire dans la Constitution la « préférence nationale », d'imposer un impôt sur l'emploi de travailleurs immigrés, soutenant que « le problème de l'immigration clandestine mais aussi légale devient chaque jour plus asphyxiant pour l'économie et les structures sociales » (étant entendu que les enfants d'immigrés sont, pour les responsables frontistes, des immigrés). On est loin ici du « populisme » défini par son aspect « anti-élites ». On est loin aussi du « nationalisme ». Sous couvert de cette identité et de « préférence nationale », on a plutôt affaire à une idéologie qui, par sa visée anti-étatique, cherche à briser l'institution même de la nation puisque, ainsi que l'a montré encore G. Noiriel[203], c'est par l'action de l'État qu'en France la création d'une collectivité et d'un vivre ensemble a réussi à se réaliser. Cet anti-étatisme, qui se décline en « anti-nationalisme », se retrouve à l'œuvre dans les discours supposés sociaux du FN. Il faut d'ailleurs beaucoup d'aveuglement pour séparer, comme le font les spécialistes du populisme, le discours frontiste sur les immigrés et celui réputé s'adresser aux milieux défavorisés, et sans doute d'abord parce que les « immigrés » appartiennent prioritairement aux groupes populaires. Là aussi, les dirigeants du FN découvrent, dans les manières dominantes de penser la pauvreté et la vulnérabilité sociales, une opportunité pour affirmer leur idéologie anti-étatiste.

La précarité : un destin social

Le retour sur l'histoire de la construction de la conception actuellement dominante des populations économiquement et socialement démunies fera mieux comprendre les enjeux que recouvre la manière dont se pensent et se traitent aujourd'hui les « problèmes sociaux » et l'occasion qu'ils constituent, pour les responsables frontistes, de maintenir à flot leur projet d'hostilité à la démocratie. C'est ici sur le tiers-mondisme et les rapports aux « pauvres » qu'il convient de revenir. « Tiers-monde » : le terme apparaît en 1952 en pleine décolonisation sous la plume d'A. Sauvy (dans *l'Observateur*) en référence explicite au

Tiers-État : « ... car enfin ce tiers-monde, ignoré, exploité, méprisé, comme le Tiers-État, veut lui aussi être quelque chose ». L'image du « prolétariat nécessiteux » façonnait alors la figure unifiée du peuple voué à tous les malheurs sociaux et par là même méritant un secours qui le libérerait économiquement et politiquement ; c'était elle qui se trouvait transférée sur celle des « étrangers » des pays pauvres et anciennement colonisés, ces « damnés de la terre » membres de « nations prolétaires »[204]. Elle justifiait une idéologie de la proximité faite de valorisation du terrain et du contact rapproché avec eux, d'une démarche cherchant à les associer aux actions entreprises, soit en les faisant collaborer aux projets envisagés, soit en se faisant les ethnologues de leur civilisation ou les porte-parole politiques de leur émancipation. C'était jusqu'aux cadres coloniaux[205] ou aux administrations ministérielles chargées des relations directes avec eux (comme celle du ministère de la Coopération) qui partageaient, pour des raisons différentes, cette conception des « autres lointains » et des aides qui leur étaient réservées. L'idéologie de la proximité jouait ici contre le « formalisme institutionnel » jugé être la marque naturelle des technocrates issus de l'ENA. Politiquement et administrativement marginale, et certainement fort éloignée des réalisations concrètes effectuées, cette idéologie n'en était pas moins prégnante chez ceux qui entendaient se dévouer aux « étrangers » du tiers-monde et remédier à leur situation.

« L'humanitaire », qui gagne en légitimité à partir des années 1980[206], n'abandonne pas de telles considérations même s'il se construit en large part contre elles. Mais sa lutte pour faire reconnaître « le droit à avoir des droits », en élevant l'expérience singulière au rang d'universel concret, provoque une abstraction des « autres » aidés et leur éloignement par rapport aux enjeux supposés être les leurs. Surtout elle s'opère sur fond de retournement des perspectives adoptées à leur égard. Réappropriée rapidement par l'État et ses experts, la cause humanitaire va, en effet, se trouver intégrée dans un schème de pensée bureaucratique, le développementalisme, qui, en devenant « transsocial » et transnational, renverse la vision portée sur les « pauvres » et les « étrangers » et sur les relations à établir avec eux.

La rançon du succès ne se fait pas attendre : la vision développementaliste de l'aide à apporter aux plus démunis gagne, à partir de 1981 et de l'arrivée des socialistes au pouvoir, dont beaucoup sont d'anciens tiers-mondistes ou proches d'eux, les sommets de l'État, non seulement dans le ministère de tutelle (le ministère de la Coopération devient ministère de la Coopération et du Développement), mais également les ministères sociaux. Réimporté des « autres lointains » sur le territoire national[207], le « développementalisme » sert très vite de prisme à travers lequel déchiffrer les « malaises sociaux » des plus démunis et concevoir les politiques qui leur sont destinées. « Développement social des quartiers » (un des critères importants retenus pour classer des quartiers en zones d'aide d'urgence est précisément le nombre d'immigrés parmi les habitants), « Développement social urbain », « Zones d'éducation prioritaire », puis « Zones urbaines sensibles », « Zones de rénovation urbaine » : même si le lexique s'euphémise, les mesures employées, par-delà les changements de gouvernement, sont fondées sur les mêmes attendus. C'est ainsi une conception « horizontale », binaire et neutre des rapports sociaux qui s'impose, au détriment d'une vision critique des relations asymétriques et hiérarchisées qu'exprimaient la « lutte des classes » ou les analyses en termes de domination ou d'exploitation. Cette vision du monde social se trouve renforcée par la perte d'influence des organisations ouvrières, rassemblant sur un point de vue de « classes », et par l'abandon des espoirs messianiques que nombre d'intellectuels avaient placés dans la « classe ouvrière ».

La relative nouveauté d'une situation de chômage prolongé et de formes visibles de précarité sociale (les « nouveaux pauvres ») paraît, en outre, appeler de nouveaux modes d'action publique et de nouveaux concepts d'analyse, vite alimentés par des travaux sociologiques et économiques[208] venant confirmer l'existence d'une « société duale », à « deux vitesses », où riches et pauvres vivraient « côte à côte », et où se serait accompli « un décrochage de la partie « modernisée » de la société[209]. En naturalisant des attitudes devenues des destins sociaux et non les résultats des interactions et confrontations sociales, et en permettant des évaluations en termes de « manque », de « défaut d'insertion », « d'inadaptation » voire « d'inemployabilité », la nouvelle représentation des relations sociales contribue à montrer d'abord comme des « exclus » et des « exilés de l'intérieur » tous ceux qui, par leur appartenance aux milieux populaires, ne répondent pas aux normes de vie et de comportement conventionnellement admises. Une telle conception concourt aussi à dépolitiser les problèmes sociaux en « excluant la question de l'origine de l'exclusion »[210] et en rendant invisibles peu à peu toutes les politiques ayant contribué à la situation présente (politiques du logement, de l'éducation, de l'emploi, politiques sociales et pénales) au point de faire porter sur les principaux intéressés la responsabilité de leurs malheurs. La technicisation des solutions en est facilitée ; elle tend à privilégier le recours aux experts de la bonne forme des liens sociaux et démocratiques plutôt qu'aux professionnels de la représentation ou de la gestion de la vulnérabilité sociale (assistantes sociales, éducateurs, associations d'entraide). Mais ce sont aussi les représentations attachées aux « étrangers » qui, par contre-coup, se modifient. La proximité spatiale et sociale des membres des classes populaires et des « étrangers » (que va vite synthétiser le terme de « banlieue ») facilite les transferts d'images et de stigmatisations.

L'immigration, sous l'effet des fortes controverses publiques qu'elle suscite après le septennat giscardien, prend la double dimension d'un problème politique et d'un problème d'État[211]. La division entre immigrés clandestins et réguliers, consacrée par le consensus parlementaire de 1984 entre la gauche et la droite classique, et renforcée par la présence déstabilisante d'un FN qui paraît devoir s'enraciner dans la vie politique en mobilisant au nom de la « préférence nationale », impulse toute une série de déformations sur la perception de l'immigration en faisant confondre « jeunes issus de l'immigration » et nouveaux immigrés et incite à regarder ces deux groupes comme des clandestins portés à tous les illégalismes[212]. Les nouveaux traitements dont ils font l'objet tirent leur réalisme d'événements successifs constitués en affaires périlleuses pour la démocratie républicaine : les « émeutes urbaines », les « violences scolaires » ou les agressions contre les chauffeurs de bus, les pompiers et les forces de l'ordre, « l'affaire du foulard » en 1989, l'attentat de Marrakech en 1994 (contre des touristes et dans lequel sont impliqués des jeunes de la cité des 4 000 de La Courneuve et de la Goutte d'Or), « l'affaire Kelkal » en 1995 (jeune Français d'origine maghrébine supposé avoir des liens avec une organisation terroriste et tué par la police). Ces événements deviennent vite des arguments sur le caractère exceptionnellement menaçant du moment – danger de l'islamisation des banlieues et du terrorisme – et des signes alarmants sur la « décivilisation » de la société française, la « crise des institutions républicaines » sonnant la fin « du creuset français »[213]. Ils appellent l'intervention accrue d'acteurs appartenant aux secteurs dominants (et répressifs) de l'État (justice, police) plus que celle des professionnels de l'encadrement des classes populaires[214]. D'un côté, les « jeunes issus de l'immigration » perdent leurs caractéristiques sociales (d'enfants nés de familles précarisées ou de jeunes sans avenir autre que le chômage ou la rue) en se voyant définis d'abord par leur origine ethnique et leur « culture méchante »[215] ; de l'autre, les « étrangers » souhaitant s'installer sur le territoire national sont désormais essentiellement perçus à partir des problèmes qu'ils sont supposés poser à la société d'accueil (« insertion » ou « assimilation » difficiles voire rendues impossibles par leur « culture » poussant au communautarisme contre l'esprit républicain, ou à des modes et des conduites de vie radicalement « à part » de ceux qui ont cours en « occident ») et de moins en moins à partir de la société d'où ils émigrent et qui constitue un élément de la situation sociale qui les fait être ce qu'ils sont[216].

Le « social » défiguré

Le clivage « immigrés/groupes populaires » ou « ethnicisation/social » est ainsi le résultat, rapidement avalisé et certifié par les experts mobilisés, d'un arbitraire bureaucratique et politique habitué à raisonner en distinguant et sérialisant les « problèmes » pour leur trouver une seule solution techniquement ajustée. Il s'opère cependant dans le partage d'une même vision sur ces groupes réputés « faire problème »: des « pauvres » à surveiller, à éduquer voire à corriger pour leur bien et pour celui de la société dans son ensemble, la sanction devenant même la meilleure des préventions. Cette représentation des milieux défavorisés permet alors, à moindre frais et dans le plus grand malentendu plus ou moins intéressé, de dire du FN qu'il est « social » et au FN de se dire « social » quand les dirigeants frontistes évoquent le seul mot « d'ouvrier » ou de « classe ouvrière » oublié du vocabulaire politique dominant qui ne voit plus que « pauvreté » et « exclusion ». Elle permet aussi, en reprenant la distinction entre « immigrés » et groupes populaires, de ne plus voir et de ne plus dire que la xénophobie frontiste est d'abord un programme « anti-social » qui vise directement les catégories les plus vulnérables. Les propositions programmatiques du FN portant sur les « immigrés » procèdent des mêmes intentions idéologiques que ses promesses « sociales » et économiques. Là encore, il faut une bonne dose d'aveuglement pour les séparer comme des ordres de réalité distincts. Le programme économique du FN entend, lui aussi, conforter dans ses aspects les plus extrêmes la dislocation de l'État-providence[217] et de l'État tout court, déjà entreprise par le tournant néo-libéral. Faire « un social sans socialisme », selon les mots de B. Mégret, c'est faire du social comme le libéralisme en fait : jamais ou plutôt contre les catégories les plus démunies et contre celles, plus installées, dont le libéralisme aimerait se débarrasser, les « gens du public » qui sont bien sûr enclins à voter à gauche, mais surtout qui croient en l'État et en sa mission de service public. Les promesses du FN, pourtant, ne manquent pas pour témoigner de son ultra-libéralisme qui profite d'abord aux catégories les plus riches économiquement et détruit les fondements d'un État protecteur des plus fragiles socialement : allègement des charges fiscales et des contraintes administratives pesant sur les entreprises (petites ou grandes) ; développement du secteur privé dans les domaines de la protection sociale, les retraites, la santé ; suppression de l'impôt sur le revenu et hausse de l'impôt indirect et de la TVA ; allègement des cotisations patronales, suppression de l'impôt sur les sociétés, des taxes professionnelles et des prélèvements sur les plus-values boursières ; réduction des droits de succession ; suppression des allocations chômage et du RMI (car « elles encouragent les fainéants à rester au chômage ») ; remise en cause des syndicats et du droit de grève (grèves « qui pourrissent purement et simplement la vie » et « prennent en otages les travailleurs »).

C'est ainsi, toujours et encore, l'État qui est visé et ici l'État-providence qui a permis non seulement de contenir les inégalités sociales en redistribuant les richesses, mais aussi de rendre concrète la démocratie en réalisant une citoyenneté sociale[218]. L'idéologie anti-étatiste du FN est bien ainsi une idéologie anti-démocratique : le contraire d'un « populisme » frappé au coin d'un « intégrisme démocratique » voulant redonner toute sa place au peuple.

Conclusion
Contre les évangélistes de l'incertain

Populiste, le FN ? L'ouvrage a tenté de montrer que cette identification est plus qu'incertaine : elle est erronée. Au regard des acquis de la sociologie et de l'histoire politiques, l'interprétation « populiste » du FN semble davantage produire et renforcer du sens commun plutôt que des connaissances véritables : sens commun sur les conditions de réussite politique d'une extrême droite conquérante, sur les mobilisations électorales dont elle bénéficie, sur la démocratie et les menaces qui la guettent. Ce serait la montée des insatisfactions envers la politique, la désaffection croissante à l'égard de ses représentants, l'augmentation d'un sentiment « d'impuissance publique », la dégradation des situations sociales qui auraient encouragé l'établissement de ce parti « protestataire » qu'est le FN, en lui permettant d'exploiter les « malaises sociaux » et de trouver ses principaux soutiens dans les groupes populaires, les premiers à subir le plus durement les effets de la crise sociale. Populiste parce qu'il en appellerait au peuple, le parti frontiste le serait encore, parce que sa base électorale serait populaire et parce qu'il exercerait sur les plus démunis une « fascination » d'autant plus efficace que J.-M. Le Pen posséderait des talents de tribun

« télégénique », propres à séduire cette clientèle ignorante et simpliste. Cette évidence du « populisme » est un véritable contresens savant. Non seulement elle simplifie considérablement un phénomène complexe, mais elle propose des explications superficielles qui ne trouvent leur plausibilité que dans l'imagination professionnelle des analystes du FN et non dans la description du déroulement concret des luttes partisanes, des règles du jeu politique, des enjeux débattus, dans tout ce qui fait, en quelque sorte, l'histoire même du fonctionnement de la démocratie. L'évidence n'en a pas moins acquis ses critères scientifiques (origines historiques du FN, tableaux statistiques, comparaison avec des partis « protestataires » européens), permettant de faire passer pour une vérité incontestable une représentation politique des groupes populaires dont elle ne cesse de répéter et conforter à l'envi la disqualification morale et l'infériorité statutaire. Prenant les mots pour évangiles, ces évangélistes du danger que sont les interprètes du « populisme » convoquent, en effet, des notions, des concepts et des mots dépossédés de toute réalité qui ont l'art d'attirer l'attention sur de faux problèmes. C'est qu'ils empruntent davantage aux débats publics qu'aux règles de la méthode sociologique ou historique les questions qu'ils se posent et les jugements qu'ils prononcent. L'imagination dont ils font preuve n'est alors que celle qui a cours dans les milieux politiques, intellectuels et médiatiques auxquels ils appartiennent également. Et l'on comprend comment ce contresens savant qu'est le « populisme du FN » a pu devenir l'interprétation désormais couramment admise dans des cercles élargis de commentateurs et d'acteurs politiques. Son succès doit principalement aux intérêts qu'elle rencontre et aux espoirs qu'elle suscite chez des intellectuels et des hommes politiques, notamment parmi ceux qui tentent de réformer de fond en comble la démocratie représentative pour mieux promouvoir leur expertise du monde social en gage de légitimité démocratique. Les analystes du populisme contribuent ainsi non seulement à créer, paradoxalement, les conditions de légitimation d'un parti qu'ils réprouvent en lui offrant une identité populaire qu'il n'attendait pas, mais aussi à consolider l'hypocrisie structurale propre au jeu politique, bien faite pour autoriser tous les cynismes et les reniements. Que le FN fasse désormais figure de parti « trop démocratique », dangereux parce qu'il voudrait redonner « trop de place au peuple », alors même que tout démontre sa nature antidémocratique et « antipopulaire », n'est qu'une illustration de la mystification dont les mots sont capables quand ils ont été détachés de toute réalité pour être mis au service d'une entreprise cherchant à transformer le monde afin de restaurer les modes les plus éculés de domination.

L'on comprend ici l'accord qui s'établit (ou ne manque pas de se conclure) entre les spécialistes du « populisme » et des hommes politiques et des technocrates lancés eux-mêmes dans une révolution lexicale faisant disparaître la dimension proprement politique des malaises sociaux et de leur solution. Portés à penser le monde social en termes de problèmes techniques et à penser les questions de représentation politique en termes de « management public », ces multiples experts en techniques gouvernementales manient eux-mêmes des mots vidés de leur consistance pratique. Songeons à tout ce vocabulaire nouveau qui hante désormais les discours politiques et bureaucratiques et qui, malgré son aspect civique et réenchanteur de la démocratie, est issu de considérations économiques et managériales sur la « bonne organisation » politique : « gouvernance », « société civile », « démocratie participative », « projet citoyen » ou encore modèle social européen, subsidiarité, transparence, flexibilité, code éthique, critères de convergence, levée d'obstacle et de contraintes. Tous ces « mots Hourra », aujourd'hui en cours dans de multiples univers sociaux et rencontrant des adhésions aux motifs et aux desseins contradictoires, sont loin d'être innocents. Il n'est sans doute pas inutile de souligner que ces mots se substituent à d'autres, liés à la démocratie représentative : gouvernement, compromis, peuple souverain, représentation, négociation collective, égalité, délégation[219]. C'est dire combien la rénovation lexicale, à laquelle participent à leur manière les interprétations populistes, concourt à bouleverser le monde social en changeant les identités antérieures, et s'inscrit dans une entreprise visant à faire échapper aux contraintes de la légitimité politique (les élections, les attentes sociales et les enjeux sociaux concrets) les prétentions à l'expertise du monde social[220].

L'on comprend aussi l'aveuglement particulier qu'entraînent les modes de raisonnement et les argumentations des spécialistes du « populisme » et qui constitue une des conditions essentielles à la diffusion élargie de l'interprétation populiste. À force de s'attacher aux formes officielles plutôt qu'aux pratiques adoptées, d'invoquer la crise (sociale et politique) pour expliquer, par la pathologie, les raisons de l'implantation durable d'un parti antidémocratique sur la scène politique et de reporter sur les électeurs, notamment populaires, la « faute » de ce succès indigne, ils négligent de voir que la démocratie la mieux établie peut connaître un dévoiement de ses idéaux et de ses principes, du seul fait de la transformation de l'offre politique. Ils oublient ainsi que les sociétés les plus formellement démocratiques peuvent se détourner des valeurs de justice, de tolérance, d'égalité et de pluralisme dans lesquelles elles se reconnaissent, sous l'effet de la dynamique de compétition propre aux élites politiques : en clair qu'elles peuvent se révéler autoritaires, sans emprunter la forme convenue de l'autoritarisme populiste prêté au FN et en se conformant aux procédures officiellement démocratiques. Dès lors, c'est dans le fonctionnement routinier du jeu démocratique que résident les conditions de la réussite du FN et non dans l'engouement irrationnel des classes populaires pour un leader charismatique et xénophobe, même s'il a tout d'un « démagogue télégénique ». La restriction de l'offre politique opérée par des partis qui, tout en proclamant leurs différences d'idées mais recrutant dans les mêmes hauteurs sociales, partagent la même vision néolibérale du monde social, comprennent de la même façon ce qu'il est souhaitable ou non de faire, au nom de la même perception des contraintes et du désirable, n'a pu manquer de laisser la place de défenseurs des plus démunis vacante et prête à être occupée par une organisation expérimentée dans l'art du faux-semblant. La rhétorique réactionnaire que déploient les interprétations « populistes » à l'encontre des groupes populaires trouve ainsi son accréditation, et ses meilleures dénégations, dans l'acquiescement de ceux qui ont tout intérêt à disculper le jeu démocratique dans la production du pire : intellectuels et hommes politiques désireux de poser en experts en gouvernance, quitte à laisser vivre à leurs côtés un parti dangereux pour mieux renforcer leur domination, jusqu'aux dirigeants frontistes qui peuvent démontrer, à moindres frais, qu'ils représentent bien le peuple et répondent bien aux demandes populaires. Reste que, en ne voyant pas que c'est de l'ordinaire du jeu politique qu'un monstre peut surgir, en décourageant de regarder le rôle des élites intellectuelles et politiques dans le développement d'idées, d'enjeux, de règles de conduite qui hier auraient été jugées intolérables, les experts politiques font de la démocratie ce qu'ils font du « populisme » : une sorte de « trompe-l'œil » et un simple mot de passe disponible pour tous les usages, même les plus contraires à ses principes, ses règles et ses idéaux.

L'on comprend enfin qu'avec le populisme, il est bien question du peuple, mais d'un peuple réduit au statut de problème et refait par les préjugés d'une élite sociale et pour les besoins de la cause néolibérale qui projette la construction d'un avenir radieux, conduit par la mondialisation des logiques financières, contrôlé par des experts et défini par une bureaucratie enchantée de trouver dans le néolibéralisme les moyens d'un pouvoir réaffirmé. Le peuple stigmatisé, non seulement pauvre économiquement et intellectuellement mais pauvre moralement tant il est prompt à se rallier à tous les slogans simplistes et xénophobes serinés par un chef à poigne, vulgaire et démagogue, est ainsi la condition nécessaire à la réussite de l'emprise néolibérale. Le peuple doit être méprisé et méprisable pour que se réalise l'utopie conservatrice du néolibéralisme rêvant d'une démocratie dépeuplée et réservée à une étroite élite « capacitaire ». Contrer le libéralisme, c'est dès lors prendre le parti de la démocratie qui n'est autre que le parti du peuple. On peut le faire par romantisme, idéal, vocation, messianisme. On peut le faire plus simplement par parti pris de réalisme et intérêts bien compris. L'histoire sociale de la démocratie montre, en effet, que la défense des plus démunis n'a pas consisté seulement (mais c'était déjà beaucoup) à permettre à des groupes sociaux exclus de la scène politique d'accéder à la parole politique : elle a permis de réaliser et rendre concrets jusque dans la vie quotidienne les idéaux démocratiques, notamment en rappelant à l'ordre les puissants, enclins à définir l'intérêt général à l'aune de leurs propres intérêts et à penser la liberté en termes d'actions profitables pour eux-mêmes. L'histoire des différentes formes de contestation de la démocratie montre, quant à elle, que le travail de sape des compromis égalitaires commence toujours par s'attaquer aux plus faibles ou aux marges, avant de se tourner vers les groupes plus établis. Que nul ne soit préservé, du moins parmi ceux qui croient en l'Etat et dans le service public et s'avèrent encombrants pour le néolibéralisme, les projets de loi actuels ne manquent pas pour en témoigner. La meilleure contre-offensive ne reste-t-elle pas alors celle qui a déjà montré ses preuves : peupler une démocratie que les néolibéraux, comme tous les conservateurs, imaginent de vider pour en faire une simple institution confortable pour eux-mêmes ; faire participer le plus grand nombre, c'est-à-dire les groupes populaires, à la définition d'un projet commun de société qui aujourd'hui, même chez les plus antilibéraux, a tendance à rester confiné dans l'entre soi intellectuel. L'entreprise n'est pas facile, elle n'ira sans doute pas sans conflit. Mais après tout, ce sont les conflits qui ont rendu vivante la démocratie, en faisant entrer, dans les pratiques et les consciences même les plus réfractaires, les valeurs humanistes d'ouverture, de tolérance et d'égalité ; en faisant aussi comprendre que ces valeurs devaient inlassablement être défendues face aux attaques, inédites ou renouvelées, des autoritarismes modernes[221].

Notes

[1] *Dictionnaire de science politique*, Paris, Armand Colin, 1995.

[2] P. Perrineau, dir., *Les croisés de la société fermée*, Paris, Éd. de l'Aube, 2001.

[3] J.-N. Retière, *Identités ouvrières. Histoire d'un fief ouvrier en Bretagne*, Paris, L'Harmattan, 1994. C. Pennetier, **B.** Pudal, « Stalinisme, culte ouvrier et culte des dirigeants » et B. Pudal, « Politisations ouvrières et communisme », in *Le siècle des communismes*, Paris, Éd. de l'Atelier, 2000. F. Matonti, « Les intellectuels et le Parti : le cas français », *in Ibidem*.

[4] Cl. Pennetier, B. Pudal, *Autobiographies, autocritiques, aveux dans le monde communiste*, Paris, Belin, 2002.

[5] B. Pudal, *Prendre parti*, Paris, Presses de Sciences-Po, 1989.

[6] Pour une critique de ce point de vue démocratique, M. Dobry, *Sociologie des crises politiques*, Paris, Presses de Sciences-Po, 1986.

[7] P.-A. Taguieff, « La rhétorique du national-populisme », *Cahiers Bernard Lazare*, 109, juin-juillet 1984. « La doctrine du national-populisme en France », *Études*, 1, 1986.

[8] Cf. « Les droites radicales en France », *Les Temps modernes*, 465, 1985.

[9] Sur tous ces points, A. Collovald, « le « national-populime » ou le fascisme disparu. Les historiens du temps présent et la question du déloyalisme politique », in M. Dobry, dir., *Le mythe de l'allergie française au fascisme,* Paris, Albin Michel, 2003.

[10] Voir J.-P. Rioux, « Le Pen : fils illégitime de Pierre Poujade », *Libération*, 18 juin 1984.

[11] Sur les questions historiographiques soulevées à cette occasion, A. Costa-Pinto, « Fascist Ideology Revisited : Zeev Sternhell and his Critics », *European History Quaterly*, 16, 1986. P. Milza, *Fascisme français. Passé et présent*, Paris, Flammarion, 1987.

[12] Pour l'explicitation de cette idée, S. Berstein, « La France des années trente allergique au fascisme. À propos de Zeev Sternhell », *Vingtième siècle*, 2, 1984. Pour sa critique, M. Dobry, « Février 1934 et la découverte de l'allergie de la société française à la «Révolution fasciste » », *Revue Française de Sociologie*, 30, 1989.

[13] À côté de S. Berstein interviendront, entre autres et avec des critiques différentes, R. Rémond (qui maintient la position déjà prise en 1952 *in* « Y-a-t-il un fascisme français », Terre humaine, 19-20) et J. Julliard (« Sur un fascisme imaginaire : à propos d'un livre de Zeev Sternhell », *Annales ESC*, 4, 1984).

[14] R. Rémod, dir., *Pour une histoire politique*, Paris, Seuil, 1988. Le projet est clairement repris ensuite dans J.-F. Sirinelli, E. Vigne, « Des droites et du politique », *in* J.-F. Sirinelli, dir., *Histoire des droites en France*, Paris, Gallimard, 1992.

[15] R. Rémond, dans un article du *Monde* en avril 1985, relativisait l'appartenance du FN à l'extrémisme de droite. « Sans doute (lui répond P. Milza) : s'agissant du moins de la forme qu'a prise l'organisation lepéniste depuis sa percée électorale de 1983. Cela ne change rien au fait que nous sommes à cette date en présence d'une organisation extrémiste, essentiellement composée de militants issus de l'ultra-droite pour lesquels l'euphémisation du discours, opérée au sommet par le leader médiatique, ne modifie en rien les convictions et le projet politique » *in* « Le Front national : droite extrême ou national-populisme ? », *in Histoire des droites en France*, *op. cit.*, p. 696.

[16] Sur ces événements, voir E. Conan, H. Rousso, *Vichy, un passé qui ne passe pas*, Paris, Fayard, 1994.

[17] Voir « Expertises historiennes », *Sociétés Contemporaines*, 39, 2000.

[18] Cité dans E. Conan, H. Rousso, *Vichy, un passé qui ne passe pas*, *op. cit.*, p. 247.

[19] Ernest Lavisse de conseiller du pouvoir est devenu « l'instituteur national », P. Nora, « Lavisse, instituteur national », *La République*, vol. 1, Paris, Gallimard, 1997. L'expertise judiciaire date de l'affaire Dreyfus, V. Duclert, « Histoire, historiographie et historiens de l'affaire Dreyfus (1894-1997) », *in* M. Lemayre, *La postérité de l'affaire Dreyfus*, Lille, Presses universitaires du Septentrion, 1998.

[20] Sur ce point, B. Gaïti, « Les ratés de l'histoire. Une manifestation sans suite : le 17 octobre 1961 à Paris », *Société contemporaine*, 20, 1994.

[21] Cf. H. Rousso, *La hantise du passé*, Paris, Textuel, 1998.

[22] Voir par exemple, les articles de M.-O. Baruch, P.-Y. Gaudard, F. Hartog, Y. Thomas dans le numéro du *Débat* (102, nov.-déc. 1998) consacré à « Vérité judiciaire, vérité historique ».

[23] R. Paxton, *La France de Vichy, 1940-1944*, Paris, Seuil, 1973. M. R. Marus, R. Paxton, *Vichy et les juifs*, Paris, Calmann-Lévy, 1981.

[24] J.-P. Azéma, « Le régime de Vichy », *in* J.-P. Azéma, F. Bédarida, dir., *La France des années noires*, tome 1, Paris, Seuil, 1993.

[25] Z. Sternhell, *Maurice Barrès et le nationalisme français*, Paris, Fayard, 2000, p. 380-389. E. Weber, *L'Action française*, Paris, Stock, 1962. Plus récemment O. Goyet, *Charles Maurras*, Paris, Presses de Sciences-Po, 2001.

[26] F. Muel-Dreyfus, *Vichy et l'éternel féminin*, Paris, Seuil, 1996.

[27] M. Ferro, *Pétain*, Paris, Fayard, 1987.

[28] M. Winock, « Le retour du national-populisme » art. cité.

[29] M. Winock, « Nationalisme ouvert et nationalisme fermé », *L'Histoire*, 73, décembre 1984, repris dans *Nationalisme, antisémitisme et fascisme en France, op. cit.*, p. 40.

[30] *In* R. Rémond, *Les droites en France*, Paris, Aubier, 1982.

[31] Par exemple, M. Winock, dir., *Histoire de l'extrême droite en France*, Paris, Seuil, 1993. O. Dard, *Les années 30*, Paris, Livre de poche, 1999. M. Winock, « Fascisme à la française ou fascisme introuvable ? », *Le Débat*, 25, mai 1983 repris dans *Nationalisme, antisémitisme et fascisme en France, op. cit.* Également, J.-F. Sirinelli, « L'extrême-droite vient de loin », *Pouvoirs*, 87, 1998 et « Aux marges de la démocratie. De l'agora à la place des pas perdus », *in* M. Sadoun, dir., *La démocratie en France*, tome 2, Paris, Seuil, 2000.

[32] Sur les risques que comporte la domination du présent dans l'histoire politique, G. Lévi, « Le passé lointain. Sur l'usage politique du passé », *in* F. Hartog, J. Revel, *Les usages politiques du passé*, Paris, Éditions de l'EHESS, 2001.

[33] Ph. Burrin, « Le fascisme », *in* J.-F. Sirinelli, dir., *Histoire des droites en France, op. cit.*, p. 644, mais aussi P. Milza qui considère que le PPF de Doriot, « seul parti fasciste » français, « doit » cette qualification « plus aux circonstances et à la personnalité de son chef » qu'à sa réalité effective *in Les fascismes*, Paris, Seuil, 1991, p. 348.

[34] J.-F. Sirinelli, « Aux marges de la démocratie. De l'agora à la place des pas perdus », art. cité.

[35] Ce que montre M. Dobry dans « Février 1934 et la découverte de l'allergie de la société française à la « Révolution fasciste » », art. cité.

[36] Voir les conclusions sur « l'impossibilité » d'un retour actuel du fascisme de P. Milza, *Les fascismes, op. cit.* ou de Ph. Burrin, « Le fascisme » art. cité, p. 647. I. Kershaw écrit quant à lui (et la nuance est importante) que la « résurgence du fascisme n'est pas impossible mais elle est improbable ». Il continue : « Les valeurs humanistes n'ont pas été données une fois pour toutes aux sociétés industrielles modernes, elles doivent être constamment et vigoureusement défendues face aux attaques – parfois

inédites – de l'autoritarisme moderne », in *Qu'est-ce que le nazisme ?*, Paris, Gallimard, 1992.

[37] Sur ce point Ph. Burrin, *La dérive fasciste*, Paris, Seuil, 1986.

[38] Le cas de Robert Soucy est exemplaire ; seul le premier tome de son travail avait été publié en France : *Le fascisme français*, Paris, PUF, 1989. Un autre de ses ouvrages vient d'être traduit : *Fascismes français ? 1933-1939. Mouvements antidémocratiques*, Paris, Autrement, 2004.

[39] Sa critique des thèses historiographiques françaises s'est toutefois considérablement affinée et emprunte de plus en plus aujourd'hui à des travaux qui sortent de ce paradigme, voir sa préface, « Morphologie et historiographie du fascisme en France », in *Ni droite ni gauche. L'idéologie fasciste en France*, Paris, Fayard, 3e édition, 2000.

[40] Par exemple, Y. Mény, Y. Surel, *Par le peuple, pour le peuple. Le populisme et les démocraties*, Paris, Fayard, 2000 ; Y. Mény, Y. Surel, eds, *Democracies and the Populist Challenge*, New York, Palgrave Macmillan, 2002. G. Hermet, *Les populismes dans le monde. Une histoire sociologique, XIXe-XXe siècle*, Paris, Fayard, 2001.

[41] En 1981, lors des élections présidentielles, J.-M. Le Pen n'a pu obtenir le nombre suffisant de signatures pour faire acte de candidature.

[42] En septembre 1983 J.-P. Stirbois, candidat FN aux élections municipales de Dreux obtient 16,7% des voix.

[43] Pour n'en citer que quelques-uns car la liste serait vraiment trop longue : après le livre dirigé par G. Ionescu et E. Gellner (*Populism : Its Meanings and National Characteristics*, Londres, Weidenfeld and Nicholson, 1969) qui relance la notion dans les débats scientifiques anglo-saxons ; M. Canovan, *Populism*, Londres, Junction, 1981 ; P. Taggart, *Populism*, Buckingham and Philadelphie, Open University Press, 2000.

[44] Voir le dernier livre en date préfacé par P. Perrineau : H.-G. Betz, *La droite populiste en Europe. Extrême et démocrate ?*, Paris, Autrement, 2004.

[45] Jusqu'en 2004, le FN comptait 12 élus européens, 275 conseillers régionaux, 8 conseillers généraux, il a détenu 4 mairies (Orange, Toulon, Marignane, Vitrolles). De 1986 à 1988, 36 députés FN ont siégé à L'Assemblée nationale.

[46] Sur ces points, par exemple, M. Offerlé, « Mobilisations électorales et invention du citoyen », in D. Gaxie, dir., *Explications du vote*, Paris, Presses de Sciences-Po, 1985.

[47] Voir Ch. Traïni, dir., *Vote en PACA*, Paris, Karthala, 2004.

[48] P. Berger, Th. Luckmann, *La construction sociale de la réalité*, Paris, Méridiens Klincksieck, 1986.

[49] A. O. Hirschman, *Deux siècles de rhétorique réactionnaire*, Paris, Fayard, 1991, p. 23.

[50] On reprend à notre façon une des distinctions opérées par J. Linz entre opposition « loyale » et opposition « déloyale » in Crisis, breakdown and reequilibration, Londres, The Johns Hopkins University Press, 1978.

[51] P.-A. Taguieff, « Populisme, nationalisme, national-populisme. Réflexions critiques sur les approches, les usages et les modèles », in G. Delannoi, P.-A. Taguieff, *Nationalismes en perspectives*, Paris, Berg International, 2001.

[52] Comme le pense par exemple D. Lindenberg dans *Le rappel à l'ordre. Enquête sur les nouveaux réactionnaires*, Paris, Seuil, 2002.

[53] Comme le remarquait d'ailleurs A. O. Hirschman : « Un tel examen (des types de discours, de raisonnement et de rhétorique utilisés par le conservatisme) établirait progressivement que le mode du discours est déterminant non pas tant par des traits fondamentaux de caractère, mais tout simplement par les *impératifs du raisonnement* – et cela presque indépendamment des aspirations, de la personnalité ou des convictions du protagonistes », in *Deux siècles de rhétorique réactionnaire*, op. cit., p. 12-13.

[54] U. Beck, *Risq Society : Towards a New Modernity*, Londres, Sage, 1997.

[55] Voir par exemple M. Ostrogorski préconisant de substituer aux partis *omnibus* des organisations *ad hoc* censées autoriser le dépassement du formalisme partisan, c'est-à-dire aussi de l'abstraction et l'incompétence politiques ou R. Michels déplorant à travers « la loi d'airain de l'oligarchie » les effets conjugués de la bureaucratisation et de la remise de soi. Pour une analyse des critiques savantes et politiques émises contre la professionnalisation politique, D. Damamme, « Professionnel de la politique, un métier peu avouable », in M. Offerlé, dir., *La profession politique, XIXe-XXe siècles*, Paris, Belin, 1999.

[56] S. Barrows, *Miroirs déformants. Réflexions sur la foule en France à la fin du XIXe siècle*, Paris, Aubier, 1990.

[57] A. O. Hirschman, *Deux siècles de rhétorique réactionnaire*, op. cit., p. 19.

[58] A. Collovald, « Histoire d'un mot de passe : le poujadisme », *Genèses*, 3, mars 1991.

[59] C. Charle, *Naissance des « intellectuels », 1880-1900*, Paris, Minuit, 1990.

[60] Des investigations sont engagées par des journalistes, certains hommes politiques, des intellectuels essayistes qui, animés par un « esprit de résistance au fascisme », cherchent à cerner les caractéristiques des dirigeants et des militants actuels, reconstituer leur biographie et leur passé, comprendre le mode de fonctionnement du parti pour mettre en évidence son caractère dangereux. Par exemple, E. Plenel, A. Rollat, *« L'effet Le Pen »*, Paris, La Découverte/Le Monde, 1984. A. Tristan, *Au Front*, Paris, Gallimard, 1987. Puis plus tard, C. Bourseiller, *Extrême-droite. L'enquête*, Paris, François Bourin, 1991. M. Soudais, *Le Front national en face*, Paris, Flammarion, 1996. J. Viard, dir., *Aux sources du populisme nationaliste*, Éd. de l'Aube,

1996. J.-C. Cambadélis, E. Osmond, *La France blafarde. Une histoire politique de l'extrême droite*, Paris, Plon, 1998.

[61] Le 13 juillet 1993 est publié en pleine page du *Monde* un « appel à la vigilance » lancé par R. Pol Droit et signé par une quarantaine d'intellectuels français et européens, s'indignant du fait que « l'action stratégique de légitimation de l'extrême droite ne suscite pas la défiance qui s'impose parmi les auteurs, éditeurs et responsables de la presse écrite et audiovisuelle ». Un encadré fait état des liens entre P.-A. Taguieff et la Nouvelle droite, notamment A. de Benoist et sa revue *Krisis* dans laquelle il a publié un article. L'« appel à la vigilance » est republié un an plus tard (*Le Monde*, 13 juillet 1994) avec plus de 1 500 signataires notamment français et allemands.

[62] In *Le Figaro*, 29 juillet 2002. Repris par P. Perrineau, « Introduction. Le désenchantement démocratique », in P. Perrineau, dir., *Le désenchantement démocratique*, Paris, Éd. de L'aube, 2003. Également, P.-A. Taguieff, dir., *Le retour du populisme. Un défi pour les démocraties européenes*, Paris, Éd. Encyclopédie Universalis, 2004.

[63] Ainsi que l'ont montré les débats savamment entretenus autour du livre de D. Lindenberg. Voir le mémoire de DEA d'A. Schwartz, « La publication du *Rappel à l'ordre* et la polémique sur les « nouveaux réactionnaires », Paris X-Nanterre, 2003.

[64] Voir par exemple les travaux de P. Rosanvallon sur l'histoire intellectuelle de la démocratie. Par exemple, *La démocratie inachevée. Histoire de la souveraineté du peuple en France*, Paris, Gallimard, 2000.

[65] M. Weber, *Essai sur la théorie de la science*, Paris, Plon, 1965.

[66] Comme le montre Marie Ymonet à propos des premiers marxistes : « Les héritiers du Capital. L'invention du marxisme en France au lendemain de la Commune », *Actes de la recherche en sciences sociales*, 55, 1984.

[67] *Dictionnaire de sociologie*, Paris, Larousse, 1993.

[68] P.-A. Taguieff défendra le cas d'A. de Benoist dans la revue américaine *Telos* (98-99, 1993-1994, « Discussion or Inquisition ? The Case of Alan de Benoist » ; A. de Benoist y écrit également un article, « The Idea of Empire »). Il produira sa première systématisation du « populisme » dans cette revue (*Telos*, 103, 1995) qui discute depuis le début des années 1990 des « paradigmes communs » à la nouvelle droite et à la nouvelle gauche et des nouvelles significations du « populisme », avant de le reprendre dans *Vingtième Siècle* en 1997.

[69] Sur ces points, G. Germani, « Démocratie représentative et classes populaires en Amérique latine », *Sociologie du travail*, 4, 1961. S. Sigal, *Le rôle des intellectuels en Amérique latine*, Paris, L'Harmattan, 1996.

[70] A. Rouquié, *L'État militaire en Amérique latine*, Paris, Seuil, 1982.

[71] G. Ionescu, E. Gellner, dir., *Populism : Its meanings and National Characteristics*, Londres, Weidenfeld and Nicholson, 1967. M. Canovan, *Populism*,

Londres, Junction, 1981 et *Populism*, New York et Londres, Harcourt Brace Javanovich, 1987.

[72] M. Canovan, « Trust the People ! Populism and the Two faces of Democracy », *Political Studies*, 1, 1999.

[73] À tel point que lorsque E. Gellner et G. Ionescu montent leur colloque à Londres sur le populisme, ils ne songent pas à prévoir une intervention sur l'Amérique latine, défaut qu'ils combleront lors de la publication de leur ouvrage. Sur ce point, D. Quattocchi-Woisson, « Les populismes latino-américains à l'épreuve des modèles d'interprétation européens », *Vingtième Siècle*, 56, 1997.

[74] Le terme est introduit aux États-Unis dans les années trente. Il sert pour leurs auteurs à mettre en avant « l'exception américaine » par rapport aux sociétés européennes notamment par la cohérence culturelle et idéologique des classes moyennes, les portant au libéralisme et les préservant du fascisme, cf. D. G. Saposs, « The role of middle class in social development : fascism, populism, communism, socialism », *Economics Essays in honor of Wesley Clan Mitchel*, New York, 1935.

[75] S. Halimi, « Le « populisme », voilà l'ennemi », *Mots*, 55, 1998.

[76] Sur l'histoire de la notion de totalitarisme, E. Traverso, *Le totalitarisme*, Paris, Seuil, 2001. B. Studer, « Totalitarisme et stalinisme », *in* M. Dreyfus et al, dir., *Le siècle des communismes*, Paris, Éd. de l'Atelier, 2000. L'auteur montre que ce concept est lié aux Soviets Studies qui apparaissent aux États-Unis à la fin des années quarante et au début de la guerre froide. « C'est dans un but politique et pour se renseigner sur l'ennemi qu'ont été créés les trois principaux centres aux États-Unis... Avec la guerre froide, le communisme devenait l'objet de réflexion stratégique, moins pour être analysé en lui-même que pour être comparé au système capitaliste » (p. 32).

[77] P.-A. Taguieff, « Populismes et antipopulismes : le choc des argumentations », *Mots*, 55, 1998.

[78] Voir H. Zinn, *A People's History of the United States*, *op. cit.*

[79] R. Soucy, *Fascismes français ?*, *op. cit.*

[80] M. Offerlé, « Illégitimité et légitimation du personnel ouvrier en France avant 1914 », *Annales ESC*, 4, juillet-août 1984. B. Pudal, *Prendre parti*, *op. cit.*

[81] Claude Willard, *Les Guesdistes. Le mouvement socialiste en France (1893-1905)*, Paris, Éd. Sociales, 1965.

[82] Sur tous ces points, D. Gaxie, *La démocratie représentative*, Paris, Montchrestien, 2003.

[83] A. Garrigou, « Le secret de l'isoloir », *Actes de la recherche en sciences sociales*, 71/72, 1988.

[84] Comme l'écrit D. Gaxie *in La démocratie représentative*, *op. cit.*

[85] *Ibidem*, p. 9.

[86] Chez les candidats socialistes en juin 2002, on trouve 1% d'ouvriers et d'employés (contre 13% dans l'ensemble des candidats et 21% pour le PCF). Les résultats de l'enquête réalisée en 1998 sur les militants du PS font apparaître un net embourgeoisement par rapport à 1985 : cadres supérieurs, professions intermédiaires, professeurs voient leur nombre augmenter, quand le recrutement en milieu ouvrier, faible (5%), décline de 5 points. F. Subileau, H. Rey, C. Ysmal, « Les adhérents socialistes en 1998 », *Cahiers du CEVIPOF*, 23, 2001. Sur cet éloignement du PS par rapport aux groupes sociaux les plus modestes, R. Lefebvre, F. Sawicki, « Les socialistes sans le peuple ? Ressorts sociaux et partisans d'une invisibilisation », article à paraître. H. Rey, *La gauche et les classes populaires. Histoire et actualité d'une mésentente*, Paris, La Découverte, 2004.

[87] D. Gaxie, *Le cens caché*, Paris, Seuil, 1978, p. 21.

[88] Chiffres cités *in* J. Lagroye, *Sociologie politique*, Paris, Presses de Sciences-Po/Dalloz, 1997, p. 307-308.

[89] D. *Gaxie, La démocratie représentative, op. cit.*, p. 150.

[90] Selon la définition de J. Schumpeter *in Capitalisme, socialisme et démocratie*, Paris, Payot, 1984.

[91] G. Sartori, *Théorie de la démocratie*, Paris, Armand Colin, 1973.

[92] J. Lagroye, *Sociologie politique, op. cit.*, p. 308-309.

[93] G. Sartori, *Théorie de la démocratie, op. cit.* R. Aron, *Démocratie et totalitarisme*, Paris, Gallimard, 1965.

[94] W. Mills, *L'élite au pouvoir*, Paris, Maspero, 1969.

[95] Lénine, « Ce que sont les amis du peuple, et comment ils luttent contre les sociaux-démocrates », *Œuvres complètes*, tome 1, Moscou, Éditions en langues étrangères.

[96] On en trouve l'usage (rare) sous la plume d'Annie Kriegel qui préférait la dénonciation de « poujadisme ».

[97] Cf. F. Bourricaud, *Le retour de la droite*, Paris, Calmann-Lévy, 1986 où l'auteur distingue trois droites, différentes de celles de René Rémond : les conservateurs, les modérés, les populistes. Également, « 1945-1992 : la crise des référents », *in* J.-F. Sirinelli, dir., *Histoire des droites en France*, Paris, Gallimard, 1992, tome 1.

[98] P. Bourdieu, *Questions de sociologie*, Paris, Minuit, 1984. C. Grignon, J.-C. Passeron, *Le savant et le populaire. Misérabilisme et populisme en sociologie et en littérature*, Paris, EHESS/Gallimard/Seuil, 1989.

[99] Leur langage « cru » ou « grossier » est le signe supposé de leur « simplisme » et de leur inaptitude à être de véritables hommes d'État : « On va leur faire bouffer » (M. Charasse), « Il faudrait un peu plus se bouger le cul » (B. Tapie) (*Le Nouvel Observateur*, 11-17 juillet 1991). Le commentaire ne se fait pas attendre sous la plume de J. Julliard : « Les mots pour le pire. La dérive populiste ».

[100] G. Hermet, « L'autoritarisme » in M. Grawitz, J. Leca, *Traité de science politique*, tome 2, Paris, PUF, 1985.

[101] Voir par exemple, H. Zinn, *Une histoire populaire des États-Unis. De 1492 à nos jours*, Marseille, Agone, 2002. J. Hightower, *Ces truands qui nous gouvernent*, Broissieux, Éd. du Croquant, 2004.

[102] Voir N. Guilhot, « Une vocation philanthropique. George Soros, les sciences sociales et la régulation du marché », *Actes de la recherche en sciences sociales*, 151/152, 2004.

[103] Y. Viltard, « Archéologie du populisme. Les intellectuels libéraux saisis par le maccarthysme », *Genèses*, 37, 1999.

[104] B. Mégret, *L'Alternative Nationale. Les priorités du Front National*, Paris, Les Éditions Nationales, 1996. Sur l'évolution du FN, R. Monzat, *Enquête sur la droite extrême*, Paris, Le Monde éditions, 1992 ; avec J.-Y. Camus, *Les droites nationales et radicales en France*, Lyon, PUL, 1992.

[105] Croire à l'incroyable n'est pas un phénomène extraordinaire dans la communauté scientifique ou politique. Pour des exemples et des analyses sur les conditions de possibilité de ces phénomènes « insensés », P. Lagrange, « Les extra-terrestres rêvent-ils de preuves scientifiques ? », *Ethnologie française*, 3, 1993. P. Lascousmes, « Au nom du progrès et de la nation : les « avions renifleurs ». La science entre l'escroquerie et le secret d'État », *Politix*, 48, 1999.

[106] L. Mucchielli, « L'expertise policière de la « violence urbaine » », *Déviance et société*, 4, 2000.

[107] Voir par exemple, N. Mayer, Schweisguth, « Classe, position sociale et vote », in D. Gaxie, dir., *Explications du vote*, Paris, Presses de Sciences-Po, 1984. Les 9 catégories étaient les suivantes : Agriculteurs, exploitants ; Salariés agricoles ; Patrons de l'industrie et du commerce ; Cadres supérieurs, professions libérales ; Cadres moyens ; Employés ; Ouvriers ; Personnel de service ; Artistes, clergé, armée, police.

[108] Voir, C. Lomba, « Distinguer un ouvrier d'un employé. Naturalisation et négociation des classifications », *Sociétés Contemporaines*, à paraître.

[109] M. Offerlé, « Le nombre de voix. Électeurs, partis et électorat socialistes à la fin du XIXe siècle en France », *Actes de la recherche en sciences sociales*, 71/72, 1988. A. Garrigou, « Invention et usages de la carte électorale », *Politix*, 10/11, 1990.

[110] J.-C. Passron, « Ce que dit un tableau et ce qu'on en dit », in *Le raisonnement sociologique*, Paris, Nathan, 1991.

[111] B. Berelson, H. Gaudet, P. Lazarsfeld, *The People's Choice*, New York, Columbian University Press, 1944. B. Berelson, P. Lazarsfeld, W. McPhee, *Voting*, Chicago, University of Chicago, 1954.

[112] Voir D. Gaxie, « Mort et résurrection du paradigme de Michigan », *Revue française de science politique*, 2, 1982 et L. Blondiaux, « Mort et

résurrection de l'électeur rationnel », *Revue française de science politique*, 5, 1996.

[113] L'on reprend ici les termes et l'argumentation proposés par P. Perrineau et C. Ysmal dans leur introduction de *Le vote de crise. L'élection présidentielle de 1995*, Paris, Presses de Sciences-Po, 1996.

[114] *Ibidem*, p. 17.

[115] Par exemple, J. Jaffré, « Le gouvernement des instruits », *L'état de l'opinion*, 1991 ; « Un paysage politique dévasté », *L'état de l'opinion*, 1993 ; « Les changements de la France électorale », *L'état de l'opinion*, 1996 : on apprend dans ces articles qu'il y a effondrement des partis de gouvernement, contestation du clivage droite/gauche, obsolescence des repères sociologiques classiques, éclatement du vote, inadaptation des organisations politiques et du système politique lui-même.

[116] P. Perrineau, « La dynamique du vote Le Pen : le poids du gaucho-lepénisme », *in* P. Perrineau, C. Ysmal, *Le vote de crise, op. cit.*

[117] Voir G. Grunberg, N. Mayer, P. M. Sniderman, *La démocratie à l'épreuve. Une nouvelle approche de l'opinion des Français*, Paris, Presses de Sciences-Po, 2002.

[118] Ce qu'annonce très clairement N. Mayer dans « La constance des opinions », *in* G. Grunberg, N. Mayeur, P. M. Sniderman, *La démocratie à l'épreuve, op. cit.* où l'enjeu est autant de défendre l'existence d'une compétence cognitive universelle des électeurs que l'utilisation des sondages comme procédure empirique.

[119] N. Mayer, *Ces Français qui votent FN*, Paris, Flammarion, 1999.

[120] *Ibidem*. N. Mayer, « Les hauts et les bas du vote Le Pen 2002 », *Revue française de science politique*, 5/6, 2002.

[121] N. Mayer, « Du vote lepéniste au vote frontiste », *Revue française de science politique*, 3-4, 1997. Après la présidentielle de 2002, l'auteur revient au lepénisme, *Ces Français qui votent Le Pen*, Paris, Flammarion, 2002.

[122] *Ibidem*.

[123] P. Perrineau, entretien donné à *Alternatives internationales*, 3, juillet-août 2002.

[124] Différenciation entre trois modes de production de l'opinion : à la première personne, éthique, par procuration, voir P. Bourdieu, *La distinction*, Paris, Minuit, 1979 et D. Gaxie, *Le cens caché*, Paris, Seuil, 1978.

[125] Si l'on suit l'article de D. Goux et E. Maurin dans *Le Monde* (« Anatomie sociale d'un vote », 14 avril 2004).

[126] On emprunte la démonstration à P. Lehingue, « La « volatilité électorale ». Faux concept et vrai problème : fluidité des définitions, infidélités des mesures et flottement des interprétations », *Scalpel*, 2-3, 1997. Du même

auteur, « L'analyse économique des choix électoraux ou comment économiser l'analyse », *Politix*, 40 et 41, 1997, 1998.

[127] Autour de 30% des personnes sollicitées pour un sondage refusent de répondre, sans que l'on sache comment elles se répartissent socialement.

[128] Cf. J. Blondel, B. Lacroix, « Pourquoi votent-ils Front national ? », *in* N. Mayer, P. Perrineau, *Le Front national à découvert*, Paris, Presses de Sciences-Po, 1996.

[129] Voir S. Beaud, M. Pialoux, *Retour sur la condition ouvrière*, Paris, Fayard, 1999. G. Balazs, J.-P. Faguer, P. Rimber, « Compétition généralisée, déclassement et conversion politique », *Rapport du Centre d'études et de l'emploi*, mars 2004.

[130] B. Cautrès, N. Mayer, « Les métamorphoses du « vote de classe » », *in Le nouveau désordre électoral*, Paris, Presses de Sciences-Po, 2004, p. 157.

[131] N. Mayer, *Ces Français qui votent Le Pen, op. cit.*, p. 36. Voir les remarques critiques de P. Lehingue, « L'objectivation statistique des électorats : que savons-nous des électeurs du Front national ? », *in* J. Lagroye, dir., *La politisation*, Paris, Belin, 2003

[132] D. Lochak, *Étrangers : de quel droit ?,* Paris, PUF, 1985.

[133] Voir G. Michelat, M. Simon, « Les « sans réponse » aux questions politiques : rôles imposés et compensation des handicaps », *L'Année sociologique*, 32, 1982.

[134] Sur ce point, P. Lehingue, « L'objectivation statistqiue des électorats », art. cité.

[135] Cf. *Ibidem*.

[136] *Ibidem*, p. 255.

[137] N. Mayer, *Ces Français qui votent Le Pen, op. cit.*, p. 27.

[138] « La crédulité réceptive » est une notion de S. Lipset qui vise à expliquer l'engouement des « classes inférieures » selon ses mots pour la cause extrémiste (*L'Homme et la politique*, Paris, Seuil, 1963). Le point de vue de cet auteur est repris dans les analyses de N. Mayer.

[139] Voir I. Kershaw, *Hitler. Essai sur le charisme en politique*, Paris Gallimard, 1995 et les deux tomes de la biographie de Hitler parus chez Flammarion, 1999, 2000.

[140] Sur ce point M. Dobry, *Sociologie des crises politiques*, Paris, Presses de Sciences-Po, 1986.

[141] Ainsi qu'on a pu le montrer dans *Jacques Chirac et le gaullisme. Biographie d'un héritier à histoires*, Paris, Belin, 1999.

[142] A. Laurent, P. Perrineau, « L'extrême droite éclatée », *Revue française de science politique*, 4-5, 1999 : « Ainsi la voie nationale-populiste qu'incarnait Jean-Marie Le Pen depuis quinze ans n'a plus tout à fait les allures d'un chemin d'avenir car elle a peu à peu pris les allures d'un passé qui ne fait plus autant illusion et recette électorale qu'avant l'éclatement de l'hiver 1998-1999 ».

[143] Sur ce point, M. Dobry, « Charisme et rationalité : le « phénomène nazi » dans l'histoire », *in* J. Lagroye, dir., *La politisation*, *op. cit.*

[144] D. Boy, N. Mayer, *L'électeur a ses raisons*, Paris, L'Harmattan, 1997.

[145] D. Gaxie, « Le vote désinvesti », *Politix*, 22, 1993.

[146] A. Cottereau, « La tuberculose à Paris, 1882-1914 : maladie urbaine ou maladie au travail ? Un exemple de production de connaissances et de méconnaissances sur les modes de vie », *Sociologie du travail*, 2, 1978.

[147] Voir F. Matonti, « Le vote Front national. Enjeux scientifiques, enjeux pratiques », *Études*, février 1997.

[148] B. Anderson, *L'imaginaire national. Réflexions sur l'origine et l'essor du nationalisme*, Paris, La Découverte, 1996.

[149] Voir E. Pierru, *L'ombre des chômeurs. Chronique d'une indignité sociale et politique depuis les années 1930*, Thèse de science politique sous la dir. de P. Lehingue, Université de Picardie Jules Verne, 2003.

[150] Pour ces nouveaux chiffres, B. Cautrès, N. Mayer, *Le désordre électoral*, *op. cit.*

[151] Sur ces points de méthode, P. Lehingue, « L'objectivation statistique des électorats », art. cité.

[152] Y. Deloye, O. Ihl, « Des voix pas comme les autres. Votes blancs et votes nuls aux élections législatives de 1881 », *Revue française de science politique*, 2, 1991.

[153] Pour construire cette échelle de défiance, sont posées les cinq questions suivantes : À votre avis, dans l'ensemble les hommes politiques se préoccupent-ils de ce que pensent des gens comme vous ? Diriez-vous que vous êtes habituellement très proche, assez proche, peu proche, pas du tout proche d'un parti politique en particulier ? « État » évoque pour vous quelque chose de très positif, assez positif, assez négatif, très négatif ? Estimez-vous qu'actuellement la démocratie en France fonctionne très bien, assez bien, pas très bien, pas bien du tout ? Laquelle des trois phrases suivantes se rapproche le plus de votre opinion : j'ai confiance dans la gauche pour gouverner le pays, j'ai confiance dans la droite pour gouverner le pays, je n'ai confiance ni dans la gauche ni dans la droite.

[154] R. Hoggart, *La culture du pauvre*, Paris, Minuit, 1970.

[155] D. Gaxie, « Au-delà des apparences… », art. cité.

[156] D. Gaxie, « Les critiques profanes de la politique », *in* J.-L. Briquet, Ph. Garraud, dir., *Juger la politique*, Rennes, PUR, 2001.

[157] R. Hoggart, *La culture du pauvre*, *op. cit.* ; Cl. Grignon, J.-C. Passeron, *Le savant et le populaire*, *op. cit.* Ces auteurs soulignent combien l'ambivalence des pratiques sociales et politiques des membres des groupes populaires tient au fait qu'elles ne sont ni totalement dominées ni totalement autonomes mais « les deux à la fois ».

[158] Pour une démonstration de l'aveuglement auquel conduit une telle absence d'interrogation, A.-M. Thiesse, *Le roman du quotidien*, Paris, Le Chemin vert, 1984 et son article, « Des plaisirs indus. Pratiques populaires de l'écriture et de la lecture », *Politix*, 13, 1991.

[159] N. Mayer, « La perception de l'Autre », *in* P. Perrineau, C. Ysmal, dir., *Le vote surprise. Les élections législatives des 25 mai et 1er juin 1997*, Paris, Presses de Sciences-Po, 1998.

[160] Voir J. Blondel, B. Lacroix, « Pourquoi votent-ils Front national ? », art. cité. Également S. Beaud, M. Pialoux, *Retour sur la condition ouvrière, op. cit.*

[161] G. Noriel, *Longwy. Immigrés et prolétaires (1880-1980)*, Paris, PUF, 1984. Voir aussi L. Dornel, *La France hostile. Socio-histoire de la xénophobie (1870-1914)*, Paris, Hachette, 2004.

[162] N. Mayer, « Les hauts et les bas du vote Le Pen », art. cité, p. 507.

[163] N. Mayer, *Ces Français qui votent Le Pen, op. cit.*, p. 76-79.

[164] Sur l'homologie des positions fondée sur les rapports structurels de domination, P. Bourdieu, *La distinction*, Paris, Minuit, 1979.

[165] Pour une analyse de la construction de l'indignité sociale d'un représentant jugé « populiste », Ph. Riutort, « Bernard Tapie au prisme des intellectuels des médias : quelques éléments de croisade morale », *in* D. Buxton, F. James, dir., *Les intellectuels de médias*, Paris, L'Harmattan/INA, septembre 2004.

[166] Ce que montre l'analyse biographique d'un jeune militant FN, étudiant issu d'un milieu populaire et rejeté par les autres étudiants de la jeunesse frontiste au nom de son incapacité à se mettre dans les règles d'un discours raciste euphémisé, Y. Bruneau, « Un mode d'engagement singulier au FN. La trajectoire effective d'un fils de mineur », *Politix*, 57, 2002.

[167] Voir H. Rey, *La peur des banlieues*, Paris, Presses de Sciences-Po, 2000 ; Ch. Traïni, dir. *Vote en PACA. Les élections 2002 en Provence-Alpes-Côte d'Azur*, Paris, Karthala, 2004.

[168] Ch. Traïni, dir. *Vote en PACA, op. cit.*

[169] N. Mayer, *Ces Français qui votent Le Pen, op. cit.*, p. 27.

[170] Comme en témoignent actuellement les travaux sur les « nouvelles formes de militantisme » dans lesquels sont clairement valorisées, contre celles du militant ouvrier, des attitudes supposées nouvelles et performantes : militant « distancié », échappant au « nous collectif », protégeant sa vie privée, mobilisant ses compétences personnelles, fonctionnant au « contrat à durée limitée » avec le groupement auquel il décide d'appartenir en y entrant et le quittant à volonté. Par exemple J. Ion, *La fin des militants ?*, Paris, Éd. de l'Atelier, 1997 ; P. Perrineau, *L'engagement politique. Déclin ou mutations ?*, Paris, Presses de Sciences-Po, 1995.

[171] B. Jobert, dir., *Le tournant néo-libéral en Europe*, Paris, L'Harmattan, 1994.

[172] A. Collovald, dir., *L'humanitaire et le management des dévouements*, Rennes, PUR, 2001.

[173] Sur la trajectoire de « converti » au néoconservatisme de S. Lipset, voir N. Guilhot, « De la révolution permanente à l'anti-radicalisme. Les dynamiques de reconversion des néoconservateurs aux États-Unis », *Colloque de l'AFSP*, Lille, 18-21 septembre 2002.

[174] B. Le Grignou, *Du côté du public. Usages et réceptions de la télévision*, Paris, Economica, 2003.

[175] M. Broszat, « Plaidoyer pour une historicisation du national-socialisme », *Bulletin trimestriel de la Fondation Auschwitz*, 24, 1990, p. 38.

[176] P. Lazarsfeld, B. Berelson, H. Gaucher, *The People's Choice*, Columbia University Press, 1944 ; B. Berelson, P. Lazarsfeld, W. N. Mac Phee, *Voting*, University of Chicago Press, 1954.

[177] Ch. Browning, *Des hommes ordinaires. Le 101e bataillon de réserve de la police allemande et la solution finale en Pologne*, Paris, Les Belles Lettres, 2002. Il montre « l'ordinaire aptitude humaine à la plus extraordinaire inhumanité ».

[178] I. Kershaw, *Hitler. Essai sur le charisme en politique*, op. cit.

[179] I. Kershaw, *L'opinion allemande sous le nazisme*, Paris, Éditions du CNRS, 1995.

[180] « La domination au quotidien. « Sens de soi » et individualité des travailleurs avant et après 1933 en Allemagne », *Politix*, 13, 1990. Du même auteur, *Des ouvriers dans l'Allemagne du xxe siècle. Le quotidien des dictatures*, Paris, L'Harmattan, 2000.

[181] Pour une discussion de l'historiographie portant sur les actes de guerre, N. Mariot, « Faut-il être motivé pour tuer ? Sur quelques explications aux violences de guerre », *Genèses*, 53, 2003.

[182] P.-A. Taguieff, « Le populisme et la science politique », art. cité.

[183] E. Neveu, *Une société de communication ?*, Paris, Montchrestien, 1994.

[184] Pour une mise en forme des critiques de ce « constat », E. Pierru, « La tentation nazie des chômeurs dans l'Allemagne de Weimar. Une évidence historique infondée ? Un bilan des recherches récentes », *Politix*, 2003.

[185] *In Face au déclin des petites entreprises et des institutions*, Paris, Éditions ouvrières, 1972.

[186] Voir, parmi les théoriciens de la mobilisation des ressources, A. Oberschall, *Social Conflict and Social Movements*, Prentice Hall, Englewood Cliffs, 1973. Sur les coûts que comporte toute action collective, F. Chazel, « Individualisme, mobilisation et action collective », P. Birnbaum, J. Leca, dir., *Sur l'individualisme*, Paris, Presses de Sciences-Po, 1986.

[187] Aux législatives de juin 2002, le score du FN retombe à 11% : il est en recul de deux millions d'électeurs par rapport au 5 mai et de 4 points par rapport aux législatives de 1997.

[188] Les parallèles sont saisissants avec ce que décrit S. Barrows à propos de la psychologie des foules de la fin du XIXᵉ siècle *in Miroirs déformants, op. cit.*

[189] Voir M. Offerlé, « Illégitimité et légitimation du personnel ouvrier en France avant 1914 », art. cité. B. Pudal, *Prendre parti, op. cit.*

[190] Sur ce terme et des points de vue communs, B.-H. Lévy, *La pureté dangereuse*, Paris, Grasset, 1994 ; A. Minc, *L'ivresse démocratique*, Paris, Grasset, 1995.

[191] N. Guilhot, « Une vocation philanthropique », art. cité.

[192] Voir J.-Y. Camus, « La structure du « camp national » en France : la périphérie militante et organisationnelle du Front national et du Mouvement national républicain », *in Les croisés de la société fermée, op. cit.*

[193] On est là dans la même situation décrite par Th. Tackett à propos des révolutionnaires français de 1789 dont les tensions entre groupes rivaux produisent progressivement une radicalisation politique dans laquelle les luttes idéologiques prennent une importance centrale qu'elles n'avaient pas à l'origine de la réunion des États généraux. Th. Tackett, *Par la volonté du peuple. Comment les députés de 1789 sont devenus révolutionnaires*, Paris, Albin Michel, 1997.

[194] Les travaux de l'INED chiffrant le nombre d'immigrés en France ont été rapidement utilisés par les dirigeants du FN, *via* le Club de l'Horloge (où ils côtoient des membres des partis de la droite classique), pour souligner « l'invasion » que connaîtrait la société française. Cela a donné lieu à une violente controverse sur les rapports entre science démographique et schème raciste, voire sur les relations entre certains groupes (notamment le groupe XDEP rassemblant des démographes polytechniciens) ou personnalités de la science démographique et l'extrême droite. Le livre d'H. Le Bras, *Le démon des origines. Démographie et extrême droite*, Paris, Éd. de l'Aube, 1998, servira de déclencheur à la polémique.

[195] Il semble même que le terme ait été employé dès 1986 par la fraction la plus récemment arrivée dans le FN pour peser sur les orientations du parti. B. Mégret estimait ainsi dans *National hebdo* (4 décembre 1986) que J.-M. Le Pen « devait conserver ce côté populiste qu'il est le seul à exprimer sur la scène politique ». Comme le remarque M. Soudais : « « Populiste » de 1986 à 1988, critique vis-à-vis de cette revendication de 1989 à 1993, le Front national est de nouveau séduit en 1994. « Populiste et fier de l'être ! » clament les jeunes lepénistes lors de leur université d'été », *in Le Front national en face, op. cit.*, p.165.

[196] Voir G. Birenbaum, *Le Front national en politique, op. cit.*

[197] B. Pudal, « Les « identités totales ». Quelques remarques à propos du FN », *L'identité politique*, Paris, PUF-CURAPP, 1994.

[198] Pour une analyse de cette stratégie, F. Matonti, « Le Front national forme ses cadres », *Genèses*, 10, 1993.

[199] Cité par J.-Y. Camus *in* « La structure du « camp national » en France », art. cité, p. 210.

[200] Voir G. Birenbaum, B. François, « Unité et diversité des diriegants frontistes », *in* N. Mayer, P. Perrineau, *Le Front national à découvert, op. cit.*

[201] J.-Y. Camus, dir., *Les extrémismes en Europe. État des lieux 1998*, Paris, Éd. de l'Aube, 1998. F. Venner, *Les mobilisations de l'entre soi. Définir et perpétuer une communauté. Le cas de la droite radicale française (1981-1999)*, thèse de science politique sous la dir. de P. Perrineau, Paris, IEP, 2002.

[202] Comme l'écrit R. Chartier, il est toujours chimérique de rechercher dans le passé les origines d'un phénomène actuel plutôt que de les trouver dans les enjeux du présent. R. Chartier, « La chimère des origines ». Michel Foucault, les Lumières et la Révolution française », *in Au bord de la falaise. L'histoire entre incertitudes et inquiétudes*, Paris, Albin Michel, 1998.

[203] Voir ses différents ouvrages : G. Noiriel, *Le creuset français. Histoire de l'immigration XIXe-XXe siècle*, Paris, Seuil, 1988. *La tyrannie du national. Le droit d'asile en Europe (1793-1993)*, Paris, Calmann-Lévy, 1991. *État, nation et immigration. Vers une histoire du pouvoir*, Paris, Belin, 2001.

[204] F. Fanon, *Les damnés de la terre*, Paris, Maspero, 1961. P. Moussa, *Les nations prolétaires*, Paris, PUF, 1959.

[205] V. Dimier, « De la décolonisation... à la décentralisation. Histoire des préfets « coloniaux » », *Politix*, 53, 2001.

[206] J. Siméant, « Entrer, rester en humanitaire. Des fondateurs de Médecins sans frontières aux membres actuels des ONG médicales françaises », *Revue française de science politique*, 1-2, 2001.

[207] V. Dimier, « De la décolonisation... à la décentralisation », art. cité.

[208] Voir entre autres F. Dubet, D. Lapeyronie, *Les quartiers d'exil*, Paris Seuil, 1992. J. Donzelot, dir., *Face à l'exclusion*, Paris, Éditions esprit, 1991. Pour une analyse, S. Paugam, *L'exclusion. État des savoirs*, Paris, La Découverte, 1996.

[209] Pour un examen de tels points de vue, H. Rey, *La peur des banlieues*, Paris, Presses de Sciences-Po, 1996. Voir aussi L. Boltanski, E. Chiapello, *Le nouvel esprit du capitalisme*, Paris, Gallimard, 1999.

[210] Comme le remarquait J. Verdès Leroux dans sa critique du livre de R. Lenoir, *Les exclus*, paru en 1974.

[211] Voir Y. Gastaud, *L'immigration et l'opinion en France sous la Ve République*, Paris, Seuil, 2000. Sur les différentes politiques d'immigration, P. Weil, *La France et ses étrangers. L'aventure d'une politique de l'immigration*, Paris, Calmann-Lévy, 1991.

[212] D. Lochak, « Les politiques de l'immigration au prisme de la législation sur les étrangers », in D. Fassin, A. Morice, C. Quiminal, dir., *Les lois de l'inhospitalité. Les politiques de l'immigration à l'épreuve des sans-papiers*, Paris, La Découverte, 1997.

[213] A. Collovald, « Des désordres sociaux à la violence urbaines. La dépolitisation du problème de l'immigration », *Actes de la recherche en sciences sociales*, 136/137, 2001.

[214] Voir G. Mauger, dir., « Les nouvelles formes d'encadrement des classes populaires », *Actes de la recherche en sciences sociales*, 136/137, mars 2001.

[215] Ils sont définis ainsi dans la presse mais aussi dans nombre de travaux à prétention sociologique et chez les responsables politiques qui, par exemple, les choisissent sur leur critère ethnique (les « Grands Frères ») pour tenter de contrôler leurs « semblables » réputés violents. Voir E. Macé, « Face à l'insécurité, la médiation ? Les « Grands Frères » de la RATP » in M. Wieviorka, dir., *Violence en France*, Paris, Seuil, 1999.

[216] Sur ce point, A. Sayad, *La double absence*, Paris, Seuil, 1999.

[217] P. Hassenteufel, « « Structures de représentation et « appel au peuple » : le populisme en Autriche », *Politix*, 14, 1991 et « Le national populisme, un populisme du Welfare ? », *Contribution au colloque de l'AFSP*, 28 septembre-1er octobre 1999.

[218] R. Castel, *Les métamorphoses de la question sociale*, Paris, Fayard, 1995.

[219] On suit ici G. Hermet qui note que « cette entreprise lexicale a été programmée à partir de 1993, suite au rapport d'experts présidé par Willy De Clarcq et intitulé « Réflexion sur la politique d'information et la communication de la Communauté européenne ». Le concept et le mot de gouvernance sont venus couronner cette évolution où la société civile se substitue au peuple », in « Un régime à pluralisme limité ? », *Revue française de science politique*, 1, 2004.

[220] Sur ce point, Y. Papadopoulos, « »Démocratie, gouvernance » et « management de l'*interdépendance* » : des rapports complexes », in J. Santiso, dir., *À la recherche de la démocratie. Mélanges offerts à Guy Hermet*, Paris, Karthala, 2002.

[221] Sur ce point, Y. Kershaw, *Qu'est-ce que le nazisme, op. cit.*

Introduction   **7**
    Quand l'évidence ne fait pas preuve   8
    Le « populisme du FN » : une mythologie politique à revisiter   15
    Pour une déconstruction des certitudes   19

I. Genèse et réalisation d'un « incroyable politique »

La construction d'une évidence apparemment scientifique   **25**
    Les historiens du contemporain : le fascisme français n'existe pas   26
    Faire taire des critiques multiples   29
    Le « national-populisme » : les ressources d'une nouvelle classification   32
    La circulation des savoirs infondés   38
    L'expertise en menaces démocratiques   41
    Le « populisme » : juste un mot et non un mot juste   46

Une rhétorique réactionnaire méconnue   **55**
    Certitudes démocratiques et mépris social   57
    Une réaction à double détente   60
    Le déplacement des détestations croisées   66
    Le « populisme » : un lieu commun repoussoir   71
    Le réconfort du surplomb moral   74

La cause perdue du peuple   **77**
    Le « populisme » : une notion à écran total   80
    « L'appel au peuple » : une pratique d'abord de gauche   90
    « L'appel au peuple » : une émancipation populaire   93
    Rendre la démocratie réelle   97
    Les intérêts d'une fiction démocratique   104
    La révolution idéologique du « populisme »   106

Table des matières

II. L'incroyable politique et ses preuves

Vote FN : vote populaire. Les aveuglements d'une idée reçue — **119**
- Ce que disent les résultats des sondages et ce qu'on peut en dire — 120
- Des incultes programmés — 128
- Vote FN, vote d'incompétents ? — 134
- Le vote : d'abord un problème social — 138
- L'énigme disparue du FN : un électorat infidèle — 146
- Un raisonnement circulaire — 149
- Les élites sociales et politiques disparues — 158

Un « peuple sans classe » — **163**
- Le populaire sous surveillance — 163
- Un naturel anti-démocratique — 168
- Le « mauvais peuple » ou le populaire en négatif — 172
- La démoralisation politique des groupes populaires — 179
- Un populaire indifférencié — 179
- Des jugements à bascule — 181
- Un populaire sans éthique — 184
- Le retour de thèses contestées — 190
- Idéologie, propagande, communication : des explications illusoires — 191
- La frustration : un prêt-à-porter théorique — 196
- Une philanthropie conservatrice — 200

Le FN, un nationalisme et un mouvement social ? Des abus d'identité — **203**
- « Populisme » et FN : une identité d'adoption — 204
- Un nationalisme contrefait — 213
- La précarité : un destin social — 220
- Le « social » défiguré — 225

Conclusion : Contre les évangélistes de l'incertain — **229**
Notes — **237**

Achevé d'imprimer en septembre 2004
sur les presses de la Nouvelle Imprimerie Laballery
58500 Clamecy
Dépôt légal : septembre 2004
Numéro d'impression : 408153

Imprimé en France